The road to an Anthropologist

KAWADA Junzo

人類《じんるい》学者《がくしゃ》への道《みち》

川田順造

青土社

seidosya

人類学者への道　目次

1
懐かしい異郷

2
エキゾチックな故郷《ふるさと》

3

人類学者への道

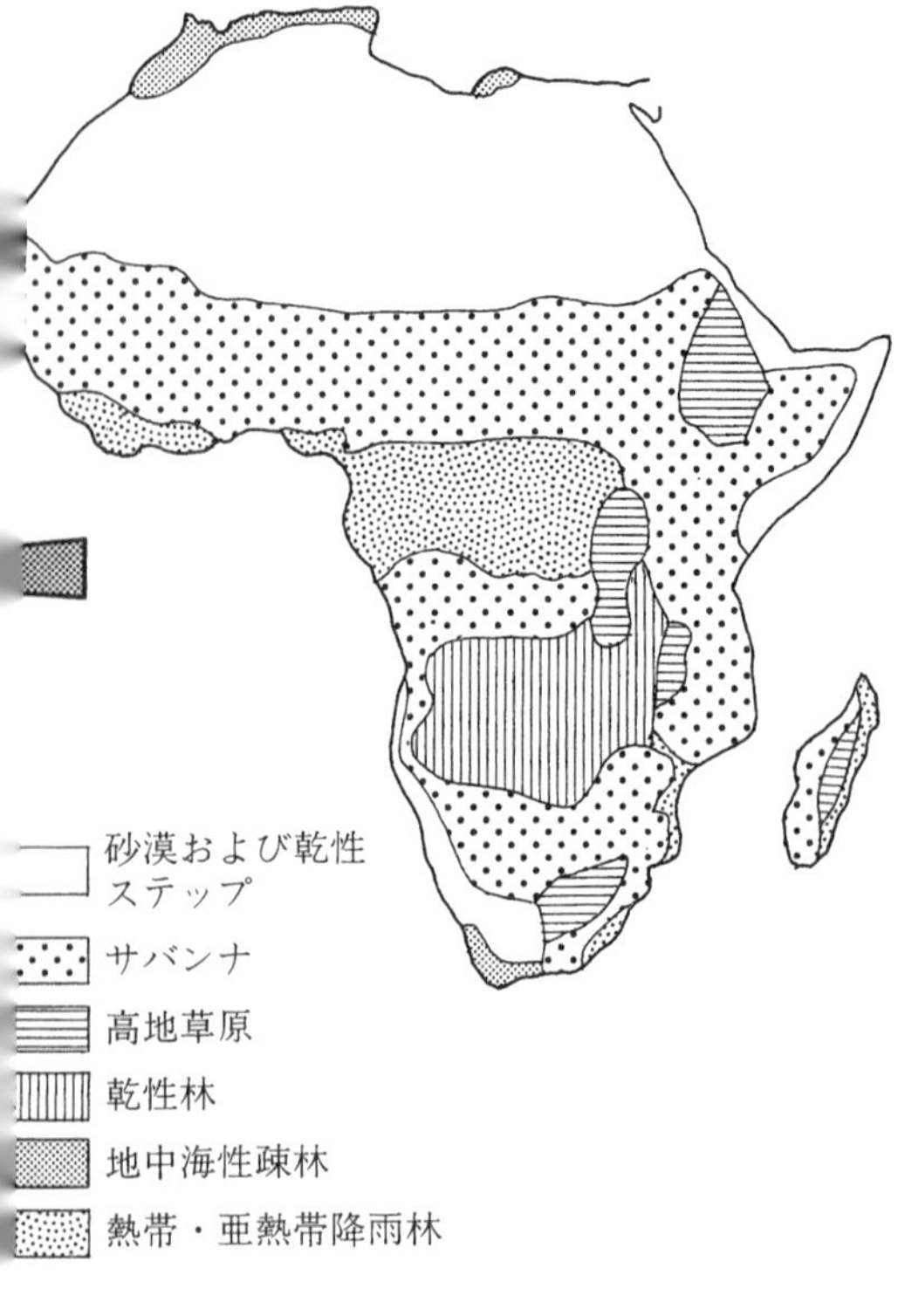

砂漠および乾性
ステップ
サバンナ
高地草原
乾性林
地中海性疎林
熱帯・亜熱帯降雨林

アフリカ北西部
地
中
海
チュニス
トリポリ
モロッコ
サハラ砂漠
タウデニ
トンブクトゥ
ガオ
古ガーナ
セネガル河
ダカール
ジェンネ
ニジェル河
ニジェル河大湾曲部
ブルキナファソ
(旧オートボルタ)
ハウサ族
チャド湖
モシ族
ガンバガ
ナイジェリア
ガーナ
サラガ
アシャンティ族
象牙海岸
クマシ
ニジェル河
ギニア湾

1 懐かしい異郷

異文化とつきあう

モシ王国と私 1

1. 一枚の写真

幻想的、あまりに幻想的

西アフリカのサバンナという、日本からひどく離れた土地に暮しているモシ人——生活や文化の面でも、日本人とはおよそ縁のなさそうなこの人たちと、私がつい五〇年余りつきあうことになってしまったのも、きっかけになったのは一枚の、それも今思えばかなりいかがわしい写真だった。

レース編みのような、華奢《きゃしゃ》で、それでいて宏壮な泥づくりの宮殿が、丘を背に建っている。宮殿の前庭に、長い衣を着て冠りものを頭にのせた王様らしい老人が、なんだかいびつな、威厳のある恰好で坐り、両側に家来と思われる人たちが三〇人くらい、地面にひれ伏してこの老人を拝んでいる。王様も家来もみな黒人だ。真昼時であるらしく、ほとんど影をつくらない熱帯の光が、一面に降りそそいでいる。乾いた熱気が、陽にさらされた家来たちの、むきだしの頭から発散する汗の匂いと一緒になって、写真のこちら側まで伝わってくるようだ。

写真説明には「王宮を背にしたモシの一首長（西スーダン）」とだけある。一九五二年に西ドイツのケルンで発行された、高名なアフリカ研究者ディートリヒ・ウェスターマンの『アフリカ史　サハラ以南の国家形成』*Geschichte Afrikas: Staatenbildungen südlich der Sahara.* という本で私が見たのが、この一枚の写真だった。

『アフリカ史』には、出典不明の写真がたくさん載っているが、この写真についても、撮影者の名前も撮影の年も記されていない。ウェスターマン自身は、モシ王国について研究していないし、訪ねたこともなさそうだ。モシに関して発表された研究は全部知っていると言って良い今、私が考えてみても、この写真の出所は見当がつかない。アフリカ研究者ではなく、旅行者かカメラマンが撮ったのかもしれない。というのも、この写真が、土地の生活のなかでは起こりえないような情景のやらせであることが、モシ社会をいくらかでも知ったあとでは、はっきりとわかるからだ。

「王宮を背にしたモシの一首長」

第一に、日陰で四〇度を越すことも稀でない猛暑の西アフリカ内陸で、こんな昼ひなか――「草木も眠る午《うま》みつどき」と、暑さにあえぎながらサバンナに暮すあいだ、私と妻はよく言ったものだ――こんな立派な王宮に住むほどの老王が、小姓に傘をさしかけられもせずに、直射日光の中途半端な地面に坐って、臣下の挨拶を受けるなどということはあり得ない。脇に侍《じ》する小姓も近臣もなしに、正面でなく左右二手に臣下が分かれて、平伏しているというのもおかしい。やや高い位置にカメラを据えて、背景に丘や、このお伽噺のような王宮を入れた横長の構図に収まるように、前景に家来を並ばせたために、こうなったのではないかと思う。土下座した家来たちも、いかにも写真を撮るために指示されて、モシ式の、平伏して肘をつき、両手を軽く握って地面を打つ礼をしているという態《てい》で、よく見ると後ろのかなりの者は、顔をあげてカメラの方を眺めている。

フランス植民地時代、もしかすると第二次大戦前の時代の、白人旅行者かカメラマン、いずれにしても通りすがりの者が、この地方の白人コマンダン（地方長官）に頼んで、あるいはコマンダンに招かれた夕食の席で「当地のめずらしい光景」として写真を撮るように勧められて、出発の日にでも急いで首長――小姓や近臣がいないところからも、身なりからも、私は写真の老人は、説明のようにこの広壮な王宮の主ではない、下位の首長だと思う――とその家来たちを召集して、こういう情景を演出したのかもしれない。「ほら、うしろの方！　こっちを見てないで頭を下げて！」などという苛立った声が飛んだかもしれず、しかし当時のアフリカ旅行の装備ではフィルムの余裕がなくて、同じ場面に何コマも割くわけにはいかなかったのかもしれない。

だが、民族誌の資料としては不正確だが表現力の豊かな写真が、正確かもしれないが表現というも

Réception chez le naba de Wagbadougou.

「バンジェル探検記の挿絵：夕方のワガドゥグーのモシ大王の王宮」

「バンジェル探検記の挿絵：翌朝、モシ大王を拝する臣下たち」

ののない写真が与え得ないかもしれない力を、ある状況でそれを見たものに及ぼすこともあり得る。不手際なやらせであろうと、この写真は、モシ王国のいくつかの性格――泥づくりの壮麗な王宮、王に恭順な臣下、暑い、乾いたサバンナの風土――を、見事に表現している。だからこそ、それをたまたま目にした日本の一学生、〝私〟と〝私のひきずっている文化〟からの離脱願望で、アフリカに心をひらかれ始めていた文化人類学の一学生を、虜《とりこ》にする力も持ちえたのであろう。あらゆる分野で情報が氾濫しているいまと違って、私が文化人類学の大学院生だった一九六〇年代の初めには、アフリカについて直接の見聞や調査に基づいて日本語で書かれた本は、二、三のルポルタージュをのぞけば一冊もなく、東京大学に新設されたばかりの文化人類学研究室の図書館にも、外国語で書かれたアフリカの専門書は、数えるほどしかなかった。

　ともあれ、粒子の荒れた白黒のその画面は、白日夢に似た理不尽な力で私をとらえた。こんなところが地球上にあるのなら、そこへ行ってみたい、と思った。私たちの日常からはおよそかけ離れた状況で、おおらかな馬鹿馬鹿しさを、王さまと臣下全員一致の思い込みで大真面目に生きている、そんな社会の姿を、私は思い描いた。

　異なる文化との接触は、はじめはいつも何かの〝思いこみ〟から出発するものなのであろう。そのときの〝異文化〟は、私の思いこみの投影であり、私が惹かれた対象は、水に映った私自身の陰画にすぎないのかもしれない。そのあとに、自分の姿が打ち壊される〝異なるもの〟を通してみた〝私〟の再発見があるのかもしれない。写真のなかで夢を見ている限り、すべては〝私〟でしかなく、写真に写っているモシ人は、他者としての抵抗感も、私への破壊力も欠いた、私の想像力の媒介者にすぎない。それが民族誌として贋物であっても、私の思いこみを刺激し、肥大させる力があれば、そのときの私には十分だったのであろう。一枚の写真が私をモシの国に行くように仕向けたといっても、それはいわばきっかけにすぎない。だが、人生での多少とも重要な選択の理由について、〝きっかけ〟以外の何が、本人に語れるだろう。

サバンナの白昼夢？

この写真を初めて見てから、思いがけず早く、三年後に、私がモシの国の各地に割拠する王さまを訪ねる機会を与えられたときも、私はあの写真の王宮を思い描きながら、炎暑のサバンナに車を走らせた。一九六三年だったが、結局あのレース編みのような泥の宮殿に巡りあうことはできなかった。裏の丘などの地形から考えて、また王宮の規模の大きさからみても、あれはモシの国の東北部に独立の小王国をつくって中央のワガドゥグーの王ともしばしば対立したブスマの王の宮殿だったのではないかと思う。

私が一九六三年にブスマを訪ねた時の王は、元地方官吏で、当時独立後三年目のオートボルタ共和国（一九八四年以後ブルキナファソ）の国会議員をしていた、ウォブゴ（象）王だった。植民地時代のフランス領西アフリカの中心であったダカールの師範学校でフランス式教育を受けた、長身の壮年男で、威厳のある吊り上がり気味の目に金縁眼鏡をかけ、国会議員がみなそうだったように、黒塗りの大型メルセデス・ベンツを乗りまわしていた。ウォブゴ王は一九五八年に父であった先王、クゥトゥ（鉄）王を継いだのだが、父王の時代に王宮がモルタルづくりになる前の、先々王コアブガ

（百）王の時代の王宮が、もしかするとウェスターマンの本に載っていた写真のものだったのかもしれない。

私が訪ねた時のブスマ王は、モルタルづくりの殺風景な植民地スタイルの建物の出入り口で、平伏して言上する臣下にテキパキと指示を与え、要件をさばいては座を立ち、しばらくしてまた戻るという、公務多忙な議員さんらしい王さまだった。盲目の少年が一人、入口脇の地面に坐って、小さな胡弓を鳴らしながら、王を称えることばをふしにして歌っているのが印象にのこった。声を張りあげる時など目の白く濁った顔を振り、首筋の血管が浮き上がる。ときどき休んで息を入れ、王が出てくるとまた声を張り上げる。

いずれにせよ、あれほど壮麗な宮殿が一部でもまだ残っていれば、各地の王さまを私が訪ねた時すぐわかったはずだ。植民地時代に王が地方行政官としての地位を与えられ、王宮もモルタルづくりになる前には、王の代があらたまるごとに、王宮は場所を移して新しく立て直すしきたりだった。水で練った土を一段ずつ乾かしながら積んで築いた王宮は、放置されて数十年経てば、またものとサバンナの土に還ってしまう。私をモシ王国にひきつけたあの写真の王宮も、私が実際にモシ王国に行ってみたときには、サバンナの白日夢が消えた後のように、もう跡かたもなくなっていたにちがいない。

2. モシの国へ

まず、フランスへ

モシの国に行く機会は、意外に早く訪れた。ウェスターマンの本の写真を見た二年後に、私はフランス政府給費留学生としてパリに行った。

当時日本にはアフリカ研究の専門家は居らず、文献資料もなく、モシ王国のある旧フランス領スーダンのことを勉強しようと思えば、パリの研究機関に行くしかなかった。

私がパリに着いた一九六二年の秋は、ソルボンヌでアフリカ民族学の先駆者マルセル・グリオールのあとずっと絶えていたアフリカ研究の講義が、社会学のジョルジュ・バランディエ、歴史学のレーモン・モーニーによって再開された年だった。コレージュ・ド・フランスで講義していたクロード・レヴィ＝ストロースが、文化人類学のみならず広く思想界に衝撃を与えた労作『野生の思考』を世に送ったのも、この年だった。高等研究院ではアフリカ研究のゼミがいくつも開かれており、新興独立国の意気を担った留学生も、アフリカのさまざまな国から来ていて、文化人類学とアフリカ研究に関して、一九六二年は活気に満ちていた。現在まで親交の続いているフランス人、アフリカ人の研究者たちと出会ったのも、これらの講義やゼミでだった。

パリに着いて二ヵ月後に、ガーナのアクラで開かれた第一回国際アフリカニスト会議に、日本外務省からオブザーバーとして派遣されて、一ヵ月足らずだったが、私は初めてアフリカへ行った。世界各国の、名前でだけ知っていたアフリカ研究者と接したほか、当時まだ政権を握っていたガーナのエンクルマ大統領が、暗殺防止のため、直前まで名も時間も予告せずに会場に来て演説したのが印象に残っている。

アクラの会議のあと、会議で知りあったオートボルタの歴史家ジョゼフ・キゼルボ氏を訪ねて、私はオートボルタの首都ワガドゥグーに行き、憧れのモシの国の土を踏んだ。モシの最大の王、ワガドゥグーのモーゴ・ナーバにも拝謁し、並んで記念撮影もした。ワガドグゥーからアビジャンまでの四〇時間近いディーゼル列車の旅の車中で、モシ人の民族学者で、ワガドゥグーのIFAN(フランス領アフリカ各地に植民地時代につくられた、「フランス黒アフリカ研究所」の略称)の創設者の一人でもある、私もかねて名を知っていたジョゼフ・ウェドラオゴ氏と偶然一緒になり、車中ずっとモシ社会についてお話を聞くという幸運にも恵まれた。

パリ留学中だったその翌年の五月、鉱業開発援助の日本調査使節の通訳として短期間再びオートボルタを訪ねた後、いよいよモシの王さまめぐりをし、モシの村で生活する機会が得られた。

フランスの研修旅行に加わって西アフリカへ

私はカトリック教徒ではなかったが、ふとした機縁で、パリのグラン・ゼコール(高等専門学校)の学生を中心としたMUF(フランス・カトリック学生連盟)という団体に入っていた。その年MUFは、はじめて夏休みに、コートジボワールとオートボルタへの一ヵ月の研修旅行を組織することになり、私も加わった。社会学、熱帯農学、地理学、商学、工学などが専攻のフランス人、ベルギー人、

みのったトウジンビエ

オランダ人の学生に日本人は私一人の一六人の編成で、貨客船の船底部屋にもぐって二週間かかってボルドーからアビジャンへ渡り、そのあとジープ、軍用機、ディーゼル列車等々で移動して、各地の農業・工業改良施設などを訪ね、ヨーロッパ人技術者や現地国側の人も交えてのゼミや討論に参加した。

独立後三年目のこの西アフリカ二ヵ国の社会・経済開発とヨーロッパ経済共同体との協力の在り方を中心テーマとする研修で、私にとっては、雨季のさなかのハード・スケジュールの旅行と、学校の寄宿舎や民家への分宿での、ヨーロッパ三国の学生との間断のない共同生活と、ヨーロッパの技術援助の実態の現場での見聞という、アフリカそのものよりは、アフリカでのヨーロッパ体験の一ヵ月間だった。

当時、これら二ヵ国には日本大使館もなく、日本人在住者もいなかった。アフリカとヨーロッパの愛憎両面の関わりの深さとともに、日本人の目から見たときの、アフリカ人とヨーロッパ人のある種の親縁性を感じた。この時のこまごまとした、だが私にとっていまでも新鮮な体験は、日本とヨーロッパからアフリカを見、日本とアフリカを基点にしてヨーロッパを測る一方、ヨーロッパとアフリカから日本を考えるという、その後三つの地域を往来して暮らすうちいつか私の習いになった「文化の三角測量」の出発点になった。

研修旅行がアビジャンで解散したあと、ひとりアフリカに残る私のために、仲間が地元の木の葉でこしらえてくれたレイを首にかけて写真を撮り、私だけまた四〇時間列車に乗ってオートボルタに戻り、わずか三ヵ月だったが、モシ王国を訪ねることになった。

モシの王さまめぐり

ワガドゥグーではブーゲンビリアが咲き瑠璃《るり》色の尾羽根の長いテリムクドリが飛ぶＩＦＡＮの研究者用宿舎にはじめ寝泊まりさせてもらい、所長以下当時は全員フランス人だった。スタッフ研究員の人たちに世話になった。途中から、パリでの学友でオートボルタに帰国し、ワガドゥグーの高等学校《リセ》の先生になったシャルル・タミニの家に泊めてもらった。

前二回のオートボルタ訪問のとき知りあって親しくしていた外務省儀典課のママドゥー・ナクルマさんのはからいで、モシの国各地方のコマンダン（地方長官）が、私を車でリレー式に送って、各地の主だった王を訪ねられるような手配をしてくれた。この幸運には私も驚き、研究所のフランス人も不思議がった。その頃は、素朴で親切な人たちがつくっているおもちゃの

MUFの仲間と別れて

共和国のようなこの国では、ちょっとした人のつながりで、ずいぶんいろいろなことが可能だったのだ。

モシの王さまめぐりをしたのは、九月下旬から一〇月初めにかけての二週間だった。雨季は終わりに近づいていたが、旅のあいだ幾度かは、あの何が始まったかと思うような、大げさな雨と雷にあった。サバンナには、何種類ものイネ科の野草が急に丈高く伸び、畑には、二、三メートルの高さに乱雑に茂ったモロコシ（*Sorghum sp.*）のあずき色の穂や、トウジンビエ（*Pennisetum americanum*）の灰色の筒状の穂が直立して、そのあいだに円錐形の草屋根の集落が見え隠れしている。南のガーナや象牙海岸で売るために、ゼブウシの大群を杖で追って、サバンナの北から移動させているフルベの牛飼いに、あちこちで出会った。

当時の私のフィールド・ノートを見ると、サバンナの景観や木の種類、人の表情や体型や服装、行動などが、初めて見る感動と好奇心をこめて、こと細かに記されている。木の葉の絵も描いてある。あとで私にとって常識となり、もしノートにするとしても土地の呼び名などで概念化して書きつけるはずのことを、外側からの私の観察だけに頼って、不透明な対象を把握しようとして記述しているのだ。

ＭＵＦの研修で、雨期の泥道旅行や、地方のコマンダン、役所めぐりの洗礼を受けていたのは幸いだった。

当時オートボルタには、首都のワガドゥグーなど二、三の市街地の主要部を除けば、舗装道路というものはまったくなく、幹線道路も降ればぬかるみ、乾けばカチカチの土地のフランス人が「エスカリエ」(階段)と呼んでいた、そろばんのように表面に横縞の凹凸の出来た道路だった。コマンダンはみな親切で、前もって外務省から連絡が行っていたので、私が外交使節でもあるかのように鄭重にもてなしてくれた。私が話を聞きたいと思うような地方の故老や要人を、私と一緒に食事に招いてくれているか、案内をつけて王さまを訪ねて行けるような手はずを整えてくれてあった。

テンコドゴの王宮を初めて訪ねる

その後私が最も長く暮らすことになった、南部モシのテンコドゴ(土地の発音ではタンクドゥグ)を初めて訪ねたのもこの時だった。首都から二〇〇キロ東南に行ったサバンナのただなかの、のどかな町だ。テンコドゴは、モシ諸王国の中でも最も古く王朝が成立したといわれていたところで、王宮は小さかったが、王をめぐる仕来りにも古い格式が保たれているように思われた。

王さまは私と同い年で、そのとき二九歳。父王から〝相続〟した大勢のお妃のほか、二〇人余りの若いお妃がいるという話だった。私を謁見する時も、左右に小姓や何人もの老臣や楽師を従えている。王さまがちょっと咳払いでもすると、王の健康を祈って、臣下が一斉に指を鳴らす。王さまが老臣に何か冗談を言うと、老臣はじめおそばの者一同、いかにも王のご機嫌うるわしいことを慶賀し、若年の王の才智に感じ入ったように、追従《ついしょう》気味に笑い、下座《しもざ》に控えている楽師が、ひと抱えもある球形のヒョウタンに皮を張った太鼓を手でかるく打って、王をたたえる。私の希望をいれて王さまが召喚してくれた、楽師の長であり王朝史の公けの伝承者である白髯《はくぜん》福相の老ベン・ナーバが、御前に上半身ななめに肘をついて土下座し、王さまの御下問に応えて、小声で王の祖先の名を一人ずつ挙げてゆく。

ウェスターマンの本の写真にも写っていた、平伏してこぶしで地面を打つ礼は、もうあちこちで見ていたが、これも地方によって、また礼をする人の格によっても、違いがあるらしいということも少しずつわかった。テンコドゴの王宮だけで見ていても、老臣は肘を左右に大きく張り、親指を立てたこぶしを、前に重々しく振り出すようにして地面を打つのだが、見るからに〝小物〟らしい家臣は、かしこまった横座りをして、上体は倒さずに頭だけは思い切り下げ、こぶしは宙でこまかく上下させるだけで、いかにも私は取るに足らぬものですと仕草で表わしているようだ。

老臣が御前にはいつくばって、口に何か唱えながら王を拝していても、王さまの方は安楽椅子に足を高く組んで反り返ったまま、アメリカのシガレットをふかしたり側近と談笑したりして、礼をしている臣下の方をろくに見もしない。あとで聞いたところでは、王は臣下の挨拶に答えてはならないのだそうだ。これなども、一九五七年に父王の死に伴って、在学中だったダカールの私立の名門高校《リセ》から電報で呼び戻されて即位させられた年若い王の、老臣たちによる「帝王教育」の成果であるらしかった。

王宮の裏庭にある、父王の墓の傍に立つ王の写真を撮らせてもらう。カトリックの力の強いこの地方では、臨終の床に宣教師が駆けつけて受洗させることが多く、父王の墓にも十字架がついていた。

西洋音楽が主だった当時のラジオ放送

モシ王国と基層文化の面でも王の系譜の上でも親縁関係の深い、東部のグルマンチェ王国最大の王朝のあった、ファダ・ングルマを訪ねた時のことも忘れ難い。ここでは王宮訪問や重臣たちとの対話より、王位に就けなかった青年王子ラムル・ディアと、シニカルなフルベ人の老賢者と、私の泊まったカンプマン（植民地時代に、各地の行政中心に設けられた公営の簡易宿泊所）のテラスで、夜更けまで喋ったことが面白かった。

ラムル・ディアは当時カンプマンの支配人《ジェラン》をしていた。小柄だが見るからに精悍な体軀、物静かで男らしい目、がっしりした口と顎。口数は少ないがこまかく気がとどく、頼もしい青年だ。手織りの木綿の貫頭衣を着て、私と話す合間にも、たいして客のいないバーやテラスをまわって指示を与えている。暑い星空の下のテラスで、トランジスターラジオから、男性的な哀愁をたたえたアルゼンチンタンゴの古典「アディオス・ムチャーチョス」が流れていた。私がこの曲は好きだというと、「こいつはじんとくるからな」（C'est contagieux）とフランス語で言った。

独立後三年目のその頃は、オートボルタの国営放送もフランス人の技師が中心にやっていて、西洋音楽を主に流していた。この二週間の王さまめぐりのあいだも、あるコマンダン邸の昼下がり、炎熱で地平線がゆらめいているサバンナを眺めながら、モーツァルトの「アイネ・クライネ・ナハト・ムジーク」を、乾いた白い夢のように聴いたり、別のコマンダン邸に泊めてもらった時、夕食後のテラスの闇の中で、あたりの木から降ってくる尖ったコウモリの声とないまぜに、ベートーヴェンの「ロマンス・ヘ長調」の優雅な絃の調べが聴こえてきたのを覚えている。

その後、放送がアフリカ化されて、オートボルタのラジオ放送から、ヨーロッパのクラシック音楽は完全に姿を消した。ラジオに限らず、演奏、鑑賞全般にわたって、アフリカ人の音の世界でのあれほど豊かな感性が、クラシック音楽に対してはかたくなに閉ざされているのは面白いことだ。西洋近代が開発した諸文化を取り入れる課程で、日本が西洋のクラシック音楽に対して示した驚くべき従順さと対比してみて、非西洋世界の近代化を考える上で、興味深い差異の一つだと思う。アフリカの音が生活のさまざまな面でことばや身体運動と結びついて、活力にみちた、ゆるぎない〝音文化〟をつくりあげていったところに、その原因が求められるかも知れない。かえりみて明治以前の日本の、一般の人間にとっての音楽文化とは何だったのだろうか？

日本についての質問ぜめ

明るい褐色の肌をしたフルベの老人は、しなやかに手を動かし目をしばたきながら、好奇心にあふれて、初めて出会った日本人の私に次々と質問を投げかけ、自分もよく喋った。「ヒロシマ、ナガサキに原爆を落とされたのに、なぜ日本はアメリカと軍事協力するようになったのか」「一九四一年に日本軍がフランス領インドシナに進駐したとき、オートボルタのいたるところに、フランス人は日本を誹謗《ひぼう》するビラを貼り、日本製品は粗悪だから買うなという宣伝をした」「ディエンビエンフーでフランス軍がベトナム解放軍に包囲されて降伏し、フランスがインドシナから追い出されたとき、オートボルタの人たちは手をたたいて大喜びした」「オートボルタは日本に大使館をつくったのに、日本はなぜオートボルタに大使を送らないのか」等々。

王さまめぐりの旅の間、夜のお喋りの話題は、その三年前まで続いていた、働きざかりの男たちが連れ去られる強制労働や、人頭税納入のための木綿栽培のフランス植民地支配の記憶に、なまなましく彩られていた。そしてその裏返しでもあるかのように、当時わずかに輸入され始めていたトランジスターラジオなどを通して細々と知られているにすぎない日本、非西洋の国で大戦にも敗れながら技術・経済先進国になった日本への関心と過大な期待が、私に差し向けられるのだった。

当時オートボルタに日本人在住者は一人もおらず、行く先々で私は、まるで日本代表でもあるかのように、日本について質問された。東京の人口、日本の近代化、戦後の復興、捕鯨のやり方まで、あらゆることを訊ねられ、答えられないことも多かった。

だが、このとき私がアフリカ人の側からの視角を知らされたといっても、それはフランス語で話ができる、コマンダンをはじめとする上層のお役人や、王さまや、学校の先生や、その他インテリと言える人たちとの、それも通りすがりの出会いでの、お喋りを通してにすぎない。のちにフランス語など話さない村の人たちと生活のいろいろな局面で何年もつきあうようになって、「アフリカ人側からの視角」にもさまざまな層があることが、少しずつわかるようになった。

当時在位していた王が亡くなって、のちにグルマンチェの王さまになったラムル・ディアとは、このとき出会ったのが縁で、親しいつきあいを続けた。ワガドゥグーで妻と暮らしていた家に、どうやって探しあてたのか、ある日不意にメルセデス・ベンツを自分で運転して現われたこともあった。勇敢なハンターでもあり、し止めたライオンの首の剝製をいくつも家に飾っていた。ライオンの尾の先に角《つの》があることも、彼から教わって初めて知った。半信半疑だったが、尾の先の毛を分けるとたしかに角質の突起がある。尾の一打ちで小動物をたおすというときは、これが武器になるのだろうか。

「君はアフリカ人が、鉢に花を植えて眺めているのを見たことがあるかね。おれたちアフリカの人間は、そういうものには〝美〟を感じないんだ」――ある時ふとこんなことを言って、アフリカ人の美意識について、私に考える糸口を与えてくれたのも、この若い王さまだった。

3 モシの村で――初めての村落調査体験

ゴーゴリの『死せる魂』を想った

九月下旬から一〇月はじめにかけての、この二回の〝王さまめぐり〟で、各地に割拠する小王さまの宮廷の構成や王朝の来歴、大王さまとの繋がり、他方で配下の村の首長や「土地の主《ぬし》」と呼ばれる祭祀の首長との関係なども、少しずつだが輪郭がつかめるようになった。

そしてそれ以上に、王さまひとりひとりの人間としての〝生態〟に触れることが、私には無上に楽しかった。メランコリックな王さま、がめつい王さま、見栄っ張りの王さま、村夫風の気のいい王さま……。それぞれがまた、性格俳優然とした面《つら》がまえの老僕、廷臣にかしずかれて、いかにも王さまらしくしているのだ。次に訪ねる王さまを、あれこれ思い浮かべながら行っても、期待はずれになることはまずない。

王さまめぐりをしながら、大好きなニコライ・ゴーゴリの『死せる魂』のことをしきりに思い出した。愛想の好いいかさま師チチコフは、大地主を訪ね歩いて、登記上まだ抹消されていない死んだ農奴を買いあさる。その過程で、というより、チチコフは、帝政晩期のロシアの地方生活を活写するための狂言まわしにすぎないのだが——、グロテスクに戯画化された、さまざまな人間像が描き出される。チチコフの軽四輪馬車《ブリーチカ》ならぬ、オンボロプジョー四〇三の小型トラックやジープで、ほこりだらけになってサバンナの旅を続けながら、チチコフまがいに、共和国内での遺制として消滅寸前の、それぞれに漫画チックなモシの王さまを訪ね歩いて、死んだ先祖たちの伝承を訪ねて文字に「登記」し直そうとしている自分を想った。チチコフのようにもっともらしく、だが訪ねられる側の目から見ればどうも納得のゆきかねる用向きでふらりとやって来て、用向きの真意を確かめる糸口も与えないほどよく喋り、よく食い、よく飲んで、また立ち去ってゆく異人《ストレンジャー》。そんな点でも私という文化人類学徒の〝フィールドワーク〟は、チチコフの遍歴と重なり合う資格があるように思われた。デコボコ道を走る車の中で、しょっちゅう尻を跳ね上げられながら、すべてが予期以上にうまく運んでいることへの軽い満足感と裏腹に、そんな自分をチチコフになぞらえて漫画化してみたくなった。

十代のころから愛読していたゴーゴリの小説が、『ディカーニカ近郷夜話』や『鼻』も含めて、もしかすると私を文化人類学に向かわせた一番深い誘因になっていたのかもしれない。

『方法序説』の第一部で、青年デカルトが書を捨て旅に出るところも、私には魅力があった。だが、「世間という偉大な実物」の中に自分を投げこみ、「さまざまな生活の人たちと交わり、さまざまな経験をつもう」とする、この永遠に新しい〝旅立ち〟の思想を語るデカルトと、その後疑う主体としての「私」にひきこもり、演繹にすがって思考を重ねるデカルトとの間の乖離にも私は驚かされる。旅でめぐりあった人たちは、デカルトにとって一体何だったのだろうか。

私にとってデカルト以上に、ゴーゴリやフェリーニは、文学や映画を表現手段としているが、人類学者の目と心を持っているように思われる。

フェリーニの『アマルコルド』や『サテュリコン』や『道化師』を観ながら、私は何度「これぞ人類学……」と、映画という表現手段に羨望を感じながら思ったことか。特に、他者とのかかわりで、表現する主体としての自分も一個の他者としてユーモラスに眺める感覚をもつ点で、ゴーゴリやフェリーニに、私は共感してしまう。

初めてのモシの村落調査

この遍歴の後、どこか一つの土地にもう一度出掛けて、この機会にモシの小王と村の実態を、何とかもう少し知りたいと思った。七月以来離れている留学先のフランスへ、二年目の新学年に、遅れても一一月に戻らなければならない。お金も、フランス政府からの奨学金がアフリカ滞在中の分、指導教官の証明があれば後でまとめて支払われるというのを見込んでのMUFからの借金と、衣類などの携行品を市場で売った金だから、たいそう乏しかった。自分の車もないし、村で暮らすための生活用具もない。何よりも調査に必要なモシ語の知識も、まだほとんどなかった。だからいずれにせよ、極めて限られた調査しかできないことは目にみえていた。

首都のワガドゥグー滞在中は、ソルボンヌでの一年目に、アフリカ史の講義で一緒だったオートボルタ西部のブワ人の友シャルル・タミニが、帰国して高等学校《リセ》の先生をしていたので、その家に泊め

遍歴のとき鄭重に迎えてくれたジテンガの首長（中央）

ジテンガの地方首長

てもらったり、広大な植物園のなかにある研究所の老朽宿舎に、蚊とハンミョウとヒキガエルと一緒に寝たりした。研究所はフランス植民地時代のIFANからCVRS（オートボルタ国立科学研究センター）と名称は変わっていたが、実際の運営は、スタッフも財政もフランス持ちだった。

当時滞在していた四人のフランス人研究者、人類学者三人と人文地理学者三人は、みな新米の私を親切に指導して、最大限の便宜を与えてくれた。特に二十代の一学生の私が、オートボルタのお役所を動かして、全部向こう持ちで二回の広域調査をして来てからは、前よりも私を尊重してくれるようになった。

結局、ワガドゥグーから約五〇キロ東北のジテンガという、老王のいる土地に三週間滞在することにし、往復の車と、折りたたみベッド、毛布、蚊帳、石油ランプ、ごく簡単な炊事道具などは研究所の備付け器材のなかから貸してくれることになった。研究所の調査に使うモシ人の助手も一人、付けてくれるという。フランス人の調査では、助手を、人によっては炊事や洗濯をする〝ボーイ〟（フランス語でも、そう呼ぶ）も、連れて行くのが常識らしい。私は通訳を連れて村に入るということに反撥を感じたが、お前はモシ語が喋れないではないかと所長のカプロンさんに言われては、返すことばがなかった。

ジテンガを調査地に選んだ理由は、いま書いたような制約から近くて行きやすいところという前提のほかに、ここが旧モシ諸王のうち最強のワガドゥグーの大王モーゴ・ナーバの先祖から分かれた重要な地方王朝であること、さきの遍歴で訪ねた時、老王が大層鄭重に迎えてくれたこと、などがあった。

また、ジデンガの地方首長の配下に、モシの進出、支配以前からの先住民ニョニョンシの小集落（二九世帯、二四三人）があり、皮なめしを職業にしている。この先住民の皮加工技術や家族構成と父系複婚家族の家族構成とその動態を調べてみようと思った。同時に、後から進出し、ニョニョンシを支配したモシのうちでも王族ナコムシの三七世帯の集落もあり、それら起源の異なる住民の家族の動態を調べようと思った。

日本できめ細かな村落調査のトレーニングを受けてきたので、その手法をアフリカの寡婦相続を含む複婚家族の動態に適用して、僅か三週間の現地調査だったが、ある程度の成果を上げることができた。私に車や通訳を提供してくれた研究所のフランス人研究者も、私の調査結果を評価してくれて、最終的な刊行は四年後になったが、フランスのＣＮＲＳ（国立科学研究センター）とワガドゥグーのＣＶＲＳの共同出版の形で、「オートボルタ研究」六号として、ロネオ印刷ながら、写真や家族構成の図版を多数入れて、市販する形で刊行してくれた。

こんな風にして、地元のオートボルタ人、フランス人の温かい支援のなかで、私のアフリカ研究は始まった。

バンジェルの訪問から七五年の後に

一八八八年七月、雨季の盛りの西アフリカのサバンナを、東に向かって苦しい旅を続けながら、フランスのバンジェル大尉は、道々うわさに聞いたモシの大王の都ワガドゥグー（モシの発音ではワグドゴ）に、まもなく到達できる期待に胸をおどらせていた。「モシの王がどんなに裕福で、多くの妻

モシ国王の謁見の場

や宦官を持っているかを、人々が誇らしげに（彼に）話した」からである。「私は（とバンジェルは書いている）、スーダン地方で王の住居として見慣れていたものより、少しはましなものが見られるだろうと期待していた。」(*Du Niger au Golfe de Guinée par la pays de Kong et le Mossi* par Le Capitaine Binger (1887-1889), Tome Premier, Paris, Librairie Hachette,1892: p.460 *sq.*)

だが、物質的栄華についての期待は、見事に裏切られる。「事実をたしかめるのに手間はかからなかった。ワガドゥグーに着いた日の夕方にもう、人々が王宮などと呼んでいるしろものが、ガラクタにとりまかれた、みすぼらしい一群の小屋にしかすぎないことを、自分の目で見たからである。これらの小屋のまわりには、厩舎にしたり、捕虜や楽師の寝泊りにあてたりする、藁ぶきの小屋がならんでいる」。

その後バンジェルはしばらくワガドゥグーに滞

在し、当時のモシ王国の習俗をかなりくわしく観察し、記録している。

「朝六時頃、王が目ざめたことを告げる太鼓が鳴りわたる。……（国の内外から王に拝謁を受けに来たものや王に召喚された者たちは）王が姿を見せるまで謁見の場の前にうずくまっている。待つものが多数になると、小姓の一人が王に知らせに行く。王は出てくると布団に坐り、集まった者たちに親しみをこめた一瞥を投げるが、その間じゅう一同は指を鳴らしつづける。王が座につくと、召喚されたものや拝謁を受けに来た者は、廷臣たちに囲まれた王の方に進み寄り、ひたいを地面にすりつけ、頭に砂をかける。それから顔をあげて、めいめいがかなりの量の子安貝や家畜を献上する。すると小姓が王のかたわらに行き『しかじかの者が子安貝一袋（山羊一頭、牛一頭など）を持ってまいりました。この者は陛下に奏上いたしたいことがあるそうでございます』という……」。

ここに描かれているような習俗は、その後植民地時代と独立の時代を経た一〇〇年余り後の今日でも、かなりはっきりとした形でモシの国で見ることができるものである。

フランスによるモシ王国の軍事征服

バンジェルがモシの国を訪れた一九世紀末はヨーロッパの列強が、競ってアフリカの内陸探検と植民地分割に乗り出していた時代であり、バンジェルの二年がかりの西アフリカ内陸部の探検も、フランスの植民地獲得の先駆けをなすものに他ならなかった。西アフリカでは、西端のセネガルを拠点とするフランスと、黄金海岸（現在のガーナ共和国）を足掛かりとするイギリスとの間に、まもなく激しい植民地争奪戦が展開されることになる。

ワガドゥグーへは、セネガルから東進を続けていたフランスのヴーレ中尉の一隊が、一八九六年に到達した。当時の王ナーバ・ブカリ・クートゥーは、南のイギリスの勢力圏に保護を求めて、わずかの部下を連れて逃亡した。フランス軍の来る前の年に、少数のイギリス軍人が、黄金海岸から北上してワガドゥグーに入り、王に保護を約束してまた南に戻ったためと、当時すでにイギリスの支配下にあったマンプルシ王国が、伝説上モシ王国の起源地とされていたからである。

フランス軍は、逃げた王の弟の一人をナーバ・シグリという名で即位させ、これと保護領の協約を結んだ。ワガドゥグーの北方にあったモシの他の強力な王国ヤテンガ（モシ語の発音ではヤードテンガ）でも、フランス軍は、当時混乱に陥っていた王朝を、フランスの統治に好都合なようにたて直し、これと保護領の協約を結んだ。

このようにして私は、最後に訪れた二〇一三年まで、モシ王国とつい五〇年つき合うことになってしまった。その初めの一五年を迎えたとき、岩波新書の黄版が出る一九七七年五月一〇日発売の第一回の三冊の一冊として、「サバンナの王国」という表題で刊行されることになっていた。その前年「現代史の構造」という福田歓一先生を中心とする研究会で、私がモシ王国の封建制とも異なる政治組織について話したのが機縁で、岩波の講演会で二回話し、その速記録に手を入れる形で、新書黄版の第一回に間に合わせられるはずだった。

だが書き始めてみると意外に難航し、当時他の仕事もたくさん抱えていたので、岩波書店は一月早々から、ホテルに缶詰にしてくれるなど便宜をはかってくれたが、私が海外科研の調査でモシ社会に戻る飛行機に乗る三月一九日までに、とうとう原稿は完成せず、黄版第一回は二冊になり、担当編集者として最善を尽くしてくれた大塚信一さんに、煮え湯を飲ませることになった。

私としては、その後再びモシの国に戻ってからもこの原稿は書き続け、一応完成して大塚さんに送ったが、新書の企画はもう先まで詰まっていたので、別の出版社から刊行自由ということになった。それから三八年経ったいま、青土社から刊行の機会を与えられたので、現時点での前口上をこのようにつけた上で、以下に再現するのは、当時まだモシ王国とのつき合いが一五年だったときの、いまの私にとっては〝懐かしい異郷〟になった、異文化体験の初期のありようの一例としての旧稿だ。

このような経緯があるので、現時点での修正・加筆は、最小限にして復元する。すでに書いたことと重複する内容も散見するかも知れないが、体験の脈絡が異なるので、敢えてそのままにした。

懐かしい異郷

モシ王国と私 2

第一印象

フランス軍が侵入した当時、モシの国には三つの強力な王朝があった。中央のワガドゥグーと北のヤテンガと南のテンコドゴである。これらの地方のそれぞれの王の支配下に、多くの地方的な首長があった。地方的な首長には、上記の三つの王朝から枝分かれしたものが多かったが、三つの王朝自体も、共通の祖先から分かれたものとされていた。

フランスの軍人探検家バンジェル大尉が、ヨーロッパ人として初めてワガドゥグーを訪れた年から七四年後の一九六二年に、私は初めてアフリカの土地を踏み、ワガドゥグーのモシの王、モーゴ・ナーバにも拝謁を許された。

バンジェルの時代以後、この黒人王国について、主としてフランス語でかずかずの記述や調査研究が発表され、それを読んだ私は、熱帯アフリカ奥地にどのようにしてこの王国が形成されたのか、その組織を支えていたものは何だったのかを知りたいと思った。翌年には、留学先のフランスから約半年この国を訪れ、各地の王を訪ね、その一人のもとに滞在を許されて、モシ族の地方首長や村の生活を見聞することもできた。以後一五年の間に、通算すれば正味五年ほどにすぎないが、私はモシ族の社会を主に、西アフリカ社会とつき合うことになった。つい長びいてしまったこのつきあいは、まだ暫くは続きそうだ。

いま私は、ふたたびモシの国へ戻る日を間近にして、このサバンナの王国が、結局私にとって何だったのかを、記してみようとしている。それは、私がモシ族の社会について、さまざまな側面から感じたり考えたりしてきたことに、現在の段階で、不十分ながらまとまった見通しを与え、一つの具体例を通して、未開と文明の問題を検討してみたいからだ。そしてそもそも異なる文化を理解するということが何なのかを、私自身に分からせたいからだ。ともあれ、このアフリカの一異文化を体験し理解するということをめぐって、私のなかに五年来堆積しているものに、端からとりついて、埃《ほこり》を払ってみることにしよう。

それまでなじんでいたのとはちがう世界に、初めて足を踏み入れた時の印象は、格別のものだ。西アフリカのこのサバンナについていえば、まず平坦さ、広大さ。それから、乾ききった熱い空気のなかに充満している、植物や土の焦げるような、あの重たいサバンナの匂い。海岸の森林地帯にくらべて背の高い、大柄な黒人たちの、にごった目と寡黙な厚いくちびる。

サバンナは、まばらに木の生えた草原だが、この地方は特に起伏が少なく、どちらを見ても地平線がひろがっている。ジープで走っても走っても同じような景観がつづく。ところどころに円い泥壁、とんがり草屋根の小屋の集落。つかんでばらまいたような市の喧騒。このあたりは、西アフリカの中では人口密度が高く、何時間も集落が見当たらないことはめったにない。しかし日本人の感覚では、荒びた、何かしら不安を感じさせる風景だ。

夜になると、無残なくらいに星をまき散らした闇が、頭の上からまわりの地平線まで、半球形になって覆いかぶさる。コウモリのとがった鳴き声。この村はもう寝静まって居るのに、どこか遠くで、夜更けまで太鼓の音。緯度は北緯一五度前後なので、北斗七星と南十字星が、時刻によっては北と南に、同時に懸っているのが見える。

サバンナの乾季の夜明けは、乾いて冷たい。あちこちの鶏鳴《けいめい》。体に藍染《あいぞ》め布をまきつけて、這いだすように小屋から出てくる女。「ネー・イ・ベオゴ」「イー・ベオ・ヤ・ラーフィ」腹がゴムまりのようにふくらんだ、はだかの子どもたち。やせた赤毛の犬。つかのまの白い夜明けのあと、地平線から真新しい太陽が昇る。

土は赤錆色をしている。酸化鉄を大量に含んだ紅土（ラテライト）が大部分だからだ。集落のまわりや、草むらや木の多いところでは、表面は腐植土に覆われているが、雨季に滝のような雨で流されがちだ。八ヵ月近くつづく乾季のあいだには、むきだしになったところでは、紅土は乾燥と熱でカチカチにかたまって、刃の甘い鍬《くわ》をふりおろしても、音がして跳ね返る。

いたるところ、何種類かのアカシア、葉のこまかいミモザの類、パルキアなどのマメ科の木、アカテツ科のバターの木などが立っている。そして、バオバブ。幹は太いものなら周二、三メートルはある。乾季には葉が落ちて、化石したタコの足のような枝が、力《りき》んで空中でうねっている。いぼもある。『星の王子さま』には、「にんじんをさかさに突きさしたような」と形容してあるが、とにかく奇態なもので、造物主にもなかなか茶目っ気があったと思わせせられる。人家も畑もない荒れ野で、バオバブの群落に出逢うことがある。何百本と勢ぞろいした巨木が、腹をつき出し、目をむき、声を立てずにバンザイをしている。枝の先には鳥がとまっている。

あるとき、もうかなり砂漠に近い地方を旅していて、バオバブの林が、何かの災害で全滅し、あたり一面倒れた幹が、うつろになって朽ちたまま白く乾いているところにさしかかり、いたましい気持ちで、しばらく倒れた幹の間を歩きまわったことがある。子どものころ本で読んだ、「象の墓場」というのを思い出した。

バオバブは、乾季にはすっかり葉を落としてしまうが、雨季のはじまる前、他の木にさきがけて、天狗の豆葉団扇のような若芽をのばす。こんな、見かけは入道の脛のような木だが、空気や土のなかにだんだんふえて来る湿気を敏感に吸い取るのであろう。葉は人間の食用になる。ぬめりがあり、鉄分を多く含んでいるとかで、にがい。雨季たけなわになると、白い大輪の芍薬をさかさに吊るしたような花をつけ、夜、その蜜を吸いにコウモリがむらがる。バオバブの花粉を媒介にするのは、蝶ではなく、コウモリだ。花の落ちた後に、ラグビーの球型の、みどりのビロードを張った狸《たぬき》のふぐりというおもむきの実が、少しにぎやかすぎるくらい一面に枝にさがる。これも人間の食用になる。終始ユーモラスな木だが、こんな巨木にもちゃんと赤ん坊の時代があって、それこそ小さなバオバブが、他の草に混じって一生懸命生えているのを見ると、何だかおかしい。

雨季が来て、はじめは数日おき、そのうち頻繁になって毎日のように、突風や雷とともにいったい何がはじまるかと思うほど大袈裟な感じで、豪雨がサバンナに落ちる。人々は一斉に畑に出て、両足をのばして開いたまま上体を深く前に曲げ、高くつき出した腰から上の半身をバネのように動かし、柄の短い鍬で、雨でやわらかくなった地面をひっかく。主作物はモロコシやトウジンビエで、雨が順調なら一雨ごとにぐんぐん丈が伸び、他の植物のみどりも濃くなって、サバンナの景観も、集落のあたりの様子も一変する。乾季なら、何キロも先から見えたはずの村に行きつくのに、モロコシの林にもぐりこんで道に迷ってしまうこともある。小屋の屋根にからんでいるひょうたんの蔓《つる》に、あおい球がついてみるみる大きくなる。雨季のうちに何度か、穀物のあいだに生える草を鍬で掻きとり、根元に土を寄せ、そこにササゲの種子をまく。

雨季たけなわには、モシ族の言葉で「マーンデ」というオクラが、芙蓉《ふよう》に似たきれいな花をつけ、あとからあとから実をならせる。あおくさい独特の風味と強いぬめりのある、アフリカ原産といわれるこのアオイ科の植物の実は、主食の煉り餅「サガボ」をつけて食べるおつゆの材料として大切なものだ。雨季にはそのまま刻んで食べ、乾季のためには、薄切りにして干して蓄えておく。摘んでも摘んでも出てくるこの実は、土地の人にとっては、多産の感覚とどこかつながっているようだ。私がアフリカに行く前から、本で読んで知っていたモシの王朝の起源伝説に、年ごろになっても結婚させてもらえない王女が、父王に抗議するのに、マーンデの実が成熟してもわざと取らずにおくくだりがある。モシ族の社会に入って、植物の名前などから始めてことばを習ううち、アメリカ大陸原産で、この社会にあとから取り入れられたトウモロコシが、モシ族では「カ・マーンデ」つまり「ヒエ・オクラ」と呼ばれていることを知った。日本語では、「トウ」「モロコシ」と、中国を指すことばを二つ重ねただけの名称だが、モシ語では、「カ・マーンデ」と呼ぶ。マーンデ（オクラ）のように脇から穂が出てくるカーフォ（ヒエ）という意味で、観察力と表現力に拍手したくなる。

バオバブの木陰

実った赤モロコシの穂を摘む

ことばと、ことば以前のもの

沼地に直播《じかま》きにし、みのると穂だけ小刀で摘み取る稲のことは、モシのことばで「ムイ」という。ムイは、沼地の少ないこの地方の人にとっては御馳走なのだが、土地の人と一緒に、沼の魚をぐちゃぐちゃに煮込んだ汁を掛けた赤っぽいムイを、土器の鉢から手づかみでとって頬ばりながら、お前の国では何を食べているのかと聞かれて、このムイとクルゼード（魚）だと答えたときのもどかしい気持ちは忘れられない。

魚もムイとともに御馳走とされているので、モシ族の人の感覚でも、日本人はうまいものを食べていると思われるのであろうが、それだけになお、もどかしいのだ。「クルゼード」というモシのことばにしても、沼や水流（いつも濁っている）を指すことば「クルガ」と、おつゆ「ゼード」の合成された「沼でとれる汁の実」というほどの意味をもったことばだ。大根おろしをたっぷり添えた秋刀魚《さんま》の塩焼で、ごはんを食べるときの感触や、小鰭《こはだ》のにぎり寿司の、キリリとした味と輝きのことが、想像のなかで美化されて、しきりに想い出された。

「ごはん」ということばに私が感じる、ふっくらとあたたかなうまみや、塩をつけた手のなかで握った「おむすび」の味を、私はムイという言葉に託して、モシの人に伝えられそうもない。ことばによる伝えあいというものが、密度の違う幾層にもなったことば以前の媒体を通して、果たされるように思いこんでいる私には、言語表現について楽天的になりきれないところがある。その一方で、ことばによる伝えあいが、一切の気むずかしさを吹きとばしてしまう、何でもない、あっけらかんとした一面をもっていることも確かなのだが。

モシ社会での生活のはじめに、「ごはん」と「ムイ」について私が感じたもどかしさは、その裏返しとして、モシの人たちの生活や考え方で、私が理解していると思いがちなことについて、私がもつべき留保、その後、理解しようとする対象の範囲が広がるにつれてますます大きくなるべき留保の大切さを、私に教えてくれた。

ムイは、西アフリカのニジェール河大彎曲部で栽培植物化された、グラベリマ・イネを元来指す、この地方のさまざまな言語でひろく用いられている、「モ」「ム」を語根にもったことばにおそらく由来するのであろうが、いまでは、東南アジア系のイネを指すのにも用いられている。

日本人の生活の中心である米については、日本語で、植物名としての稲から穀米としての米、加工の仕方によって糝粉《しんこ》、糀《こうじ》、粢《しとぎ》、飯、餅等々と呼び名も変わるのに、モシ族では、ムイは、植物名も湯炊きしたものも、すべて同じ「ムイ」という名で呼ばれる。

これに対して、彼らにとって基本的なモロコシとトウジンビエは、私などには区別できない植物としての変種について、すでに異なった名称であるだけでなく、酒をつくるのに発芽させたものは「カヤ」、酒は「ダーム」、石のすり臼で粉にしたものは「ゾム」(粉一般を指すのに使う)、それを水にといて火にかけて煉った主食物は「サガボ」、粉を水で煉って団子のようにまるめて発酵させたもの——これを水にといて清涼飲料にするのだが——は「ファーニ」などと名称が変わる。日本語では、モロコシやトウモロコシについては、植物としての名が、煮ても焼いても変わらないのとは対照的だ。

関連して思ったが、「みず」と「ゆ」を、別の単語で呼ぶ言語は、日本語以外にあるだろうか？　モシ語でも、英語やフランス語と同じく、湯は「コーム」（水）と「トゥールガ」（熱い）を合成した「コ・トゥールガ」という。

雨季の、雷と風をともなった豪雨に荒々しく揉みしだかれたあとでは、空気も濡れ、あたりは暗く、やがてまた太陽が照りつけて、万物に身勝手な猛々しさがよみがえるまでのつかの間、サバンナの動植物も人間も、静かな親和力にみたされる。雨季が進むにつれ、こうした瞬間の訪れることがだんだん少なくなり、乾いた暑さが力を取り戻してくるのが感じられる。穀物の穂が熟《う》れる。何種類ものイネ科の、茎の太い野草が急に丈高くのび、白い穂をつける。

サバンナが一面、煙の膜に覆われたようになるこの季節を、モシのことばでは「ズ・ペーラ」（白い頭）という。風が吹くと、乾いた煙の膜が揺れ、ひだを立てて光る。草も枯れるか刈り取られるかしてしまい、穀物も根元から切り倒されたあと、村人が総出で穂を摘んで納屋に運んでしまうと、サバンナは再び、平坦で見通しのひらけた、乾季の表情にもどる。かなりの木が葉を落としたなかで、ミモザの類のマメ科の喬木や、比較的新しく東南アジアとインドから移植されてたちまち広まったといわれる、マンゴーやニムのように、乾季でも葉を繁らせている木も多い。急にみどりの乏しくなったサバンナで、乾季の初めのはげしい乾燥と太陽の熱で、見わたすかぎりの空気が、焙烙《ほうろく》で炒りつけたようにカリカリに灼《や》けているときでも、これらの木はどうやら影をつくって、人間や山羊や羊を、かくまってくれる。

家の前で

モシの家族

住生活

こうした、乾季にも葉を茂らせている木が生えている場所を選んで、すまいを作る。決まって東から来る、雨季の風雨が吹き付けてこない西向きに作られる人家の前には、これらの木や、「ザンデ」という、刈り取ったモロコシの茎や豆殻を屋根に積み上げた差し掛けがあって、日盛りの昼下がりには、横倒しした丸太や、低い木彫りの腰掛に人が坐っておしゃべりをしながら、ヒョウタンの鉢でモロコシ・ビール「ダーム」を飲んだり、地べたに寝そべってまどろんだりしている。気温は、雨季の前にくる猛暑のときほどではないが、四〇度に近い。見わたす地平線には、地面が熱いせいで空気がメラメラと動き、遠い集落や木立も、炎のなかでのように揺れて見える。

だが、これだけ平坦で一様に熱気に覆われているように見える土地にも、わずかながら起伏があり、まれには沼地や茂みもあって、「風の道」とでもいうべきもの、つまり空気がいつも流れている通路がある。よそ者には見分けることのできない風の道も、土地の人はよく知っていて、それのあるところに住まいをこしらえ、住まいの前のさしかけや木陰が、風の道にあたるようになっているところは多い。乾いた暑い日の昼下がり、こういう風の道にあたる木陰で、木の根を枕に、素裸に近い恰好で地べたに寝そべってまどろむのは、たいそう気持ちが好い。

モシ族の住居のありようは、日本の「家」とはおよそちがったものだ。まず、建物、つまり屋根と壁面に囲まれた空間が、ほとんど生活空間になっていない。これは、この地方でもモシ族の住居でとくに著しい。直径がせいぜい二メートルくらいの円筒形の泥壁を上に草ぶきのとんがり屋根をのせた小屋は、人がもぐりこんで眠ったり、たいしてかさばらない財産——お金、昔なら子安貝、ごくわず

家囲いのなかと家族

共同の粉挽き場

かの衣類、男なら弓矢、人によっては槍、棍棒などの武器、女なら腕輪、足輪、首飾りなどの装身具、籠や壺に入れた、自分の畑「ベヨルガ」から採って市の日に売りにいくもの、雨の日に炊事する小さな三石かまど、男女とも若い人なら必ず鏡と櫛《くし》、首都に行ったときに撮った自分や友達の写真、どこの家でもというわけではないがトランジスターラジオなど——を置くくらいで、料理も食事も「ザカ」と呼ばれる露天の中庭でする。来訪者があれば、前述の「ザンデ」と呼ばれるさしかけか、適当な木があればその木陰が応接空間になる。

つまり一つ一つの小屋は、成人男女一人一人の、年のゆかない子どもなら母親と一緒の、寝室にあたるわけで、それ以外の居住空間は全部外に出ている。ただ、共同の生活単位である「イリ」と呼ばれる大家族の小屋の群れ全体が、泥壁または草筵《くさむしろ》でかこってあり、これが、小屋の内外を含めた、イリの居住・生活空間を、外の空間から大まかに区切っていることになる。

このなかに住んでいるのは、一口で言えば、父系のつながった男女の血縁者何人かと、そのうちの既婚男性の妻たちといえよう。私が調査した村から一例をあげれば、(図1)の右側に示したような構成の人員が、左側のような空間配置の小屋を寝所として生活している。農耕などの生産と、消費、生殖の基本単位である、このイリの主《あるじ》「イル・ソバ」は、(図1)の例でいえば(1)の男性で、彼が農作業をはじめ共同生活の一切を指揮し、とりいれた穀物も彼がイリ内の妻たちに分配する。

この(1)が死ねば、その第一妻ポク・キェマ(5)の男性第一子(8)がイル・ソバになり、(1)の妻だった女たちは、(8)をはじめ、この図には示されていない、近隣のイリも含めた(1)の父系血縁者の男性に、実質的・名目的を問わず妻として受け継がれる(実母をのぞく)というよう

図1

[例1]

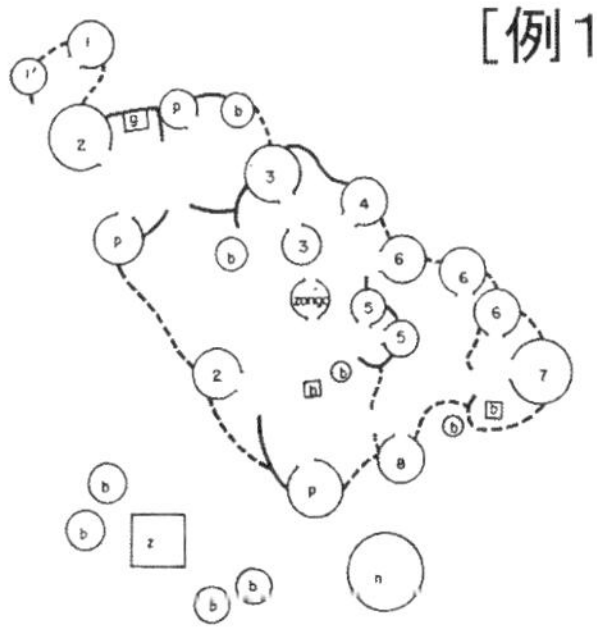

住居平面図

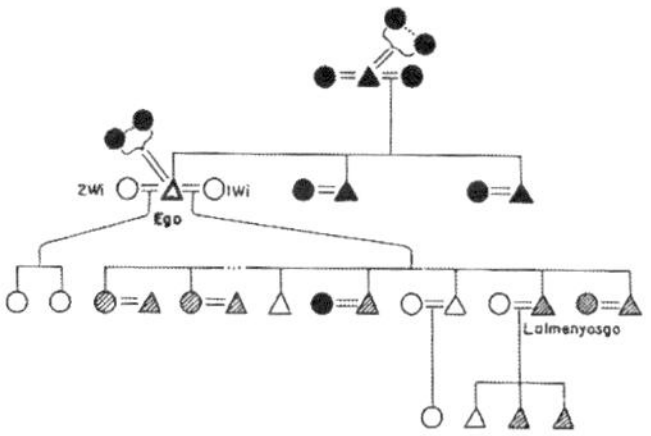

血縁・婚姻関係図

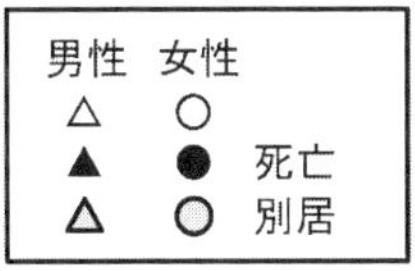

[例2]

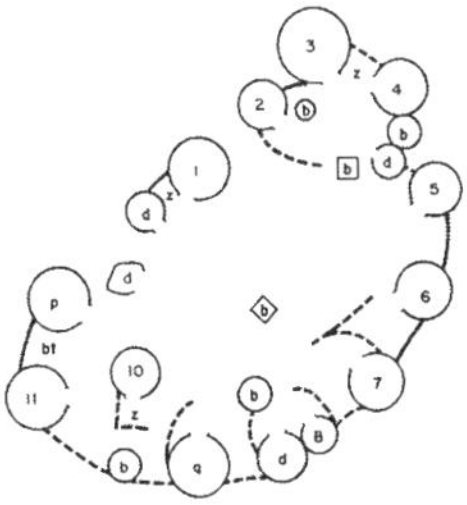

住居平面図

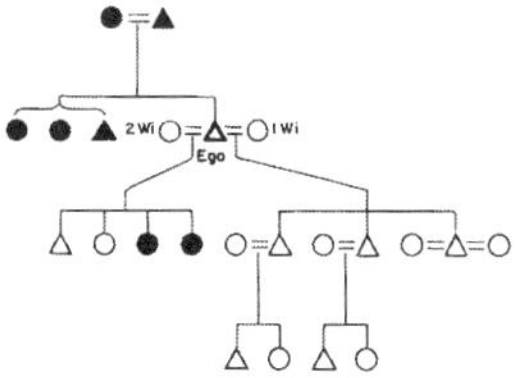

血縁・婚姻関係図

[略号：b（穀物貯蔵甕）、g（セメントの平台）、n（粉挽き小屋）、p（羊、山羊など）、z（サンデ、日除け）、zongo（雑談小屋）]

に、この生活単位は、表立った枠組みとしては、男性を中心に構成されているといえる。実際、男性とくに家長ともいうべきイル・ソバに対するイリの女たちの態度は、へりくだっているというか、うやうやしいもので、個人差も大きいが、一般に、腰かけたイル・ソバの前では、イリの女は膝をついて地べたに坐り、人によっては膝をついたまま上体を前に倒し、両肘を地につけて手を肩のところまで折りかえす、女の礼の仕方をする。そしてイル・ソバのことばをかしこまって承り、かりにも大声で口答えしたりすることはない。

この男の権威が大層つよい感じは、雨の森林地帯の、モシとは文化の系統がちがう、母系社会であるアカン諸族の社会で、女性が開放的で潑溂としていて、男と対等に大声でやりあったりしているのとは対照的だ。さらに、アカン諸族の社会との対比でいえば、全体にもの静かで礼儀正しく、外来者に対してはなかなか打ち解けず、特に、上位の首長の許可や指示がないと事が運ばない。こうした、よそものが第一印象としてまず感じる「文化の表情」というべきもの、しかしいろいろな局面でその文化を体験し考えていってみて、結局最後まで核として残る「文化の自己同一性（アイデンティティ）」とでもいうべきもの、それは、文化を形作っているさまざまな要素間の関係を、他の文化に見出される同様の関係との順対応または逆対応の関係において検討してみることによって、少しずつ明らかにする手がかりをつかめるかもしれない。

自立性の強い既婚女性

モシの家族生活が、「表立った面」では男性中心であるにせよ、イリの生活での既婚の女性一人一

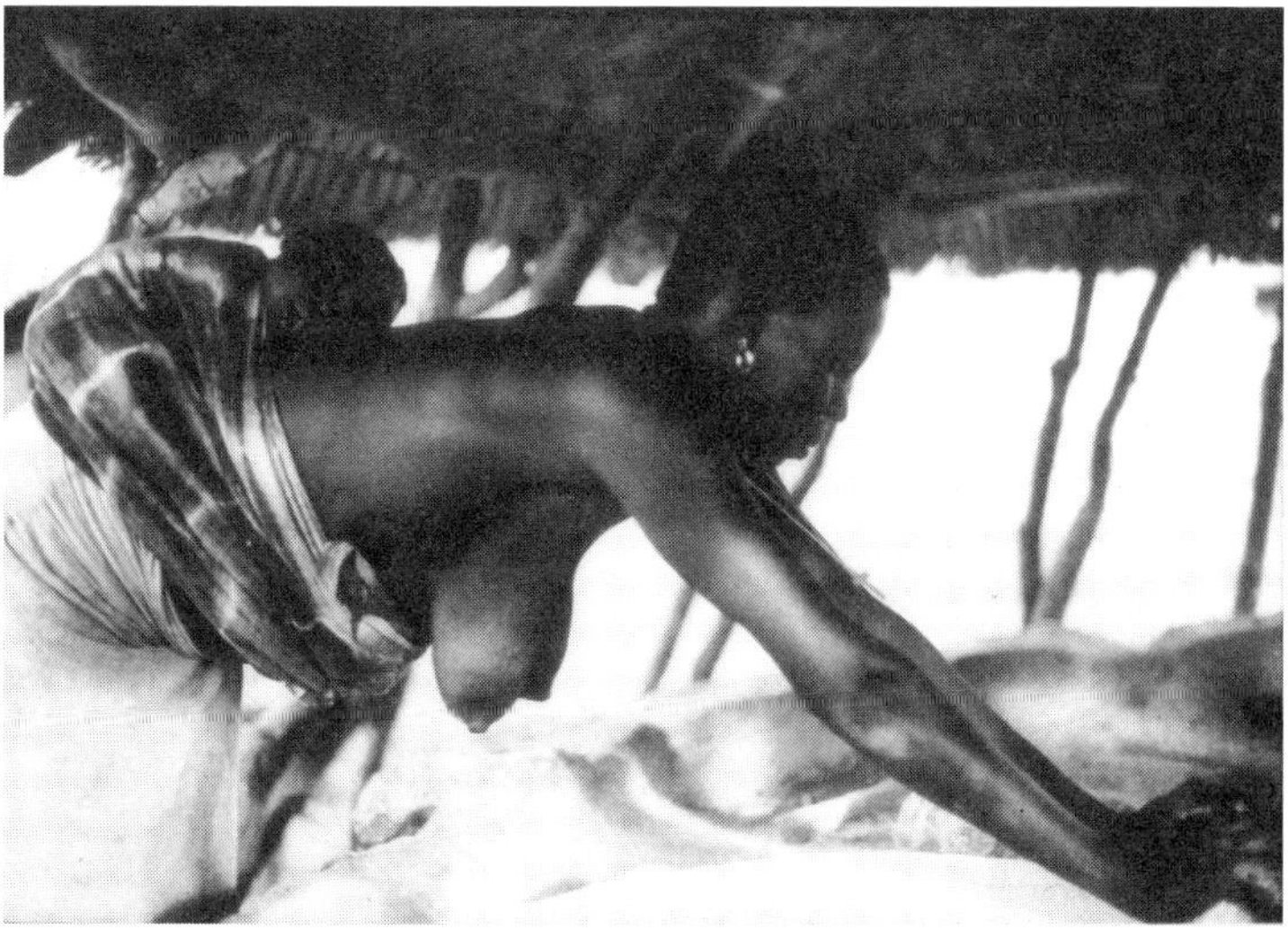

子どもを腰につけ働く女性

小枝で籠を編む

人に焦点を当ててみれば、また違った様相が浮かび上がってくる。

共同の生活単位イリのかこいのなかでも、既婚の女性はめいめいの小屋と炊事場――小屋のわきのザカの一隅にしつらえられたかまど「ブグ・タオールガ」――をもち、結婚していない、したがって生まれたイリにまだ生活している自分の娘に手伝わせて、毎日食事の支度をする。きまった食事は、日が暮れてからの一日一回だが、私などのような「消費社会」からの闖入者がはじめびっくりしたのは、食事の準備は、かまどごとに、原料を手に入れることからその精製加工、燃料はこび、調理して口に入るようにするまで、毎日といっていいくらいに一貫作業がくりかえされることだ。主食のトウジンビエ、モロコシなどの穀物なら、イル・ソバからかまど別に分配されたものを、臼とタテ杵で搗《つ》いて穀粒と殻を分離してから、イリの外の風の道で、半球形のヒョウタンの器から地面に置いた広口の籠に落とすか、やはり半球形ヒョウタンを二つ、両手にひとつずつ持って、一方から落とした穀粒を、もうひとつのヒョウタンで受けることを繰り返して穀粒をより分けるか、風の道がなければ、半球形ヒョウタンを一つずつ両手に持って、歩きながら左右交互に穀粒を落とし、歩いてゆく風の流れで殻を飛ばす。

こうして選り分けた穀粒は、平らな石を泥の台にはめこんだ臼「ネーレ」の上で、別の石を両手で前後にすりあわせて粉にし、土器の広口の壺を、五徳のように石を三つ置いたかまどの火にかけて、細長い木の杓子「ヴグリ」でかきまわしながら主食のサガボをつくり、娘にも手伝わせて、別の小さいかまどで、サガボをつけて食べる汁「ゼード」を煮る。

このように、イリのなかでも既婚女性のめいめいが、それぞれのかまどで食事をつくり、その一部を夫のところへ持ってゆき、あとは自分の小屋の前のザカで、自分の子どもたち――未婚の娘と、年のゆかない男の子。息子はある程度大きくなると、母と一緒ではなく、父親のところへ行って食事をする――と同じ土鉢をかこんで食事をする。つまり、毎日くりかえされる食事においては、一つのイリのなかのあちこちに、母親を中心とした輪が既婚女性の数だけできる。成長の途中からは父親中心の世界に加わる、一夫多妻婚から生まれた男の子でも、母親を共通にし幼いころ毎日同じ味の食事を分け合っていた息子同士は、「マ・ビーシ」（母の子たち）として、「バ・ビーシ」（父の子たち）とはちがう、こまやかな愛情のきずなで結ばれている。

主食は、モシのことばで「サガボ」、西アフリカ内陸とくに西部地方でひろく共通語として用いられているデュラ語で「トー」と呼ばれている、日本の例でたとえるなら、澱粉の加工法としては、そば掻きと同じで、これに、「キャールゴ」、デュラ語で「スンバラ」という、マメのような木の実を軟らかく煮て発酵させた、やはり日本のものでたとえれば味噌、ただし塩気のない味噌のようなものを溶いた「ゼード」（おつゆ）をつけて食べる。主食といっても、ふだんはこれといった副食があるわけでもなく、おつゆに入れる実――大部分は野生または半野生の植物、肉や魚が入ればご馳走だ――で変化をつける。このサガボを、口が暮れてから日に一度のことでもあり、とにかくたくさん食べる。

サガボは、トウジンビエ、モロコシ、トウモロコシなどの粉を、水にといて鍋に入れて火にかけ、粉を足しながら手早くかきまわして、満遍なく火が通って粘ったら、木やヒョウタンの杓子でとりわけて冷まし固まらせたものだ。澱粉の加工法としては、パンなどとちがってそば掻きやうどんや御飯と同じように水気の多い加工法なので、とくに日本人の口には親しみやすく、暑いさなかでものどの通りがよい。

　これをつけて食べるおつゆのもとになるキャールゴには、バオバブや木綿の種子などいろいろな植物の種子が使われるが、とくによく用いられるのが、モシのことばで「ドンアーガ」と呼ばれている、この地方に多いマメ科の野生樹パルキアの種子だ。雨季のはじまる頃に熟する長い莢《さや》のなかにつまった、ちょうどインゲン豆くらいの大きさの黒い種子を、やわらかく煮て団子のようにまるめ、自然発酵させたもので、調味料用の小さい臼と杵で砕いて、水に溶かして使う。鼻にムッとくる独特の匂いがあり、市場でこれを売っているところに来ると、匂いですぐそれとわかる。

　西アフリカとのつきあいが深まるにつれ、この匂いを、市場や村の家の炊事場でかぐと、ああサバンナに来たなという実感がわくようになった。同じ西アフリカでも、南の森林地帯では、ヤムやマニオクなどの芋やバナナ——甘味がなく、煮たり焼いたり、熱を加えて食べるプランテーン・バナナ——といった主食の味付けの中心になるのは、あぶら椰子《やし》の鮮やかな朱色の実で、アルコール性飲料も、サバンナのモロコシのビールでなく、あぶら椰子の樹液を発酵させた酒になる。森林地帯の村に入ると、過剰な植物が発散する「森の匂い」と、この椰子酒の、あおくさくすえた匂いが鼻をついて、サバンナとはちがうところへ来たということを感じる。

　毎日サガボにつけて食べるおつゆの味つけの基調になるのは、この強烈な臭みをもったキャールゴで、おつゆの実は前述のマーンデのほか、ぬめりのつよい野生、半野生の植物が多い。私はキャールゴの臭みも、マーンデなどの青くさいぬめりも好きで、しばらくアフリカを離れていると、この味覚の組みあわせに郷愁さえ感じるが、日本人はとくに、味噌や納豆など発酵した豆類の味、そして納豆や海藻類、とろろ、つきたての餅などねばねばした食物に親しんでいるので、なじみやすいのかもしれない。このサバンナ地帯で長年調査をしているフランス人の人類学者には、他の面では土地の生活によくとけこんでいても、このキャールゴ味噌の臭気と、植物性のぬめりに抵抗があって、食物にだけなじめないという人が多い。

こうしたサガボやゼードを土器の鍋で煮るのは女の役目で、男はするものではないとされている。反対に、肉類——このサバンナに野生種もいる「カオーンゴ」(ホロホロ鳥)や、比較的新しい時代に広まったといわれるニワトリ、山羊、毛が短く尾に脂肪のついた羊、犬、そして「ウィルペオール ゴ」(羚羊の一種)や「ダユーヤ」(大型のねずみ)をはじめとする野生のけものや鳥などの肉——を、火であぶって調理するのは男の仕事とされている。主として植物性の食料を器に入れ、水を加えて煮るのが女、肉をじかに火であぶるのは男、という料理の上での男女の領分の分化は、モシ族に限らず世界の数多くの社会に見出されるもので、人類の過去の大部分を占めていた採集狩猟生活への名残りともされている。

このように、イリのなかでの日々の食事をめぐる生活の部分は、女性を中心に成り立っているが、ほかにも、この表立っては男性が優越して見えるモシ社会で、女性がいきいきとする世界がある——市場だ。市《いち》というものはどの社会でも、まつりや見世物や狂騒と本質的に結びついた、日常生活の縛り目を裏返しにしたへそとでもいうべき性格を帯びているが、西アフリカでは、サバンナ、森林を問わず、市は女性の領分だ。もっともこれは、地方的な交換が主になる市のことで、専門化した商人が、かつては驢馬《ろば》を荷駄獣として、現在ではトラックを使って営む長距離間の商業活動は、むかしもいまも変わらず男の領分である。英語圏アフリカには、「マーケット・マミー」ということばもあるが、モシ族のばあい、女性は生活単位イリの男性の長であるイル・ソバの指揮下に、イリ共通の畑で働くほか、それ以外の時間は、「ベヨルガ」という自分の畑に作物をつくることが認められており、そこで採れたものは、自由に市に持って行って売ってよく、売り上げはもちろん彼女個人の収入になる。モシ社会の公的な面での男性支配にもかかわらず、このように経済生活も含めての女性の自立性は、実際はかなり大きいということができる。

モシ社会ではふつう三日ごと、近隣の他の種族では五日ごととか七日ごとに立つ市の日には、できるだけのおしゃれをし、売るものを籠に入れて頭にのせた女たちが、サバンナの中の細い道を、あちらからもこちらからも、声高に話しあいながら集まってくる。

バオバブの葉とかマーンデの実の干したもの、モロコシのビール「ダーム」をつくるのに使う、モロコシを発芽させたカヤや、ダームの粕「ダビーレ」、この地方で栽培されている数少ない野菜「ビャンガ」（ササゲの一種）や「クンブレ」（あおいナスの一種）、生で渋皮ごと食べる「ナングリ」（落花生）、黒っぽい色の上に白く粉をふいたような、強烈な匂いのキャールゴの団子（はじめ私は、山羊の糞をまるめてあるのではないかと思った）、「ターンガ」（アカテツ科の、英語などでバターの木と呼ばれる野生樹）の実の核からとる黄色いマーガリンのような、常温で固まっている油脂、「キパラ」（とうがらし）等々。

鍋と材料をもってきて、市で揚げながら「サムサ」を売るおかみさんもいる。これは、ビャンガ（ササゲ）の粉を水にといたものを、ただ揚げ玉のように油で揚げただけのお菓子で、むかしは土鍋で揚げたというが、いまは、廃物の鉄から鍛冶屋がつくる鉄鍋がふつう用いられている。自分でこしらえた籠や土器をもってきて売る女も多い。

いたるところで、甲高い声が、「ヤ・ワンナ?」(いくら?)「ナーセ・ヌー」(四つで二五フラン)「ヤ・トーゴ」(高いよ)などと、さかんに値の駆け引きをしている。その賑やかなことといったらない。現在では、お金の勘定はすべて、CFAフランと呼ばれる西アフリカ・フラン(だいたい日本の円と等価)、一八九六年から一九六〇年の独立までのフランスの植民地時代には、やはりCFAフランという、フランスが発行する通貨だった。

それ以前の時代に、物々交換の足し前として使われていた、インド洋原産といわれる子安貝のモシ語の名称「リギディ」は、いまでも「お金」を指すことばとして用いられている。たとえば、今あげた「ヤ・ワンナ?」というのは、より一般的に「どうした?」という意味でも用いられ、いくらと物の値段をたずねるときは、きちんといえば「リギディ・ヤ・ワンナ?」(子安貝でいくら?)という。

おもしろいのは、お金の勘定で五が単位になることで、これも子安貝を五つずつまとめて数えるのを見ていると、貝の数え方に由来しているのではないかと思われる。たとえば、売り手が「二五フラン」というときには、指先を上向きにつぼみのようにあわせた右手を相手の目の前へつきだし、唾を飛ばさんばかりにして「ヌー、ヌー」という。「ヌー」というのは、モシ語で数詞の「五」だが、「手」(ヌグ)ということばの語幹でもあり、日本語の「片手にまけとこう」などというのに通じるかもしれない。お金の勘定のときだけは五が単位になるので、はじめのうちは面くらったり、暗算に手間取ったりした。

「ピシ・ラ・ヌー」といえば、そのままでは「二五」だが、モノの値段について言われたときには、五倍して一二五フランという意味になる。単位になる「五」は「ワッケレ」という。バオバブの葉を干したのを小さく山積みにして売っている小母さんが、「ワッケレ！　ワッケレ！」と大声で客を呼んでいる。現在ではこれは「五フラン」という意味である。一フランは「タンマ」。それ以下の単位はないので、物でおまけするか、子安貝で勘定をする。いまでも奥地の市では、子安貝の両替屋が店を出していて、一フランで子安貝二〇個というように両替をする。その貝でカイモノをするなどというのが、あながち駄洒落でもないことは、買、貨、賃、財、貯などという文字を私たち自身いつも使っていながら、こういう社会に来てみないとつい忘れがちだ。

市が、女性の生気をとりもどす世界だとはいっても、男の売り手ももちろん多い。山羊、羊、ホロホロ鳥、ニワトリなどの生きもの、山羊や大きい市ではゼブ牛を屠殺して、その肉を売っているのは男だ。ガラス玉のような目をあけたままの山羊の首がごろごろして、肉片には蠅が、胡麻というより黒豆をまぶしたように、びっしりたかっている。上空には「イブレゴ」（ハゲワシ）が何羽も旋回していて、肉売場近くの木やトタン屋根のさしかけの上にまで降りてきて、肉の切れ端を狙っているものもあり、すきを見て舞い降りてくわえてゆくのもある。それから、薬種商というか、香辛料、アンチモンの粉（地方によってアイシャドーを入れるのに使う）などの化粧品、おまじない（モシ語で「ドゥルグー」という犀鳥《さいちょう》の一種のうつろなくちばし、豹の足先の干からびたの、羚羊の角、カメレオンの干したの等々）、ガラス玉や真鍮の輪などの装身具を売っている商人、これも男性だ。仕入れ先の関係もあり、北のマリの方から先祖が来ていまも北方とのつながりの強いヤルシ族とか、東のナイジェリア北部とニジェール南部のあたりを郷土とするハウサ族の男が多い。いまはトラックだが、むかしは驢馬のキャラバンを組んで、直接こういう遠い地方から、旅を重ねてモシの国へも来たのである。やはり北のマリや、東のニジェールの方から男の商人が運んできて売るものに、サハラ砂漠のタウデニなどの塩山から切り出して、駱駝、ついでニジェール河を船で運ばれてくる岩塩、棕櫚の葉で編んだ茣蓙《ござ》、干したり燻製にした川魚などもある。

薬種商が現代風に拡大変形したような雑貨商。懐中電灯、電池、マッチ、香港あたりから来る軟膏類、石鹸、罐入りのコンデンスミルク、角砂糖（これは一箱買って、今度は二個三個と並べて小売している小母さんもいる）、モシ語で「クート・ウェフォ」つまり「鉄の馬」と呼ばれている自動車のタイヤの空気入れやパンク直しの道具などを売っていて、これも専業の男が主だが、こういう店はもちろん奥地の市にはなく、かなり大きな市に、トタン屋根の簡単な小屋をもって商いしているのが多い。布地や、それを足踏みミシンで仕立てた服を売っている呉服屋――これも必ず男で、しかもイスラム教徒が多い。この地方には、布および布を着物としてからだにまとうことは、イスラム教徒とともに伝えられたらしいという、歴史的な事情にも由来していると思われる。木綿を糸に紡ぐのは女だが、それを布に織るのは、この地方では必ず男がする。鍛冶屋も必ず男で、鍬の刃など自分でこしらえた鍛冶の製品を売っているのも男だ。土器も、男がつくる地方では、男が売っている。

こうしてみると、市というのは、女の領分というより、日常生活の中では男性上位で男女融合しているのが、男と女に、対等に分かれる世界というべきかもしれない。壺や籠にしても、市で売っているのが男か女か見れば、その土地で土器つくりや籠編みが、男の仕事なのか女の仕事なのかがわかる。

サバンナの青空市場では、亭主のつくったものをかみさんが売る、またはその逆、あるいは夫婦一緒に市で商いをする、ということはまずない。

市は、よそものでも好き勝手に出入りできるし、物とことばの実地勉強にもなる。市で売っているものをみな、外来の製品は別として、土地のことばでの呼び名と、作り方、使い道などを言えれば、その地方の民族誌の基礎テストに合格といってよいだろう。市はその地方の文化の、凝縮された場でもあるからだ。とはいえ、そういう私自身、モシの市場でこの基礎テストに合格するかどうかあやしいものだが、とにかく市を少し気をつけて見て歩くだけでも、異なる文化を理解するということの、まず間口の広さがわかる。そして同じ市を何年もの間くりかえし訪ねているうちに、そのたびに新しく気づくことや学ぶことがあって、文化の理解という作業の奥行きの深さを思い知らされる。

異文化体験に伴う私の変化

西アフリカに暮すことが長くなり、あちこちの市を訪ねているうちに、市における土地の人との関係で、私自身が微妙に変化しているのに気がついた。はじめて黒人アフリカの市場というものに足を踏み入れたころには、喧噪、熱気、キャールゴの異臭や屠殺された山羊の腸《はらわた》のにおい、もみあう人々の黒光りする肌から発散する強烈な体臭などの充満したこの極彩色の空間が、ただものめずらしく、それに初めて来た黒人の国で、とにかくまわりにいる人がみな真っ黒。向こうもまた、変なのが紛れ込んできたと思うのであろう、物を売るおかみさんたちも、甲高い声でわめきながら、私を見たり笑ったりしている。子どもから中どもまであとをついてきて、だんだんその人数がふえる。男たちもジロジロ見たり、呼びかけたり、いわば親愛の情を示してくれるのだが、とにかく大変めずらしがられた。内陸の奥地の市でも、この頃は技術協力などで、中国や韓国の人もかなり入っているが、一五年前には白人はともかく、黄色人種は内陸の奥地では土地の人にとってはめずらしい存在で、とくに、オートボルタには日本人は私一人だった。

だが、私が土地の生活に馴染み、まわりにいる人が黒いということを意識しなくなると、はじめて行った土地の市に私が入りこんでも、人が私のことを気にとめなくなる。しゃがみこんで物売りの小母さんに物の名など訊ねていても、まわりの人がふりむきもしない。私は熱帯の太陽にさらされてもあまり日に焼けないたちなので、皮膚の色が土地の人に近くなったということではない。現地式の衣服も着るが、シャツにズボンでいることの方が多いし、サングラスをかけたり、カメラをぶら下げたりしている。つまり、私の皮膚の色や服装は、はじめの頃とはほとんど変わっていない。けれども人が、はじめての土地でも私をめずらしがらなくなる。これはおそらく、私自身が土地の人や市場をめずらしがらなくなったことが、微妙に私の態度に反映して、向こうも私をめずらしがらなくなったのであろう。それなら私の態度がどう変わったのかということは、自分で考えてみてもわからない。犬の嫌いな人が犬に吠えられるように、異邦人のなかでも、自分でもわからないほどの変化が、私の意識と態度に起こったのだと思う。

この私の変化は、土地の人についての私の意識の変化をたどってみると、自分でもある程度の納得がゆく。サバンナの人たちは、はじめ私にとって、すべて「黒人」だった。ただ、「黒人」といっても、からだつき全体がずんぐりして、目、鼻、口のあたりがすべて肉厚の、ギニア湾沿岸の森林地帯の人たちと、内陸の、背が高く、頭の形も長頭（前後の奥行にくらべて幅がせまい）の傾向が著しく、足もこむらがそげたように、ほとんどもり上がっていない人たちを区別できた。

だが、こうした外面上の差異は、静止した状態としてとらえられる肉体の特徴そのものではなく、それらの特徴が、独立の人格をもった人間の諸特徴として統一を与えられ、生きて動くことによって生みだす総合された印象であった。そのかぎりでは、はじめのうちの私にも容易に群れとしての人間を識別できる手がかりとなったものは、むしろ、文化によって条件づけられた態度、物腰、あることに対する反応の仕方、などであったろう。服装、髪型などの要素も加わっていたと思われる。

そのうち、サバンナの住民のなかにも、モシ族、フルベ族、ブワ族等々の種族のちがいを、識別できるようになる。フルべ族とモシ族・ブワ族とのちがいを識別できるのは、まず第一に人種的特徴によるものであり、次に女性の場合は髪型や装身具によっても外見上でかなりはっきりわかる。言語の系統もちがう。モシ族とブワ族のちがいということになると、人種特徴の上からは区別できないというべきだが、顔の瘢痕《はんこん》の型がはっきりちがう。それから行動様式が、とくに同じ種族の人同士でいるところをみれば、ちがうのがわかる。もちろん言語が、同じグル語族だが、ちがう。

同じ地域での、同じ人種・言語集団のなかの種族のちがいについて感覚が養われるまえに、私の場合でいえば、モシ族のなかでの個人個人とのつきあいが深くなり、ある人を、ブーリ・バングレとして、あるいはハド・バリマとして認識し、思い出すことは自然にできるが、彼が黒人であったかどうかということは意識のなかに浮かんでこない。彼のことを私が思い出すのは、私が彼と接した様々な状況における彼の人柄、話し方、表情によってであり、彼の皮膚が黒かった<u>はず</u>だという認識は、彼が西アフリカのモシ族だったから、たしかに黒人だったにちがいないという人為的な推理を経て、はじめて私の意識のなかで確かめられる。また、彼がモシ族であったということも、直接には意識のなかでかかわりをもたない。彼は、モシ族の人間である以前に、私にとって一人の個人なのだから。

サバンナの人たちとの関係で私の意識に生じたこのような変化のあとで、今度私はもう一度、というよりほんとうの意味においてはじめて、モシ族とブワ族との、あるいはモシ族とビサ族との、個人の「群れ」としての差異、今度はむしろ彼ら自身にとっての識別の根拠について考えてみる。モシ族に軍事的に支配され、言語もモシ族の言語を採り入れ、政治組織の上でもモシ族にならった首長制をつくったビサ族が、自分はビサ族だというときの、モシ族と異なるものとしてのアイデンティティの根拠は何なのか。あるいは、同じ語族に属していながら、文化の表情においてモシ族ときわだった対照を示しているロビ族は、結局何によって、「群れ」としてモシ族と区別されるべきものをもっているのか。「文化のアイデンティティ」から「アイデンティティとしての文化」へ、私の関心が長い時間をかけていつの間にか変質してきたのも、異人異文化とのかかわりあいのなかでの、私自身の変化のためだったのかもしれない。

同時に、モシ族についての、私の知識のあり方にも変化がおこっている。はじめのうち、村にいても原野にいても、私はやたらに写真を撮った。些細なことまで見聞を書きとめた。やがて、土地の生活に馴れるにつれ、景観や建物や、日常よく見かける作業をしている人の写真は撮らなくなった。そうした対象が自分にとってあたりまえになって、写真に撮る気がしなくなるからだ。そのかわり、人の表情、私が関心をもつ特定の物の細部などは、写真に撮るようになった。あとで整理してみると、土地の生活で最もよく繰り返されること——サガボつくりとか水汲み——については、調査のあとの方になるとまったく写真がない。よく話にでる動植物や物の名、その地方の村や岩山の名などの地名を、単なる暗記でなく常識化してしまうことは、どんな調査をするのにも必要だが、はじめの頃のノートに、そうしたものの名がいちいち注釈つきで書きとめてあるのを見ると、奇妙にさえ思われてくる。自分が注意して調べなかったことでも、あとで問題になったとき、自分のあれこれの体験の記憶のなかから掘りだして考える材料にしようとする。

このような道のりを経て、対象を前より少しは広く、抽象度も高めて把握することができるようになるにせよ、かつて新鮮に思われた事柄への感受性の鈍化と並行して、対象についての無知の自覚が、おしとどめようもなく広がってくる。それはやがて、厖大な時間と努力をそそいだこの作業全体のむなしさに対する悔悟、自分のくわだてについての、はてしない懐疑へとつながってゆく……。

王の特権とは何か

バンジェルが、ヨーロッパ人としてはじめてワガドゥグーのモシの王（モーゴ・ナーバ）を訪ねてから七四年後、私はあこがれのモシの国に初めて入り、バンジェルが訪れた当時の王から五代あとのクグリ王に拝謁し、日本人としてはじめて宮廷の儀式の写真撮影を許された。王の居所や応接間を含む王宮の本屋は、フランスの植民地統治下にあった父王の時代につくられたモルタル造りの二階建てで、正面にテラス、二階にバルコニーもある大きな洋館だった。執務室もあり、秘書がいて電話もとりつけてある。しかし裏の、父王からうけついだ者も含む何十人という妻たちの住む一角には、昔ながらの泥壁に円錐型の草屋根の小屋が並び、朝、王がそこから出て臣下の礼を受ける儀礼の間も、日干し煉瓦の建物で、一対の木彫の呪像が護る出入り口にも、草で編んだ戸が立てかけられている。

王様は、大きな扇風機がまわるサロンで、遠来の私をフランス製シャンペンでもてなしてくれた。王は人前で決して飲食せず、来訪者に飲食物をふるまいはしても自分は一緒に飲まない。野外の儀礼などで、いけにえの肉を王が食べるときは、小姓がまわりを布でかこんで会衆の目からかくし、儀礼的に酒や、穀物の粉をといた水を飲むときも、儀典大臣や小姓がうちわで王の顔をかくす。もっとも、その後私が主に住んだテンコドゴの王は、親しくなってからは私の家に二度遊びに来て一緒に食事をしたが、これは、王として権威をもっている環境から離れて、ナサラ（モシのことばで「外人」のこと。「ナザレ人」を指すアラビア語に由来するという）という気楽さのためであろう。王をめぐる儀礼や伝承などの調査にしても、ちょっと考えると奇妙なことだが、外人として親しくなった私には許されても、王と旧来の絆で結ばれているモシ族の人には、かえって許可されないか、やりにくいことが多い。

ところで、私が訪ねて目の当たりにしたワガドゥグーの王宮や王の暮しぶりは、決して豪華とはいえなかったが、しかし、バンジェルが第一印象として記しているほど、みすぼらしいものでもなかった。王さまは、お抱え運転手つきで、シトロエンの高級車DSやシボレーの大型乗用車を乗りまわしている。その後、王宮の二階の応接間やバルコニーにも招じ入れられたが、家具、調度にしても、賓客をもてなすフランス製のシャンペンやジョニ黒ウィスキーをフランスのペリエ水で割ったものにしても、やはり一般のモシ族の人々からみたら、格段に贅沢なものだ。

こうした、臣民から隔絶した王の物質上の特権として私の目に映るものについて考えてみると、それらはみな外来のもので、しかも植民地化以後の時代にこの社会にもたらされたものであることがわかる。長距離の運搬と税などによって、原産地よりなお高い値段になっている、これらの「贅沢品」を買うための現金収入としては、その後フランス側の植民地行政資料などを調べて、私にはだんだん理解できたことだが、植民地以後に、行政の下請けをさせた王に対してフランスが支給した手当が、まず考えられる。

こうした手当は植民地時代の一般民が、安い賃金労働によるか、わずかのタバコ、木綿を売る以外現金収入の道のなかったことを考えれば、文字通り桁違いに大きなものだ。しかもワガドゥグーの王妃の一人は、オートボルタ有数の富裕な商人の娘で、彼女自身国際的な商取引を掌握してもいる。王は象牙海岸にココアやコーヒーのプランテーションをもつほか、首都に不動産——外国大使館に貸しているものをはじめ、いくつかの高級邸宅——もあり、それらから得られる収入は小さいものではない。一九六〇年の、共和国としての独立後も、政変後の一時期の中断はあったが、大統領顧問という職務に伴う報酬も受けている。地方の王の場合は、植民地時代に行政官としての手当でトラックを買い入れて商業をはじめた人もあり、そうでなくとも、独立後も非公式に存在している七〜一〇パーセントの徴税手数料——勢力下の住民からの、共和国のための人頭税の徴集を司ることに対する手数料——は、この国の一般の収入水準からみて高額のものだ。

つまり、一般民より格段に大きい王の富や物質的特権として現在観察されるものは、すべて植民地体制および独立後の共和国の体制のなかで形成されたものなのである。これら植民地化以後に生れた要因をとり去って考えてみるとすれば、かつて王の物質的な特権としては一体何があったのだろうか？　このような見通しに立つとき、はじめに引いたバンジェルのモシの王についての記述はいくつかの点で示唆に富んでいる。

第一に、ヨーロッパやアジアの土侯の物質的栄華のイメージを抱いていたバンジェルにとって、このアフリカの王の物質生活はいかにもみすぼらしい、しかもその社会のアフリカの一般民と大したへだたりのないものとして映ったのは当然であったろう。あとにも述べるように、植民地化以前のモシの王にとって、大規模な富の集積を行ないうるような条件は乏しかったものと思われるし、一方では、王に要求された臣下への「気前のよさ」のために、王の支出もまた相当に大きかったと考えられるからである。

第二に、バンジェルは、王のゆたかさや威勢を測るのに、「建物」としての王宮にしか注意していないが、建造物は、生態学的、技術的条件からしても、一般に熱帯アフリカで最も貧富のへだたりがあらわれにくかったものの一つであると思われる。興味深いのは、建物に注目したバンジェルに対して、現地民がワガドゥグーの王の偉大さを説明するのにあげているのは、「多くの妻や宦官をもっている」点だったことである。これは、モシの王権が、これもあとで検討するように、土地の支配よりは、人の支配の上に成りたっていたこと、王が集中しえた富の最大のものは、人間——それも、王の子孫をふやす条件としての多くの妻と、その妻たちの監督や軍事はじめさまざまな役割をもった側近で、しかも彼ら自身後継者を設けて対抗する王朝をつくる可能性をはじめから奪われている宦官——だったことを、端的に示しているからである。

第三に、王宮の建物においてはバンジェルの期待を裏切ったモシの王も、宮廷のしきたり、とくに、物質的な格別の優越もないようにみえる王を、臣下が畏れ敬うありさまではバンジェルに強い印象を与えたらしいことである。王に対するモシ族の依存・服従の中には、王の軍事上の優越と重なり合って、世界の力の根源としての王の観念が存在しているとみることができるが、それが、物質的・俗的な優越に集約されるような、フランスの絶対王政に馴染んできたバンジェルには、とくに感銘深く映ったのかもしれない。

中央の大王から地方の小王のものにいたるまで、モシの王宮の出入口は必ず西に向いてつくられている。王は、朝、さし昇る太陽を背にして西向きの戸口から臣下の前にあらわれ、着座するので、土下座してこれを拝する臣下は、まるで太陽と重ねあわせになった王の姿を拝んでいるようだ。バンジェルの記述には、臣下がひたいを地面にすりつけ、頭に砂をかけるとあるが、王の前でのこうした礼拝の仕方は、西スーダンのモシの国より北方のニジェール河大彎曲部に、モシよりはるかに古く成立した、古ガーナや古マリの黒人王国でも行なわれていたことが、一一世紀の古ガーナについてのアラブの地誌家アル・バクリの記述や、一四世紀の古マリについてのイブン・バトゥータの記述にみられる。現在ではこの礼拝の仕方は、モシ族の東南に隣接する王族の先祖が共通のヤンシ族の地方首長のところで行なわれているくらいだ。地面すれすれに下げているひたいに砂をかけるように、地面にこすりつけた両手を内側にはねあげる礼をするところや、両手でひたいを叩くところもある。しかしワガドゥグーをはじめ、大部分のモシの宮廷では、現在では平伏しひじを地につけ、拇指を立ててかるく握ったこぶしで地面を打つ仕草になっている。これはおそらく、頭に砂をかける仕草が様式化されたものであろう。

王の前で小姓や臣下が指を鳴らすのは、王の健康を祈る場合が多い。たとえば、王が軽く咳払いをしたときなど、一座のものが一斉に指を鳴らす。人がくしゃみをしたときは、日本や西洋の日常生活でも、きまった魔よけのことばや健康を祈願することばを唱えるが、モシ族の一般民のあいだでも、人がくしゃみをすると、そばにいる人は「ヤームセ」(健康を祈ったり、労をねぎらったりすることば)という。そのくらいだから、王さまがくしゃみをすれば大変だ。私も何度かそういう場に居合わせたことがあるが、指はあたりにしばらく鳴りやまず、わきにひかえている太鼓もすかさず音で王の健康を祈る。

王は人前で頭巾をとってはならず、はだしで土を踏んでもいけない。いまの側近たちは、他人と一緒の飲食の禁止と同時に、これらのしきたりも暗殺のおそれから王の身をまもるためと説明するが、アフリカのほかの地域の王をめぐる習俗と対比させてみれば、やはり王の神聖観が、たとえ現在では本来の意味が忘れられているにせよ、底に流れているのではないかと思う。

だが、モシの王をめぐる制度や儀礼についてさらに検討をすすめる前に、まずモシ族における人間と自然、人間と人間とのかかわり方についてみる必要があると思う。

「とし」の構造

モシ族にとっての、自然と人間のかかわりについて考えるとき、私はまず、彼らの空間の分類の仕方、時間の区別の仕方というように、分けて検討したい誘惑にかられる。そして、それぞれをさらに、空間は垂直方向と水平方向に、時間は歴史上の区分、一年の区分、一日の区分、そして人の一生の区分というように分けて整理してみようとする。その結果は、われわれのもっている尺度にそのままあてはまらないにせよ、少なくとも両者の対応関係を、何枚かの図や表の形にしてわかりやすく示すことができるだろう。

だが、そう思って、モシ族の自然とのかかわり方について、私の理解していることを整理しようとすると、私はとまどわずにいられない。いまあげたような分け方は、文化人類学の調査基準としてごくあたりまえのものであり、この枠組みにそって資料を集め、整理し、項目をたてて記述してゆけば、きわめて正統的な民族誌ができるだろう。時間、空間にかぎらず、一、自然環境、二、歴史、三、経済生活、四、政治組織……というように資料を整理してゆく、民族誌一般の叙述についても同じことがいえる。だが、そうしたものでは、「われわれの」体系にとっての対象の切りとりと理解は容易になるだろうが、「彼らの」体系の統一性は失われ、彼らの体系のなかで、全体との関係で存在していた部分がもっていたはずの意味は、失われてしまうにちがいない。

元来無限定なひろがりをもつ世界に、人為的な断絶をもちこむことによって、人間は彼にとって意味のある世界像をつくり出しながら生きる。こうした世界像は、文化によって、最終的には個人によって異なるのだが、そのつくり方には、人間の経験に連続として与えられたものを切断し分ける志向と、ばらばらに与えられたものを統合する志向があるといえる。さきに私が、モシの体系にあてはめてみようとしてためらいを感じた枠組み、いまのわれわれの常識では「科学的」で整然としているると思われる枠組みをふりかえってみると、そこには何よりもまず「分ける」志向がつよく働いていることがわかる。分ける志向は、時間、空間などという基本的な範疇からはじまって、経験される世界を等質的な単位に還元し、今度はその単位をくみあわせることによって、世界のなかに可知的な部分をひろげてゆこうとする。これは、少なくとも自然に対する人間の能動的実践にとって高い価値をもつし、単位の等質性の前提からは、普遍性への主張も生まれうるわけである。ただ、この方法によれば、世界に可知的な部分をひろげてゆくことはできるが、無限大の世界を分母にとれば、結果はどこまで行ってもゼロでしかないだろう。逆に、統合する志向は、世界の全体に意味を与えはするが、つきつめれば受動的な観照にゆきつかざるをえない。

実際には、二つの志向をさまざまな度合いで含んだ世界の把握の体系が、文化により個人によって差異や一致を示しながら、地球上に存在するわけだが、文化人類学が、元来、異なる文化相互の変換の可能性を探ることを基礎作業とすることを思えば、とくに近代西洋に発達した、分ける志向が支配

ヤギの皮をなめす

収穫物を貯える

的な枠組み――私たち日本人も、明治以後の「近代化」の中で、いつのまにか私たちのものと思いこむようになったのであろう――によって、いきなり対象のきりとりをはかることは控えなければならない。まず、モシ族の文化がもつ世界把握の仕方の全体を一つの体系として、内側からとらえるよそものである私には完全にはできないにせよ――努力をしたうえで、私のもつ枠との対応やよじれを見るべきであろう。実際にはしかし、一方の作業を終えてから他方へうつることは不可能で、両方のあいだを往復することになる。これは、時間や空間の把握に端的にあらわれはするが、文化のあらゆる側面について提起される問題であろう。人類の文化を真に複眼的にとらえようとするならば、こうした、異文化をみる見方そのものの、文化による異なり方を最終的には問題にすべきであろうと思われる。

モシ語の「ユームデ」ということばは、ほぼ日本語の「年」にあたるが、そのあらわすものは、人為的に等質化された時の流れを等間隔に刻んだ上での、一区分とはいえない。ユームデのはじまりも、前のユームデのはじまりから、一定数の日が経過することによってきめられるのではない。主作物であるモロコシやトウジンビエの採り入れのあと、村人の都合なども考えて、長老が談合して日取りを決める祖先祭「バスガ」から、新しい年がはじまることになるのだが、それも厳密なものではない。年のはじまりも、地方により村によってちがうことになるし、第一、彼らの生活にとって、厳密に年のはじめを決めることにどんな意味があるだろう？　年のはじまりが、年ごとに、前の年の村人の談合によって決まるのだから、一年の長さというものも一定ではない。

年のはじまりが厳密ではないというのは、たとえば、テンコドゴのモシの王が新穀を祖先に捧げるバスガのあと、次の雨季までに行なう一連のまつりでも、朗誦師は繰り返し「神がよい年をもたらしてくれますように」と会衆の前で声をはりあげて呼びつづけることにもあらわれている。また、人の年齢も同じユームデということばであらわす（年齢の場合ふつうは複数形「ユーマ」になるが、どちらも、あとにつづく語で、「ユーム」という語根だけが残ることが多い）が、これは実際には、その人が生まれてから経験した雨季の数のことである。

だから、ユームデということばで示されるものは、暦に従った一律な時間の幅であるよりは、古い日本語の「とし」が指していた、穀物やその実り方にむしろ近いというべきだと思われる。かつてはこうした感覚をもっていた私たち日本人も、歳神迎えをはじめ信仰の全般的喪失とともに、グレゴリウス暦そのものの神格化に向かうことになったのであろう。「あと数時間で、××年も去ろうとしています、さようなら××年！」といった、テレビのアナウンサーのうわずった声、紅白歌合戦や、近年ではベートーヴェンの「第九」の演奏などの新しい儀式をともなって、暦の上で年が変わるいうこと自体――それは日本の社会生活の共同の折り目として社会生態学的意味を帯びてはいる――が、律儀な日本人にとっての、聖なる共同感覚のよりどころになってきたのであろう。

もう少しくわしくユームデの実体をみよう。バスガのころは「ワオード」（寒さ）で、北のサハラ砂漠から吹きよせる季節風（ハルマッタン）で、おそろしいような乾燥がサバンナを覆いつくし、太陽が出ているとき――それも砂漠からの風が空の高みをたえず渡るので、太陽が黄ばんでやつれた顔をしていることが多い――のほかは、全身から容赦なくぬくもりが奪われてゆくような季節だ。人々は、雨が来なくなった「ズ・ぺーラ」（白い頭）の頃に刈りとっておいた背丈の高いイネ科の草を編んで、採り入れた穀物を入れる釣鐘形の納屋をつくり、場所によっては「ソソアーガ」（互助作業）で穀打ちをする。穀打ちをするのは、「カズウェ」（トウジンビエ）の穂で、こまかい白っぽい穀粒が、三、四〇センチ、北部地方に多い種類のものでは五〇センチにもなる細いすりこぎ形の穂にびっしりついている。脱穀して貯える地方は多いが、一般に北部の、方形をした大型の泥の穀倉をつくる地方では、穂のまま束ねて貯える。発芽させてビールのような酒「ダーム」をつくったり、粉にひいて主食のサガボにもするさまざまな種類の「カゼーガ」（モロコシ。私が主に暮した南部のテンコドゴ地方では、カゼーヤと発音する）の、ひろがった房状の穂は打穀せずに貯え、使う分だけ木の臼と木のたて杵で搗いて脱穀する。

一、二日のうちに、まとまった量の穀物を脱穀してしまう必要のあるこの作業は、労働の基本単位であるイリのあいだの「ソソアーガ」（共同労働）でやることが多い。自分の所の穀物を打ってもらうイリでは、来てくれる人たちにダームや穀粉を水にといた「ゾム・コーム」や発酵させた粉をといた「ファニ・コーム」を振舞い、来てくれたイリの打穀にもこちらから人を出す。ふつう、イリの地域的な集まりである「サカ」ごとに、地面をならした穀打場があり、そのまわりに、採り入れた穀物の穂が、イリごとにつみ上げて草むしろをかぶせてある。

首長のところなどではとくに大がかりなこの打穀は、太鼓たたきを呼んで文字通り鳴り物入りでやることが多い。採り入れのすんだよろこびの時でもあり、「はやし」にのって腰をふりふり、夕暮ちかくにはもうおどけ半分になって、みんなで穀打ちをし、そのあと一緒に酒をのむこの行事は、単なる労働というより、踊りとも、まつりともいえる雰囲気をもっている。

次の穫り入れまで穀物を貯える倉は、モシの国でも中部や南部では、木の枝を組んだ足の上に草むしろを鉢形にのせ、上から円錐形の草屋根をかぶせただけのざっとしたものが多く、藁を混ぜた泥でこしらえた甕《かめ》のような小型の納屋は、穀物のあいだに播くササゲや、沼地でとれる米などを入れておくのに多く用いられる。これがモシでも北部や、近隣の種族でも北方のマンデ系の文化の影響の及んだ社会では、泥壁の大型の立派な穀倉があり、木の扉や、場所によっては木の錠前もついている。ほかの面でもいえることだが、北部のモシ族や近隣の種族の文化の方が、このサバンナの自然条件のなかで、いかにもよくこなれ、成熟したものを感じさせられる。こうした印象も、くわしく見てゆくことによって、文化史的な問題を解く手がかりを与えてくれるかもしれない。

ワオードのころは、王や地方の首長のバスガのあとしばらくは、村の首長のバスガ、イリごとのバスガがつづき、そのたびに人はあちこちへ出かけて、新穀でかもしたダームをのみ、先祖の墓に供えたいけにえのニワトリやホロホロ鳥や山羊や羊の肉を食べ、夜おそくまで踊る。三日ごとに立つ市が、とくに活気づくのもこの時期である。乾季の間だけしかできない土器づくりや、やはり乾季の、農作業のないときにとくにさかんにやる鍛冶、籠あみ、機織り、革細工などの手工芸に人が精出すのは、このバスガ気分が、カラカラに乾いたまま熱気のひどくなってくるサバンナのなかに、蒸発してしまったあとのことだ。日干しレンガをこしらえたり、練り土で壁を作ったりして、新しく小屋を建てたり、いたんだ小屋やイリの囲いをつくろったりするのも、この時期から、猛烈という表現が少しも誇張でない、あの暑さのはじまる「トゥールゴ」にかけてである。

ワオード（寒さ）のあとにやってくるトゥールゴ（暑さ）は、グレゴリウス暦でいえば二、四月にあたる。近づく雨季を予示するように、空気の中に湿気が増してくるのが感じられ、それに敏感に反応して、バオバブをはじめとして、いままで葉を落としていた木がためらいがちに若芽を出す。スンバラ味噌をつくるドンアーガの実が、長い芙になってさがる。核を煮てバターのような油脂をとる「ターンガ」(バターの木)の、梅の実くらいの青い実がなる。空に雲のかたまりが見られるようになる。夜も重苦しく、暑い。とかげや山羊や羊の赤ん坊が生れ、ホロホロ鳥の雛《ひな》が孵り、あたりは急ににぎやかになる。

今年の種《たね》を播こうと思う土地で、新しく開墾するところや休耕していたところなら、立木はそのままにして、枯れた下草を焼き、前年も耕作した土地なら散らばっている穀物の葉や枯草を集めて焼く。二、三度雨が来て、土がやわらかくなるのを待って、去年の穀物の根株を掘りとったりして土地を整える。ふつう、前もって耕しておくことはしない。やがて、この「シグ・ノーレ」(種まきの口)につづいて、雨が次第にひんぱんになる時期は、「シグリ」(種まき)と呼ばれる。

トゥールゴからシグ・レーノの頃にかけて、土地の守護霊の宿る石「テンクグリ」をまつり、前年やその前の年に死んだ人の「クーレ」(葬式)があちこちで行なわれ、大地にはおびただしいいけにえの血がそそがれる。中部モシ族のところで、もう少し雨季が深まってから行なわれる「テンセ」でも、王墓への牛や羊のいけにえをはじめとして、大量の血が大地に供えられるが、これも、モシの王朝の、伝説上の始祖ズングラーナの母の葬儀とされているまつりである。南部モシのテンクグリ(土地の守護霊の宿る石)とされている石だらけの丘に、王みずから若い牝牛の生血を捧げるまつり「クルグタンガ」は、シグ・ノーレより少し早く行なわれるが、これも、雨季の農作に先立つ死者まつり、大地まつりの一部とみることができると思う。

雨が頻繁になると、人は整備しておいた土地に、刃の細かいクワで穴をあけ穀物の種を埋めて雨を待つ。雨が順調なら種子は発芽し、一雨ごとにぐんぐんのびるが、もし何日も雨が来ないと、種は土のなかで死に、出たばかりの芽は枯れてしまう。次の雨を待って、枯れたところだけまだ種を埋めなおすのだが、このころは穀物の生死にとって危機的な時期だ。危機をきりぬけ、そのあとにくる「とし」を確かなものにするために、死者や守護霊をまつり、さかんにいけにえの血を大地に流すのも当然だということが、この時期に村人のなかにいるとわかるような気がする。

シグリを過ぎてもまだ雨が不十分で穀物が死に瀕していると、雨乞いのために、テンクグリにさらにいけにえの血をそそぐ。さきに述べた王朝の始祖ズングラーナの母の葬儀も、その由来を語る伝承によると、むかしひどい旱魃《かんばつ》に苦しめられたとき、ズングラーナの母の葬儀を行なったところ、雨と豊作にめぐまれたのがはじまりという。これは、ワガドゥグーの王が、土地の主《ぬし》に何頭もの牛をいけにえにさせ、臣下もいけにえの羊やニワトリを差し出すので人々の負担が大きく、近年は二〇年ちかく中止されていたが、最近の西アフリカの大旱魃の二年目、一九七三年に復活され、二年続けて行なわれた。土地の古老はそのためにというが、旱魃も止んだのでまたとりやめになった。テンセという名称からして、土地の精霊「テンガンデ」のまつりという意味で、雨乞いを死者の葬儀が重ねあわせになった行事とみられる。

天から降る雨を乞うのに、天に向かって祈るのでもなく、雨にゆかりのある水の神をまつるのでもなく、「地」の石に血をそそぐというのは、はじめ私にはのみこめなかった。だが、モシの人々と雨の順調な「とし」や旱魃の「とし」を何度もすごすうち、彼らの物の見方の輪郭が、おぼろけながらわかるように思えてきた。モシのことばで、雨のことは「サーガ」という。ただ、「サーガ」は、現日本語の「雨」にではなく、「古事記」に「阿米」と書かれている、上代日本語の「あめ」（天＝雨）によりよく対応する。しかしこれも完全な対応ではない。モシ語では「雨が降る」といわず、「雨が来る」という。このサバンナでは、雨は空から落ちてくるものではなく、天、強風、雷鳴、稲妻がひとかたまりになって、いつも東の方から「来る」のである。まわりじゅうに地平線が見えるこの平坦な土地では、地平線で地とつながっている天――そのことは、地平線にひろがった黒い雨雲によって、視覚的に一層あきらかになる――が、みるみる自分たちのいるところまでやってきて、通りすぎてゆくことなのである。だから、「サーガ」ということばで示されるものには、天のひろがりだけでなく、風も雷鳴も稲妻も、つまり、からだに受ける風圧も、音も光も、そして当たると痛いほどの大粒の雨でずぶぬれになる感覚も含まれている。このサーガが、地と交わったあとに穀物の芽が出てくるというのは、土地のことわざにも表現されているように、いきいきとした現実的な物のとらえかただと思う。

ところで、モシ族にとって、自然と人間の世界は、われわれ日本人の祖先にとってもそうだったように、対立的に分けられてはいない。そして、その全体を通じて働いている力の根源が、「ウェンデ」と呼ばれる。ウェンデは、そのままで太陽を指すこともあり、とくに「力」をはっきりと示すときは、「ウェンデ・ナーム」と、「ナーム」をつける。「ナーム」というのは、王、首長など人間の世界で自分を保護し、自分がそれに頼り、そのために奉仕する人間「ナーバ」が、正当な世襲や、上位の「ナーバ」からの任命によって身につけている力も指すことばである。

元来人間にかかわるこの「ナーバ」を、今度は擬人的に天体にあてはめて、太陽は「ナーバ・ウェン・ダオゴ」（男である力の主《ぬし》）、大地は「ナーバ・ウェン・ポコ」（女である力の主）と呼ばれる。逆にいえば、世界の根源的な力は、男性原理としての太陽と、女性原理としての大地に分けて考えられるのだが、この両方に共通するナーム（力）を身にとりこんだ者――王位につくことは「ナームを食べる」という――として、ナーバ（王、首長）があることになる。すでに述べたように、ナーバの住居は必ず西に向かって出入口があり、朝、そこから姿をあらわす王を、臣下は東を向いて礼拝することになる。南部モシ社会では、重要な儀礼のとき、王は朝、王宮を出て西に少しはなれてしつらえられている仮座所に赴き、そこに座をかまえて、臣下の礼を受けたり楽師の系譜朗誦を聞き、夕方、西からふたたび東へ向かって歩いて王宮に戻る。テンコドゴの王は、とくにキブサのまつり（イスラムの「タバスキ」と習合した行事）のときには、王宮から西の仮座所へ赴くとき、この世のはじまりに、まだかたまっていない地面を歩いたという、「ゴムティウゴ」（カメレオン）をまねた歩き方をする。

モシのことばで、西は「タオーレ」（まえ）、東は「ダポーレ」（うしろ）、北は「ディトゥゴ」（右）、南は「ゴアブガ」（左）というが、これは王宮の前に着座したナーバから見ての方位に対応する。平常は物を食べる時には右手だけを使い、葬儀のときは、遺子たちは左手で儀礼的にサガボを食べる習俗にもみられるように、右の正常、左のけがれの観念は、ほかの多くの民族におけると同様にモシ族にも存在する。テンコドゴの王についていえば、第一の重臣の邸は、王宮の北側、つまり王の右手に位置し、第二の重臣の邸は南側、つまり左手にある。この関係は、王が着座したときに、二人の重臣がその両側に座るときの位置で守られている。

このようにみてくると、王であるナーバは、太陽であり、男性原理の根源であるナーバ・ウェン・ラオゴ、および女性原理の根源、大地との交わりで「とし」をもたらす「あめ」であるサーガとともに東から来ることになる。そして、ウェンデ、つまり力の根源と、人間との媒介をするのが、「キーマ」（死者の魂）や、さまざまな「キンキルシ」（精霊）であり、キンキルシのうち、穀物の出来や住民の安寧にとって最も大きなかかわりをもつのが、テンクグリに宿るテンガンデ（土地の精霊）なのである。目にみえる生者や動植鉱物の領域は、五感で直接には知りえない死者と精霊の領域と補いあって全体としての世界を形づくっている。生きている人間が、力の根源にはたらきかけたいと思えば、生きている人間の裏側の半分をなしている死者と精霊に働きかけなければならない。死者は地中に埋められ墓石によって表されており、土地を守る精霊は、テンクグリという石を通じて接することができる。「あめ」を乞うのに、死者をまつり、大地の石にいけにえを捧げる——モシ族の世界の把握に従えば、これほど「合理的」なことはないではないか。

雨季たけなわのころは、「セオーンゴ」と呼ばれる。語源はわからない。はじめは、「セオーング・ノーレ」、さきのシグ・ノーレと同じように、「ノーレ」は目鼻口の「くち」という意味で、日本語で「宵の口」などというのとことばの使い方として共通するものがある。だいたいグレゴリウス暦の七月頃にあたる。この頃になると、毎日のようにサーガがやってきて穀物がぐんぐんのびる。実際、枯草を焼いたわずかの灰のほか、肥料というものは一切やらなくても、太陽の光と熱がふんだんにふり

実ったトウジンビエ

実った赤モロコシ

そそぐ熱帯で、雨さえあれば植物が魔法にかかったように育つことは、温帯から行った人間の目にはいぶかしく思われるくらいだ。だが、作物と同時に、雑草も容赦なく生える。「く」の字型の短い柄に、幅のひろい刃のついた鍬で、作物のあいだの雑草を土ごと浅くこそげとるようにして掻く。そしてまだそれほど丈高くしげってはいない穀物の根元に、「ビャーンガ」（ササゲ）の種を播く。この頃になると、イリのまわりの、人間や小家畜、家禽の糞尿やゴミで土が肥えているところに播いておいたマーンデや、「クンブレ」（ナスの一種）や「ブルヴァーカ」（ツナソ）などもどんどん収穫できるようになり、バオバブの葉もふんだんにとれるし、サガボにつけるゼード（おつゆ）の実もゆたかになる。

グレゴリウス暦の八月頃にあたる雨季のさなかから、そろそろ雨季の終りにちかい「サー・シカ」（雨がやむ）にかけて、穀物の背丈がのび、雨季の終りには二、三メートルに達するようになる。もう一度、穀物のあいだの草を掻き、同時に、掻きとった土を穀物の根に寄せ、背の高くなった穀物が風で倒されないようにする。前年の収穫がよほどよくないかぎり、この頃には貯えの穀物が底をついてくる。だが、トウモロコシはもうぼつぼつ食べられる。サー・シカになると、雨は次第に稀になり、炎暑がぶりかえしてくる。ちょうど日本の九月だが、暑さが少しずつ遠のいて、夏の植物が衰弱してゆく日本の初秋と異なり、このサバンナでは日増しにつのる太陽の熱と乾燥に、植物があらがうべくもなく見わたすかぎり白く枯れ死んでゆくのだ。

雨季の天候が順調だったなら、この頃には、トウジンビエもモロコシも、強い太陽を受けて、重くつややかに熟《う》れてくるが、雨が不順だったり、花の咲く頃にサーガの風が強すぎたりした「とし」には、穂はみるからに軽く、力がなくただ乾いた感じで風にゆれている。南部モシ族では、「にいなめ」を彷彿させる「カズウェ・ディリグレ」(トウジンビエを初めて食べるという意味)の儀式がある。これは、王が、王の畑でとれた新穀の粉をといた水を、新穀でかもした酒とを先祖に供え、王みずからも飲むもので、このあとは、臣下も自由にめいめいの畑でとれた新穀を飲食してよいことになっている。テンコドゴでは、この日から二一日目に、王のバスガが行なわれる。

初物を王がまず食べる儀式は雨季のはじめにもあり、これは「トウェ・ディリグレ」といって、王宮に生えているバオバブ(トウェーガ)の新芽を、王がまず祖先に供え食べるもので、雨季がもう少し進んでから、マーンデ(オクラ)についても、同様に「マーン・ディリグレ」がある。いずれも、採り入れたものについての「初穂」儀礼の性格をもったものだが、播種については、これに対応するような儀礼は、現在知りうるかぎり何も残っていない。ただ、穀物の種をまず王が播き、そのあとで臣下も播く習俗はかつてあったという。王が、自分の霊力を感染させた穀物の種子を臣下に分け与える慣行は、西アフリカだけをとってみても、西端のウォロフ族やナイジェリアのジュクン族、北部モシが支配した先住民と系譜を同じくするドゴン族などについて報告されている。右にみたようなモシの王権と農作の結びつきも、霊力の体現者としての王の観念の延長上に置いて考えることができるだろうか。

南部モシの王が行なっている、右に述べた一連の「初穂」儀礼のうち、バオバブの新芽やオクラについての儀礼は、中部や北部のモシにはないようだ。しかし、モロコシやトウジンビエなどの主穀については、いま南部モシの例で見た、「初穂」的性格の儀礼(カズウェ・ディリグレ)と、「とし」の折り目としての「祖先祭」的性格の儀礼（バスガ）の二重構造は、名称や細部の慣行のちがいはあるが、モシ社会にひろく認められる。

一方、モシと王族の祖先を共通にし、言語的にもきわめて近い南隣りのマンプルシやダゴンバの王は、これらの農作に結びついた儀礼を一切行なっていない。これらの社会が、一八世紀頃から東北のハウサと、南のアシャンティを結ぶ長距離交易の中継地となったのにともなって、イスラム化されたハウサ系の商人が多く来住し、王とも密接な関係をもち、王の儀礼にもハウサ・イスラムの影響がつよく及んだ結果ではないかと思われる。王の葬式、即位等の儀礼では、王はイスラム以前の伝統に忠実だし、ラマダーンなどイスラムの大祭における礼拝でも、王は祈りに加われず信者とは一線を画しているが、王の主宰する年ごとの大きなまつりはすべてイスラム暦で、イスラムのまつりと対応した日に、だが名称も意義もイスラム教徒とは直接かかわりのないものとして行なわれる。

他方、モシ社会でも中部の一部から北部にかけては、王の儀礼、とくに穀物の収穫前後の儀礼に、新月との結びつきがつよい。ただ、これらの地方にみられる、月が消えた晩に王がひそかに王宮を去って身をかくし、新月の出現とともに王宮にもどるという慣行のうち、王が王宮にもどる慣行は、中部モシの一部に収穫祭と結びついてあり、一方、南部モシのテンコドゴの王は、前述のキブサのまつりの前後、王宮を出て夜半すぎに戻るが、これは収穫祭とは結びついていない。いずれにせよ、即位式で、新王が王宮をはなれた小屋に籠ったのちに、正式に王権を帯びたものとされるしきたりは、いま述べたモシ、マンプルシ、ダゴンバのすべてに共通して存在する。これらの、文化的・歴史的に関連しあった社会での王権と自然の運行と農作のむすびつきの儀礼における表象については、いま触れなかった他の儀礼の側面とあわせて、たがいの対応やねじれをみることによって、かくれた意味を明らかにしてゆくことができるかもしれない。ただ、王の儀礼について、現地調査で私が得た資料の大部分はまだ整理できていず、逆に調査の足りないところもあって私自身ははっきりした見通しはもてずにいる。

この問題をめぐるもう一つの重要な側面は、「テン・ソバ」（土地の主《ぬし》）にかかわるものである。あとからその土地に来た者でありながら、何よりもまず軍事的優越によって支配者となった集団（ナコムセ）の長としての王（ナーバ）に対して、被支配者である先住民の長老である土地の主は、その土地に古くから生をうけているということによって、前述の土地の精霊テンガンデの祭祀を司る資格をそなえているとみなされる。つまり、男性原理としての太陽になぞらえられる力の「保有者」である王に対して、土地の主は、女性原理としての大地に宿る力に「働きかける資格をもつ者」なのである。それゆえ、後に述べるような歴史上の過程や政治構造も考慮しながら、土地の主の意味も、王権との関係で考えられなければならない。支配者が先住民の長老に、土地の精霊の司祭としての資格を認めながら、政治的に統合した北部・中部のモシ族やマンプルシ族に対して、南部のモシ族では先住民ビサ族は部分的に、間接的な形で統合されたにすぎなかった。王朝の分裂から無住の地へ進出した支配者の一族の枝分かれ集団が中心になった南部モシ社会では、土地の精霊の祭祀を司るのも王なのである。

ただ、異なる力の原理と、それを体現し、またはそれに働きかける者をめぐるこうした関係も、王と土地の主という二元的な対置では割り切ることができない。土地の主のいない南部モシ社会で、土地の力に働きかける者が王である一方で、王権の継承に儀礼的認証を与えるのは王族の長老だからである。王と土地の主という表面にあらわれた対置の底に、もっと根本的な原理は探れないものだろうか。

このように概観してみただけでも、穀物を主とする農耕社会であるモシ族の生活でユームデは、主作物の生と死、天とサーガと地、東西南北と前後左右、男性原理と女性原理、死者と精霊、王と土地の主等々から成る、多元的な構造をもっていることがおぼろげながらわかるように思う。そこに生起するのは、異なる範疇のものとして空間から区別された時間ではない。まして、年、月、日、時、分等の、空間化し等質化された時間――時間や暦は実用の便のために時間を空間に投影する装置だ――ではない。サーガとともにサバンナによみがえる植物のなかに、人間が自分にとって有用なものとそうでないものを区別して、有用な植物をまもり、無用な植物を排除する労働にあけくれる生活の前後を、数々のまつりの、いけにえの血と肉と酒と踊りの肉体の躍動が、分厚くふちどっている。個体としての穀物の死であり種《しゅ》としての復活であるたね播きと、種《しゅ》の増殖と成熟の完成の一段階である採り入れの二つの時期に儀礼やいけにえ、つまり生きている人間と祖先や精霊との交わりが集中していることがわかる。とくに、天《あめ》が雨となって地と交わる穀物の死と復活の時期に、新しい死者のまつりが重ね合わされている。これは、掘りさげてゆけば、オシリスやキリストの復活の神話や儀礼を生んだ、古代地中海世界の穀物栽培文化の世界像と、深い地層では共通の水脈につながるものなのかもしれない。

植物と人間

これまで、ユームデという概念を手がかりにみてきた、モシ族の自然と人間のかかわりを、別の角度からみてみよう。このサバンナに暮して、とくに南隣りのギニア湾沿岸の熱帯雨林や、北のサハラ砂漠のオアシスとの対比でまず気づくことは、澱粉質の主食の供給源が四種類ほどの穀物に限られているということだ。高温多湿のギニア湾沿いの森林地帯では、主食の澱粉は、ヤム、マニオクなどの根茎類と、バナナ、とくに甘味の少ない煮たり焼いたりして食べるプランテーン・バナナが主になっていて、それにわずかの米が加わる。北のサハラ砂漠のオアシスでは、小麦とともにナツメヤシが重要な澱粉供給源だ。

アフリカにかぎらず、一般に、木の実と根茎類は、人間が自然を利用する技術の原初的な段階で澱粉供給源として重要な役割を果たしてきた。野生状態では熟すると種子がどんどんこぼれてしまうイネ科の穀物——しかも、栽培と調理にかなり複雑な道具が必要だ——とちがって木の実や根茎類は、野生または半栽培の状態でも簡単な道具を使って人間が食用にすることができる。世界各地のヤシ科の植物、バナナ、日本のクリ、シイなどの樹木や、ヤム、マニオクのほか、タロ、日本のヤマイモ、クズなどの根茎類のことを考えてみれば、このことはすぐ納得がゆく。

モシ族の社会でも、野生植物、とくに野生樹に、食生活の上で人間が依存する度合いはきわめて大きいのだが、それはみな澱粉以外のもののためである。サバンナのこの地方には、主食の供給源として人間を養ってくれるような樹木や根茎類は、野生・栽培を問わず元来存在していなかったようだ。その上、このサバンナの北隣りにひろがるニジェール河大湾曲部の湿地帯で栽培植物化されたといわれる、グラベリマ・イネやフォニオも、モシのくにでは、イネについても少し時代を遡れば、ほとんど栽培されていなかったようだ。つまり、いま鉄の刃のついた鍬を使って、人間がかなりの手間をかけて本式に「栽培」しているトウジンビエモロコシ以外の、野生または半栽培の植物にたよって、この地方に古くから人が生活してきて、それが次第にいまみるような穀物栽培農耕に発達したとは考えにくいのである。しかも一年の三分の二のあいだ続く乾季には大部分の植物が枯れてしまうという状態では、一人当たりにしてかなりの量の穀物が収穫できる状態でないかぎり、人間がある程度以上の規模の集団をつくって定住することは不可能だったとみてよいのではなかろうか。とすると、モシ王国に統合された先住民族も、すでにかなり発達した穀物栽培を持って、比較的新しい時代にこの地方に移住してきたといえるだろうか。

モシ族にとって「コーボ」（農耕）は、新しくとりいれられたことが明らかなトウモロコシとイネを別にすれば、トウジンビエ、モロコシといった穀物のほか、何種類かのササゲとヒョウタンに集中している。しかも、どれもこの地域内での変種が多い。ということは、いま述べたこととは逆に、これらの作物がこの地方に古くからあったということだろうか。茎の背丈の高い穀物と、その下でも生育するササゲと、集落のまわりのヒョウタンとの組み合わせは、少し飛躍した連想かもしれないが、南米のアンデス地方に形成された初期農耕文化の複合によく似ている、とつい私は考えてしまう。

ユームデのところでみたように、ササゲは、トウジンビエやトウモロコシの根元に種をまく。ササゲはこういう作り方をしてもよく実をつけるし、地味を落とさないはたらきをするので理にかなったやり方だ。このように穀物のあいだに播く何種類かのササゲ「ビャンガ」――「ビャング・シード」

つまり「蜜ササゲ」と呼ばれる、日本のウズラマメのように豆にマダラのある甘味の多いもの、豆の粒の大きい「ビャング・パグラ」（大ササゲ）、粒の小さいところから「ビャング・シーリ」（ゴマササゲ）と呼ばれているもの等々――のほか、家のまわりにおかみさんが播いておいて、市《いち》に売りにゆく早生《わせ》のササゲ「ビャング・ラーガ」（市《いち》ササゲ）もある。ササゲはまず葉を食べ、青い莢のまま食べ、完全に成熟させた豆を干して貯えても食べる。ササゲの利用がこの土地で古いだろうというのは、種類が多いだけではない。気をつけてみると、「ビャンガ」ということばからつくられている合成語も多いのだ。おつゆの実としてよく食べるササゲの葉のことは「ビャンゴド」というが、バオバブ「トウェガ」の葉「ヴァード」のことを「トウェ・ヴァード」というように、語根にヴァードをつけて「何々の葉」というのはわかりやすいが、「ビャンゴド」は約《つづ》まりすぎてほとんど単一の語になっている。さらに、これを入れたおつゆ「ゼード」は、「ビャングド・ゼード」で、「ビャングド」のドはほとんど子音だけになってしまって、約まり方がもっとはなはだしくなる。ササゲの調理の仕方もそれぞれ名をもっている。莢インゲンのように青い莢のままのササゲを煮たもの「ビャング・セブレ」（熟していないササゲ）とか「ビャング・モーゴ」（草ササゲ）、ゼム（あく）を一緒にササゲの豆を煮て、赤モロコシの粉を入れたものは「ビャング・キャールゴ」（語義不明）、ササゲの豆の粥《かゆ》は「ビャング・ベーンレ」（ササゲ粥）、市でもよく売っているササゲの豆の粉を水にといてターンガの油であげたものは「サムサ」。

家のまわりにはさまざまな種類のヒョウタンが作ってある。よく小屋の屋根に這わせてある「ゴレ」という小振りの実がなるのは、瓜として食用になるが、他のものはすっかり熟してから干して切って種を出し、容器として用いる。「スウィトガ」という、実が小型で首の長いものは、タテ半分に切って種を出すと杓子《しゃくし》になる。「レンガ」というふくらみが二つであいだのくびれたもの、さらにその小型の「トゥコ」(これは噛みタバコ入れにする)。「ギェブガ」という球形で小さいものは、半分に切ってダームを飲む椀にしたり、紐をつけて左手首にさげ、右手に持った手鍬で上に穴をあけながら、モロコシなどを播くときの種を入れるのに使う。球形のヒョウタン「ワムデ」は、半分に切って、鉢としてものを入れたり、トウジンビエの粉をといた水を入れたりもする。これの特大の型のものは、「ワム・ダオゴ」といって、赤ン坊に行水をさせるたらいにもなるし、食用にする木の葉の干したのや、ダムのもとにするモロコシを発芽させた「カヤ」を入れたりするのにもいい。

ワムダオゴより一般に小振りだが、全体に丈夫で整った球形をしている「ベンドレ」は、蔓のついていた部分を浅く切り取って牛の皮を張り、太鼓にする。大きいものはひとかかえもある。この太鼓も、同じ「ベンドレ」という名で呼ばれるが、これはとくにモシ族では重要な楽器だ。この太鼓を司る楽師は王の宮廷楽師のなかでも最も位が高く、その長「ベン・ナーバ」は歴史伝承の公式の保持者とされている。近隣の種族にもベンドレはあるが、その楽師は、私の知るかぎり、グルマンチェ族を除くと高い地位を与えられてはいない。これらの社会で中心になるのは、皮の調べの緒を腋の下で張ったりゆるめたりしながら、彎曲した木の撥《ばち》で打つ、モシ族で「ルンガ」と呼ばれている木の胴が中くびれになった太鼓(ルンガという名は西アフリカにかなり広く共通している)だったり、モシ語で「ガンガオゴ」と呼ばれる円筒形の木の胴の太鼓、あるいは、モシ族にはないが、木琴であったりする。モシ族より一般に西側の諸族でさかんに用いられている木琴の、共鳴管のようにしてさがっているのが、音の高低に応じて小から大にかわるさまざまな大きさのヒョウタンなのだ。
モシ族にはないが、近隣——とくに北や東——の種族では、焼いた小刀の先でヒョウタンの鉢の外側に文様をつけ、この文様はグルマンチェ族の少女の陰核切除式の鉢のように、象徴的な意味を帯びているものもある。儀礼的な用いられ方としては、モシでも、葬式のときに遺族がヒョウタンの椀を頭にかぶる。

実際、木や軽金属やプラスチックの製品が未発達かもしくは全くないとしたら、軽くて液体も入る容器としてヒョウタンの価値はきわめて高いものだ。土器のような耐火性はないが、その代りかなり大きいものもあり、何よりもまず軽いから片手でもかるがると持てる。杵《きね》で搗《つ》いて精白した穀物を、風通しのよい場所で、片手で高くあげたワムデの鉢からこぼしてより分けるときなど、その軽いこと、凹面の彎曲のほどよいことで、ヒョウタンはかけがえのないものだと思われる。ダームを飲む椀としても、使いこんだものは飲む人の口があたって、縁の部分が薄く滑らかになっており、外側は飴《あめ》色につやがあり、内側はへそから放射状に走っている脈がきれいに浮き出ている。

西アフリカのサバンナの人たちの生活をみていると、ヒョウタン文化とでも綽名《あだな》をつけたくなるくらい、生活のあらゆる面にヒョウタンが用いられている。ヒョウタンの器は、ふつう自分のところで植えて作るが、市などで買おうとすると土器の鉢などよりはかえって高い。そのせいもあってか、サバンナの人たちはヒョウタンの器を大切にする。ひび割れた椀や鉢は、錐で穴をあけ紐を通して縫いあわせて使っている。簡単のために「紐」と書いたが、これはキャールゴ味噌のもとにする、野生のドンアーガの実の長い莢の縁についている筋をとって乾かしておいたもので、野生植物の利用の見事さの一面をみせられる思いがする。

トウジンビエやモロコシなどの穀物、ササゲ、ヒョウタンのほか、やはり家のまわりに小規模に「栽培」されている植物で、古くから土地の人の生活に深いかかわりをもってきたと思われるものに、アオイ科のいくつかの植物がある。すでにたびたび挙げたオクラもその一つだが、ビトーも重要だ。ビトーの掌形の赤味を帯びた、かるいぬめりのある葉は、サガボをつけて食べるおつゆの実としておいしいものだ。さらに、薄桃色の萼《うてな》は干して貯えておき、オクラの実やバオバブの葉の干したものと共に、乾季のおつゆの実にする。また、この萼を浸した水は、この地方で重症になることが多い「ビー」（はしか）に子どもがかかったとき、結膜炎をおこさないように目につける。飲めば小水の出がよくなるという。ビトーの種は、やわらかく煮て発酵させ、おつゆに入れる味噌にするが、このビトー味噌はとくに臭みがつよい。私はこのくせのある味のおつゆが好きなのだが、土地の人のなかには下痢をするといって嫌がる人もいる。

やはり家のまわりによく作る、丈が二メートル余りにものびる「ベランガ」もアオイ科の草本だが、これはとくに草の皮をむいて干し麻のような長くて丈夫な繊維をとる。これは網に綯《な》うが、織物にはしない。この種も味噌の材料になる。湿地に自生する「カオンビト」もアオイ科の草本で、やはり茎から良質の繊維がとれる。「ラムド」（ワタ）も、アオイ科の植物の重要なものだ。ただし、この地方に古くからあったと思われるのは野生種の綿毛のないアノマルム種で、種が食用にされてきたようだ。いまもワタの種「ゴル・ビーシ」はササゲと一緒に搗き砕いて揚げ、モシのことばで「ガオンレ」と呼ばれるカリカリする揚げ菓子をつくる。ハウサ系の移住者は、この種を煮て味噌もつくるというが、私は直接見たことはない。現在ひろく栽培されている綿毛のある栽培種のうち、ヨーロッパ人がもちこむ以前の栽培種が、地中海世界からもたらされたものか、西アフリカで栽培化されたものかについては、植物学的にはまだ議論が多いようだ。しかし食用としての種子の利用を別にすれば、織物の原料としてのワタの問題は、織物の技術や着衣をめぐる習俗の面からも検討されなければならない。

これらのほかに栽培されている数少ない作物としては、すでに述べたアフリカナス「ケンマ」、ジマメ（バンバラマメ）「スマ」のほか、一六世紀以降ヨーロッパ人との接触によってもたらされた落花生「ナングリ」、やはり南米原産のナス科の植物である、トマト、トウガラシ、タバコ、かなり新しい時代に、北アフリカからもたらされたと思われるタマネギなどがある。モシ族でタマネギを指す「アルバスレ」という名称も、アラビア語に由来しているようだ。

こうした穀物以外には種類も量もきわめて少ない栽培植物のほか、人々の生活は、食をはじめさまざまな面で大幅に野生植物にたよっている。こうした状況は、程度のちがいはあっても、日本の農山村にも、主穀以外の農業生産が企業化され多くの種類の農産物が大量に流通するようになる以前には存在していたのであろう

まず、野生樹。バオバブの葉が、若葉も干したものも、おつゆの実として重要であることはすでに述べた。大きな長球形の実の中につまった白い果肉は、かるい酸味と甘味があって、そのままでも食べられるが干して搗き砕きサガボにまぜる。水にまぜて清涼飲料にもする。果肉が包んでいる黒い種子は油っぽく搗いておつゆに入れてもいいし、やわらかく煮て味噌にしてもいい。樹皮は煎じて、解熱剤や矢毒の解毒剤とする。矢毒は、この地方でも熱帯アフリカにひろく用いられている、キョウチ

クトウ科の滝木（モシ語で「ヨアブガ」という）の実からつくる。この矢毒の成分ストロファントゥスは、適量用いれば強心効果もあり、一九世紀に、イギリスの探検家リヴィングストンが中部アフリカからもち帰ってから、西洋医術にもとりいれられた。バオバブの樹皮からは良質の繊維もとれるので、さきに述べたベランガの皮とともに、この地方では網の材料として貴重なものだ。

食用のためにこのサバンナの人々の生活に不可欠といっていい野生樹としては、ほかにドンアーガやターンガをあげなければならない。乾季のおわりに長い莢になった実がなるドンアーガ（パルキア）は、すでに述べたように、種子は味噌の原料として、莢のすじはヒョウタンの器をつくろう糸として貴重なものだ。莢は水に浸しておくか煮るかすると水が粘りを帯びてくるが、この水「アム」は、小屋の床土を叩いて固めるとき床に撒くとひび割れを防ぐし、土器の焼成直後にこの汁を塗るところもある。種子のまわりにつまっている黄色い粉「ドン・ゾーム」は、口にふくむと麦こがしのようにふかふかとして、しかも薄甘い。野生の蜜蜂のほかには、甘味というものが極度に乏しいこのサバンナの生活で、このドン・ゾームは貴重な「甘いもの」で、これのとれる時期には、子どもが口のまわりを黄色い粉だらけにして食べているし、この粉をサガボに混ぜると、うまい「変わりサガボ」ができる。

ターンガは、ヨーロッパ人がバターの木とも呼ぶように、その核を煮てから搗き砕いて捏《こ》ね、脂肪を分離させると、ねっとりとしたマーガリンのような「モース・カーム」ができる。これは食用にもなるが、皮膚にもいいので赤ん坊のからだに塗ってやるし、傷の治療に用いる。モロコシの茎を焼いた灰をまぜて「サファンデ」（石鹸）もつくる。モース・カームをとったあとの赤茶けた滓《おり》は、シロアリを防ぐので、草編みの穀倉を支えている木の支柱の根本にかけておく。あぶらの多いこの粕を小屋の壁に塗っておくと壁が雨で傷まないという。木もあぶらが多くよく燃えるので燃料として重用されている。

西アフリカのサバンナ全域に広く野生しているターンガの油脂は、常温でもかたまっている植物性脂肪である上に風味もあるので、ヨーロッパでも、近年は日本でも現地の集荷人から買って菓子用の脂肪として使っているという。常温で固まっている上に皮膚にいいところから、口紅の原料としても重宝されているらしい。

「プスガ」。学名では「インドの」となっているが、アフリカが原産でインドにももたらされたらしい。この果肉はかなりの酸味（主として酒石酸で、それにリンゴ酸も含むという）があって、暑く乾いた時など、これを噛むと乾きと疲れが快くいやされる。この実を水に浸しておいた「プスグ・コーム」は、サガボの粉をとくのに用いられ、サガボに独特の旨味を添える。煎じたものは下剤として用いられる。

「ヴォアカ」。パンヤ科のキワタノキ属で、カポックと同類だ。灰色の幹の巨木で、やわらかく長い毛のつまった実をならせる。この綿毛は、マッチが普及する前、モシ社会ではつい最近までふつうに用いられていた「ブグ・バンガ」（鉄片と石の火打具）の火口《ほくち》として不可欠のものだったし、革の枕や座布団に詰めるのにも用いられる。花萼はおつゆの実にする。ゴムのような樹液は、下痢止めとしてたいそうよく効く。

その他、タンニンを含む実が、皮なめしに用いられる「ペルランガ」をはじめ、この地方に多いマメ科ミモザ属のさまざまな木が人間に利用されている。ただ、このミモザの仲間でとくにおもしろいのは、モシ語で「ザーンガ」と呼ばれている、三、四メートルの高さで茂る木で、サバンナを旅していて、これが見えれば集落が近いかあるいはもと集落があって放棄されたところだと思ってまちがいない。これは不思議な木で、乾季のはじめに葉を出し、はげしい乾季のあいだじゅうこまかい葉を繁らせていて、雨季が来ると葉を落としてしまう。そのため、木陰の少なくなる乾季の日陰をつくるのにいいし、集落のまわりで放し飼いにしてあるわずかの山羊や羊の、乾季のえさにもなる。しかも雨季には葉を落とすので、その下に、前述のような野菜を作ることもできる。

未開社会とは何か

まだとうてい書き尽せていないが、野生・栽培を通じて、モシの人たちの植物利用のいくつかの実例を述べたのは、自然と人間とのかかわりを考える上で、人間が植物をどう用いるかは基本的な問題だからである。自然と人間の問題を考えるのに、神話をはじめとする言語表現や、儀礼における表象をみることはきわめて重要だが、それは自然と人間との現実的なかかわりの検討と表裏をなして、はじめて意味をもつと私は考える。

「未開人」の神話や儀礼はたしかに魅力的だし、研究者が対象の上に自由に解釈を遊ばせる楽しみも大きい。だが、神話や儀礼の上でしばしば人が「超自然的」とか「呪術的」と形容する原理にたよっているようにみえる「未開人」も、同時にきわめて現実的に自然に働きかけながら生きているのであって、さもなければ、彼らは荒々しい自然環境の中で、文明人が夢想したがるような「未開人」

として、物理的に存在しつづけることすらできないだろう。しかも、文明化されたと自称する社会でも、神話や儀礼は「非合理的」な性格をもつことが認められていながら、文明社会を未開社会からへだてているのと「文明人」が考えているのは、ほかならぬ、現実的な面での自然と人間とのかかわり、つまり技術的な側面においてなのである。

この問題は、「未開」社会の研究に赴く、「文明人」の研究者のあり方にもかかわりをもっている。彼らは、未開社会の技術などはじめから幼稚で、あえて詳しく調べるに値しないと思っているか、調べたとしても、調査報告に穴が開かないよう、その一章にあてる程度の一応の知識を得るのにとどまることが多い。しかも、調査対象である人たちが、最も現実的に自然とかかわっている時期は、人々はそちらに忙しくて身をいれて人類学者の相手などしてくれない。しかも農耕社会では、この時期はふつう雨季と重なるので、交通の便もわるく、外来の研究者の活動には不向きである。短期間の調査者は、だからたいてい現地人の生業活動の閑《ひま》な時期——それは儀礼や物語の集中する時期でもある——を選んで調査地を訪れる。事実その方が、土地の人がどうやって食うものを得ているかということは皆目わからなくても、短期間で「学術的」に成果のあがる調査ができるのだ。

だが、「未開人」が、かすみを食って神話や儀礼を発明しているのでないかぎり——真底からでなくても、とかくそう思いたがるのは、多くの矛盾にみちた「未開」の概念をつくりだした「文明人」の非合理性の一側面だ——しかも、「未開」社会の「未開」とされるゆえんが、現実的な自然とのかかわり方にとりわけ求められていることを考えると、未開人の神話や儀礼に表れた世界像を、技術的な面での彼らの自然とのかかわり方と連続した、あるいは表裏一体をなしたものとして把握することは、理解の手続きとして不可欠というよりごくあたりまえのことだと思われる。

ところで、いまみてきたわずかの例からも明らかなように、モシ族の人たちのこの過酷な自然とのまじわり方は、彼らなりのやり方できわめて「合理的」なものだ。それでは彼らの社会はなぜ「未開」あるいは「低開発」と呼ばれなければならないのか、あるいは詳しく見ればほんとうはそうではないのか。彼らの農耕をはじめとする技術の特質を、もう少したどってみよう

「未開人」は怠け者か？

モシ族の農耕のやり方をみて日本人である私が感じることの一つは、それが自然に対してきわめて受動的な農耕であるということだ。農耕といっても、作物に肥料をやったり、灌漑施設をつくって畑に水をひいたりするわけではない。彼らの万能農具である、軟らかい鉄の刃のついた柄の短い鍬のはたらきが象徴的に示すように、農耕という作業の中心をなしているのは、作物以外の草――作物と同じように一雨ごとに猛然と生育する――を掻きとることと、作物の根に土寄せをして背の高くなった穀物が風で倒されないようにすること、つまり、作物を人工的に「育てる」より、作物が自然の中に再び埋没してしまわないように保護する努力なのだ。自然と人間のかかわりという点からみた場合、農耕（モシ族を離れて、より一般的に考えるとして牧畜を加えてもいいが）というのは、自然の秩序のなかに、人間の秩序をもちこんで、種《しゅ》のあいだに人間からみた選択にもとづく断絶を設け、動植物の生命の成長と増殖に、人間の力を及ぼそうとする行為とみることができると思う。このサバンナの農耕――南隣りの熱帯雨林の農耕ではもっと顕著だが――には、その原初的な性格がよくあらわれて

いる。強大な自然の秩序の中に、人間がようやく立てた区分の境が消えてしまわないよう、人間は鍬で一生懸命境目をつけ直すのだ。

新しく藪《やぶ》を切りひらいた耕地や、何年か「プ・ウェーガ」(休閑地)にしておいた畑は、乾季に草に火をつけて焼くので草木灰が畑に撒かれることになるが、これも土地の人の意識では、畑を肥やすためにというより邪魔なものをとり払うために焼くのだ。種子が成熟したあとの草を焼いてしまえば、そのかぎりではその土地に雑草が生えないはずだが、実際には、まわりじゅう茫々と草原がひろがっているから、乾季の風でいくらでも草の種子は飛んでくるらしく、畑を焼いたかどうかは、次の雨季の雑草の生え方にはあまり関係がないようだ。堆肥、緑肥、厩肥などを耕地に入れるということもない。山羊、羊、犬(食用にもする)、驢馬、ところによって豚などの小家畜や、ニワトリ、ホロホロチョウ、アヒルを、それもごく少数放し飼いにしているほか、農畜と牧畜は結びついていないから、集落のまわりは比較的肥えているものの、集落から離れているところも多い耕地全体を、家畜や家禽の排泄物で肥やすということはない。ゼブ牛の群れを連れたシルミシ(フルベ)族は、本拠ではだいたい定着して農民化しているが、男が二、三人ずつで牛の群れを追って草地をわたり歩いている。乾季には南の海岸地方、ガーナや象牙海岸の大都市まで連れて行って牛を売る。彼らは、集落や耕地の近くはなるべく避けて牛の群れを誘導してゆくから、広大なサバンナのなかで、こうした遊牧の牛の糞で休閑地が肥やされるというのは、よほどの僥倖とみなければならない。

農耕と牧畜の結びつきのなさは、家畜にひかせた犁《すき》による耕作がまったくなかったという点にもあらわれている。犁耕は、車輪、建造物のアーチなどと共に、北アフリカにありながら、サハラ以南の黒人アフリカにはとりいれられなかったものの一つだ。直接の理由としては、牛馬などの大家畜を役畜として使う習慣がまったくなかったこと（ごく一部では牛が荷駄獣として用いられていたらしいが、馬は高価で、王族などの特権的な乗りものであり、荷駄獣としてはもっぱら驢馬が用いられていた）、大型の犂を製造する木工の技術が欠けていたこと（これは車輪やアーチについてもいえることである）などが考えられるが、より根本的には、農耕というものの型自体が、北アフリカやサハラ砂漠のオアシスのものとサハラ以南のサバンナのものとで、まったく異なるという点が考えられなければならないだろう。

西アジアのメソポタミアに最も古く形成され、ナイル下流流域地方から北アフリカやサハラのオアシスにひろまった農耕・牧畜は、ムギ類とナツメヤシを中心とする植物栽培と、ヒツジを主とする小家畜の飼育とが、乾燥地帯に囲まれた灌漑可能な肥沃な小地域に、閉じこめられるようにして共存することによって成立した、はじめから農耕と牧畜が不可分に結び合わされたものであった。それに対しサハラ以南のサバンナでは、農耕が成り立っている環境は、反対にきわめて開放的なものである。とくに、衛生環境の改良にともなって人口が全体に急増し、都市の数も規模も大きくなり、都市を中心とする人間の定住の範囲がいまのようにひろがってしまう前には、集落や耕地というものの定着性もきわめて低かったようだ。メソポタミアの「テル」（堆積遺跡）に典型的にみられるように、同一の地点に次々と集落が累積していって、現在そこを発掘する者は、下へ掘り進むにつれて時間を遡るというようなことは、このサバンナでは考えられない。伝承やわずかの遺址、王墓などをたどって知りうる範囲でも、王都も集落もひんぴんと移動をくりかえしている。ここでは、人間の生活の遺址に表わされている時間は、層をなして積み重なっているのではなく、広い均質な空間のなかにちらばっているのだ。これは、移動性の大きい焼畑農耕のためだけでなく、建物の材質や造り方、それに、突飛と思われるかもしれないが、住民の宗教生活の性格にもよるところが大きいと思われる。

このサバンナでは、建物は、庶民の小屋から王宮にいたるまで、すべてこねた泥か日干し煉瓦でつくられているので、はげしい乾燥とかなりの量の豪雨（年間七〇〇～一〇〇〇ミリ）が交互に襲うなかで、修理をくりかえしても、数十年もすれば修復不能なくらいに崩れるというより「溶けて」、もとの土にかえってしまう。わずかに用いられている木や草むしろも、腐るか、シロアリに食われて、やがて土にかえる。ここでもまた、自然の秩序に対して人間の立てるささやかな「異」は、自然の巨大な還元力の前に、たえず「無」に帰せられようとしている。土にかえるのも簡単だが、つくるのも簡単で、普通の住居など、住む人の文字通りの「手作り」でたちまちできてしまう。

宗教生活の性格は、公共建造物の欠如にあらわれている。血縁の靭帯をこえた社会的統合の一つの帰路としての公共の祭祀と公共建造物は、世界の他の多くの地域で社会の発展過程にしばしばあらわれているものである。モシの社会では、かなり規模の大きい政治的統合が達成されたあとでも、公共の祭祀は、すでにみたように、自然の石や岩山によって表される土地の精霊と、生身の王に体現されている力の根源をめぐって行なわれる。どちらも、巨大な祭壇や不滅の像や聳え立つ建造物を必要としないものだ。かつては一代ごとに居所を移し、新しく王宮を造ったならわしも、バンジェルを失望させたような「王宮」の物質的貧弱さを助長したにちがいない。

こうした状況は、このサバンナの北の、サハラ砂漠の南縁とニジェール河が接する地点のいくつかに形成された、ジェンネ、トンブクトゥ、ガオなどの都市では異なっている。ロバの遊牧民の宿営地や漁民の集落がもとになって、その後長距離交易の中継地として数百年にわたって栄えたこれらの都市は、砂漠を横切るロバのキャラバン・ルートと、舟による水上の輸送路の結節点として、ほかに移すことのできない生態学上の位置を占めている。その上、イスラム・アラブの進出した北アフリカとの交渉のなかで生まれたこれらの都市には、イスラムの浸透とともに、公共的宗教生活の場としてのイスラム寺院も早くからつくられている。とくに一四世紀には、当時この地方に広大な版図を築いていた黒人帝国マリの王が、メッカへの巡礼の帰途連れてきた建築家の指揮のもとに、まずトンブクトゥに、ついでジェンネに大がかりなイスラム寺院がつくられた。簡単には移動、再建できないような形での公共祭祀の場の物質化はこれより南のサバンナの王国にはみられないものである。

サバンナでも、長距離交易の中継地は、生態学的条件と、交易にたずさわる者の出会いという前提があるために、簡単には移りにくかったようだ。ただ、途中経由する道筋は、とくに地方ごとの首長の商人に対する態度、治安状態などによって、そのときどきで変ることもあった。

モシ王国などのサバンナ地帯では、一八世紀頃からさかんになったこうした長距離の交易の中継地を掌握する形で王が都を定めた場合には、王の代がかわるごとの王宮の造りかえはあっても、王都そのものの位置は、比較的安定するようになったことが、モシの諸王朝や、南に隣接するマンプルシ族、ダゴンバ族の事例から知られる。王と交易の結びつきは決して一般的だったわけではないが、結びつきがあって王権がそれを基礎に強化された場合でも、両者のかかわりはある距離をおいたものだった。交易都市として長く栄えた都市は、いずれも王都ではなかった。

さて、湿地帯や流域平野をつくる大河もない、このような比較的均質な平野のひろがるサバンナでの農耕は、日本のような精密勤勉農業の伝統をもつ国から行った者の目には、きわめて粗放なものにみえる。「粗放」という印象の中身をもう少し考えてみると、まず耕地が十分に利用されておらず、従って農業生産性がきわめて低いように思われること、第二に、農業技術が幼稚なために作物の出来にむらがあり、しかもひんぱんに凶作に見舞われること、そしてそれにもかかわらず、サバンナの連中はかなりブラブラしているが、もっとしっかり働けばこの技術でも農業生産が少しは増し安定もするだろうと思われること、などである。彼らは無気力だし怠け者だ、こんなにブラブラしていたのでは低開発の状態にとどまるのはあたりまえだ、日本でもこんなに怠けていたら個人も社会もたちまち窮乏におちいるにちがいない――これは、このサバンナの住民とつきあいはじめて、かなりの年月を経るまで私が抱きつづけた素朴な実感だったし、現地に長く住んで農業技術改良の指導などにあたっているヨーロッパ人にも、そういう意見をはっきり言うかほのめかす人が多い。

だが、現地人の農業改良の指導員たちと一緒に、モシ族も含めたサバンナ諸族の農業の実体を二年あまり調査して歩くうち――そのうちの一年は旱魃《かんばつ》による飢饉の年だった――、私は自分のもっている生産性や勤勉の尺度の根拠について、あらためて考えてみるようになった。

まず、私が――現地で私がつきあったかぎりでのヨーロッパの農業技術者と同じように――農業生産性ということを考える場合、当然のことのように、土地面積あたりの農産物の収穫量つまり土地生産性をまず問題にする。私が日本で学生時代よく民俗調査に訪ねた農村でも、当時、いまよりはずっと低かった米の収量は反当たり六俵とか七俵と言い表わしていたし、天候とか品種とか、新しい肥料や農薬による作柄のちがいも、それによって判断する。フランスの農村でも同じで、昔は一ヘクタール当たり二七、八キンタルしかとれなかった小麦が、いまでは化学肥料と農薬の発達で六〇キンタルはとれる、しかしグルテンが少なく、粉にしてパンに焼いても昔のような旨味がないなどという。このモシ族のくにでも、フランスからもちこまれた「近代的」な農業の概念では、一ヘクタール当たりモロコシが四〇〇キロというようにして、生産性を評価する。モシ族には、長さも面積もあらわす単位がないが、かつて焼き払えば耕作できる土地が人口に対して無限といってよいほどあり、条件が不利になれば集落ごと新しい土地へ移動してもよかった状態では、土地の面積など第一測る必要がなかったにちがいない。

売買や賃貸借の権利を含む土地所有の観念も、私的所有、共同的所有とともになく、主に儀礼的性格をもった多くはモシの進出以前の先住民「ニョニョンシ」の子孫である。「土地の主《ぬし》」――土地の主のいないところでは首長――に、用益を認めてもらえばよい。こういう状況では、農業生産の総量は、気候条件と土地による多少の地味の違いを別にして考えれば、農耕に投入される労働量によって決まることになる。しかも、用いられる技術がきわめて単純で特別の熟練を要しないため、労力そのもの、実際には農耕に動員される人間の「あたまかず」が、収穫される農作物の総量をきめるといってよいのである。

こうした条件下で、農業の「生産性」とは何だろうか？　われわれのように、単位面積あたりの収穫量という考え方が意味をもたないことは明らかだ。それなら、熟練を必要としない農業技術で、労働の質はほぼ同じと考えたとして、労働量、より直接には農耕に費やされる労働時間に対する収穫量で生産性をはかれば、どうだろうか。労働時間や収穫量を詳しく調べたわけではないのでおおまかな見当にすぎないが、この意味での彼らの生産性、つまり労働生産性はかなり高い――「高かった」というべきか――と私は思う。

そう考える理由は、彼らが農耕に費やす時間がきわめて短いのに、旱魃がないかぎり、人がとにかく一年間食べ、かなりの量のモロコシは酒をつくるのにもまわすことができるからだ。しかもすべての老人は口をそろえて、近頃は収穫が減った、昔は畑もいくらでもあり、休閑《きゅうかん》もたっぷりとれ、穀物があふれていた、という。もちろん凶作もあったであろうが、これは単に老人にありがちな過去の理想化とだけみることはできない。昔の方が農作物が豊かにとれたというのは、最近の人口急増と、都市とその周辺への人口の集中の結果、人口が過密になった地方では十分納得できることであり、それにもかかわらず、休閑なしに毎年同じ畑で昔と変らない無施肥農業をつづけているために生じている農作のジリ貧状態は、現地人の農業改良指導者もとうに気づいているのだ。

それなら、機械化以前の日本の農民がそうだったように、より多くの労働力を骨惜しみせず農業に投入して、土地生産性を上げることはできないものだろうか。だがこれには、基本的な困難がある。すでに述べたような、従来からつくられてきた作物はすべて、一年の三分の一くらいの雨季にほぼ同時に作られ、それらの作物のための農作業は、収穫の時を除いては、いくつかの短い時期に集中するからである。とくに集中が著しいのは穀物の種まきで、その年の降雨とのかねあいでの、播く頃合いの見計らい方でその年の作柄が左右されるといっても過言ではない。一、二度の雨につられて早目に播いてそのあと雨が続かなければ、播きなおしをする破目になるし、あまり慎重にかまえて播くのが遅くなれば、天の都合次第で雨季がさっさと切りあげられることもあるから、十分成熟しないうちに乾季になってしまう。前もって畑に肥料を入れるとか、播種後の「育てる」技術がないのでなおのこと好機に種を播くことが重要になる。このように、ごく短いあいだに広い地面に種を播かなければならないので、播種の時には、年のゆかない子どもも混じって人は精一杯働く。一人当たりの「勤勉さ」をこれ以上増すことは、この時期には無理であるようにみえる。セネガルで作られた手押しの簡単な種まき機械が輸入され、地方開発公社を通じて普及の試みがなされたこともあったが、値段が高いうえにこんなまだるこしいものでは種まきはだめで、いまはまったく使われていない。

種まきは、一家総出で、とにかく手っ取り早く片付けてしまわなければならない。他のことではずいぶんのんびりしているようにみえるモシ族の人たちも、穀物の種まきのときだけは人が変ったようになる。種まきの作業はとくに著しいが、この熱帯では、雨季の四ヵ月間くらいに圧縮された作物の発芽から成熟までのうつりかわりの早いことは、温帯から行った者の目には、コマ落としで撮った植物生育のフィルムを標準速度で映すのを見る思いがする。その後一回ずつの草掻きと土寄せにしても、わずかのあいだ作業を集中すべき度合は大きく、そのときどきに限っていえば一人一人の勤勉度より、「あたまかず」の多いことが重要になるのだ。

このことを納得するには、短期的に集中して行なう農作業に対して、土地がどんなに広いかを実感することが私には必要だった。いま参考までに大まかながら数値をあげれば、私が主に調査した南部モシ族のテンコドゴ地方では、トウジンビエ、モロコシ等の穀物の作付け面積は全人口（町で主に商業に従事している者も、幼児も含めて）一人当たりの四〇アール、つまり約四反だ。一つのイリ（世帯）の人数は、三〇人を越すイリから、四、五人のものまで偏差が大きいので、単に平均をとることは意味が少ないが、頻度の高い八人から一〇人としてみても、一世帯が平均して三ヘクタールから四ヘクタール、つまりほぼ三、四町歩の土地に、ほとんど穀物だけ作っている勘定になる。しかもこれは、広漠としたサバンナのうちではかなり人口密度が高い（一平方キロメートル当たり一〇人前後）地方での話で、人口密度がもっと小さく、しかも土地が肥えている地方は多いのである。日本で、三、四町穀物ばかり作っている農家といえばかなり大きい部類に入るが、このサバンナでは、一人当たりの面積がせまい地方での平均値にすぎない。土地生産性をみれば、大雑把に言ってトウジンビエやモロコシで一ヘクタール当たり三、四〇〇キロ、イネなら五、六〇〇キロの見当で、かりに機械や化学肥料や農薬以前の日本の米の収量を反当たり六、七俵としても、六分の一から一二分の一くらいにしかならない。そのかわり、穀物づくりの全過程を通じて投入される労働量は、私も子どもの頃経験した日本の農村の作業ぶりからみたら、質を問題にせず作業日数だけをみても、一〇分の一、いや二〇分の一にもならないだろう。私の場合、詳しく労働時間を計ったわけではなく、漠然とした主観的な印象にすぎないが、こうした印象を裏づけてくれる数値も、熱帯アフリカのいくつかの社会についてあげられているのである。土地がいまより豊富にあり、休閑もたっぷりとれた時代には、収量はもっと多く、したがって労働生産性もより高かったであろう。

このような条件では、生産と消費の基本単位であるイリの成員の人数をふやすこと、つまり、妻を多く持ち、子どもをたくさんこしらえ、労力を提供する配下の者をかかえることが、穀物つまり食料を多く得るためにきわめて現実的な意味をもつということがわかってくる。利用可能な土地が十分にあった状態では、すでにみたように、農業労働力の総量、それも労働の質よりも人数が多いほど、多くの土地に種を播き多くの食料を手に入れることができるからだ。冒頭にひいたバンジェルの探検記に、どんなに王が富裕であるかを土地の人々が言い表わすのに、王が妻を大勢もっていることを挙げているのは、この意味でも示唆的である。

妻子を多くもち、したがって子孫をふやすことは、自分を先祖としてまつってくれる者を多くこの世につくることになるためにも、高い価値を与えられているのだが、それはまた食料を増すことにも直結しているのである。結婚が、高価な花嫁代償を伴なわず、「ブードゥー・カスマ」（父系血縁集団の長老）や「イル・ソバ」（イリの主《ぬし》）の意向によって女性が配分されるモシの社会では、妻はむしろ「与えられる」ものである。妻は、農業生産の手段として──土地は少なくともかつての状態では、生産手段というより「場」としての常数だった──、また生産手段の再生産手段として貴重な存在であるから、与えた集団に対する与えられた側からの、恩義や従属の絆《きずな》をつよめる役割を果たすことが多い。このことは、あとで述べる「ポグ・シウレ」（妻の礼）の慣行にとくにはっきりとあらわれている。したがって、息子をもつことは、父系の血縁関係によって、将来自分をまつる子孫をつくることにつながり、娘をもつことは、娘を妻として与える男とのあいだに恩義の絆を結ぶ可能性を生むことになる。さらに、観念上、実生活上、子を多くもつことをよしとするこのような価値観と背中あわせになって、寡婦相続結婚を含む一夫多妻の制度が、女性の一生の受胎可能期間を最大限に出産に結びつけている。一〇代のなかばから後半に、かなり年上の男と結婚する女性は、彼女がまだ受胎可能な年齢で、たとえ夫に死に別れたとしても、亡夫の兄弟や息子（彼女の実子をのぞく）に妻として

切り倒しておいた赤モロコシの穂を摘み取る

かくしゃくとした村の老人

相続されて、亡夫の父系血縁者の子孫を生みつづけることができるからだ。

衛生条件の悪さから乳幼児の死亡がかなり多いとはいえ、こうして人口が増加してゆくことは、もし人間が食料を獲得する自然環境が完全に開いた系であるとすれば、右にみたような農耕における労働生産力の相対的な高さからして、人間の側にとって何の支障もきたさないはずである。だがいうまでもなく、実際には、この広大なサバンナも自然環境として完全に開いた系ではない。そして、このような状況から生まれる問題は、人口の絶対的な増加そのものより、人口の集中と過疎がアンバランスに由来しているように、私には思われる。つまり、全体として欧米やアジアの高度に工業化された国々よりはるかに人口密度の低いこの熱帯のサバンナでは、人口の過密地帯と過疎地帯の平衡さえとれるならば、むしろもっと人口がふえて、まだ過疎地帯にはいくらでもある未墾地を利用した方がいいくらいなのだ。

教科書的な公式からすれば奇妙に感じられるかも知れないが、このサバンナで地味が肥えている、つまり比較的土地生産性の高い地方が、必ずしも高い人口密度をもってはいない。これまでオートボルタで行なわれた、フランスの人文地理学者による人口密度の調査の結果では、一平方キロメートルあたり五〇人以上という、この地方にしては高い人口密度を示しているのは、ほとんどすべて花崗岩質の、農耕のための土壌としてはおよそ最低のモシ族の居住地帯なのである。それに対して、火山灰質の土壌に恵まれ作物の出来もはるかに良い西部や、雨量も多く（年間平均一一〇〇～一三〇〇ミリ）、穀類のほか根茎類やヤシ科の植物も生育する南部や南西部は、一平方キロメートル〇・九以下のところが大部分で、一部の都市周辺部をのぞけば二〇人を越すところはきわめて少ないのである。

この人口密度の分布に関連してすぐ気づくのは、前者の高い人口密度を示す地域は、チシ族という、植民地化のはるか以前から大規模な政治組織を発達させていた地帯であるのに対し、後者の肥沃だが人口密度の低い地帯では、さまざまに異なる言語や文化をもつ小部族が、モザイク状に共存しており、政治的統合の規模も小さいことである。この対応関係からみるかぎり、「食料生産が増して、直接食料生産にたずさわらない人口を養えるようになり、社会的分業と交易がさかんになり、人口もふえて、次第に大規模な政治的統合が達成される」という、主にアジアやエジプトやヨーロッパの資料に基づいて成立した古代史の図式とはまさに反対のことが、ここでは起こっているようにみえる。これはどう考えたらよいのであろうか？

まず第一に考えられるのは、植民地化以来、ヨーロッパ人によってモシ王国、しばしば帝国とも呼ばれてきたモシ社会の「国家」としての構造が、アジアやエジプトやヨーロッパで成立した「国家」の構造と実はかなり——もしかすると根本的に——ちがうかもしれないということである。

第一に、いま挙げた点とも関連するが、生態学的条件のちがいによって、食料生産と人口密度の相互関係も、著しくちがったものになりうるのではないかということである。

第一の点はあとで政治構造を検討するときにとりあげるので、第二の点についてみよう。これまで述べてきたようにモシ族の社会は、自然環境から食料を得る上でかなり均質で開放的な系の上に形成されてきた。そこでは、土地生産性は、無視されないまでもほとんど重要性をもたなかったといってよい。これに対し、メソポタミアやエジプトに形成された社会をはじめ、従来古代史や先史学がとりあげてきたような原初的な国家は、主として乾燥地帯に囲まれた、多少とも限られた土地を灌漑《かんがい》によって利用しながら農耕を営んできた。土地は貴重であり、人間はその土地に定着しなければ食料を得られなかった。そこでは、たとえ労力を大量に投入しても、土地生産性をあげることが次第にふえる人口を養う唯一の道であったにちがいない。ただ、そこには、熱帯におけるようなはげしい季節の循環もない上に、灌漑によって一年のうち農耕の可能な期間を長く、作物の種類を多様にすることができたであろう。家畜に犁《すき》をひかせ、家畜を脱穀に利用し、家畜の排泄物で土地を肥やすなどの、農耕と牧畜の結びつきも、乾燥地帯の中の植物の生育可能な場所に、人間と草食動物が閉じこめられるようにして共生する環境からは、むしろ自然に生まれたにちがいない。農耕と牧畜の結びつきによって人間は、食料を得る作業における労働生産性も高めることができたとおもわれる。

このような閉ざされた状況では、増大した人口を養うことは食料の生産性を高めることによってのみ可能だったであろうし、畜力の利用による労働生産性の増大は、直接生産に携わらない時間の、社会主体としての増大に直接結びつきえたであろう。こうした条件の下では、前述のような食料生産性と人口増加と社会的分業と大規模な政治的統合等が密接に関連しあった発展の図式は、妥当性をもちえたと思われる。

これに対して、サバンナの焼畑農耕が成り立っている食料獲得における「開いた系」では、すでに述べたように、食料獲得における労働生産性がはじめから——というよりむしろ古く遡ったほうが——高く、しかも土地に関しては開いた系なので、閉じた系における右の図式のように、土地の肥沃さ（つまり土地生産性）と人口密度の増大とが、前者が後者の条件になるような形では結びつかない。このサバンナでは、さきの人口密度の地域的偏差などからみるかぎり、後者の条件になるのは、強力な支配者による軍事的政治的庇護であるようにみえる。このことは、一七、八世紀からすぐ南のギニア湾沿岸でさかんになったアメリカ向けの奴隷貿易の後背地――奴隷の供給地――であったこととかかわると思われる。近隣の部族を襲撃して得た捕虜を奴隷に売ることが、モシ族の王の経済的基盤として重要であったことを考えると、モシ族自体の人口密度が高い一方で、その近隣の小部族の人口密度が低いことの一因も、あるいはそこに求められるかもしれない。無論、現在のわれわれが見ているのは、フランスによる植民地支配の六〇年余り（ただ、原住民社会へのその影響が著しくなったのは、第一次大戦後の四〇年余りであるが）と、独立後の十数年を経たものである。植民地時代の、北方のマリの鉄道工事や南の象牙海岸開発のための強制徴用、それ以前にはなかった税金（とくに人頭税）を支払うための出稼ぎ、独立後特に著しい大都市への農村人口の失業状態での集中などによる、人口分布の変動も大きいであろう。だが、それらの要素を考慮に入れてもなお、モシ社会とその近隣部族とのあいだにみられる人口密度のへだたりは大きすぎる。そしてこのことと関連して私が注目せずにいられないのは、モシ族と近隣諸族との、住居のつくりの、外敵からの防御という点での著しいちがいなのだ。

モシ族の住居は、直径二メートル余りの円筒形の泥壁の上に円錐形の草屋根をのせただけのものだ。入口も、北の方で一部、木の扉に木の錠をつけているところもあるし、最近は木の板にトタンを張った扉もあるが、元来、ふつうは草むしろを立て掛けただけのものだったらしい。第一、軽いとんがり帽子のような草屋根は、木の枝を円錐形に組んでつくった枠の上に、草むしろを少しずつ重ねあわせながらのせただけのものだから、侵入する気ならはずすのは造作もない。こうした小屋のいくつかが、低い泥壁か草むしろでざっとかこわれて、生活単位であるイリの居住空間ができている。このかこいの入口には扉はないし、またもし扉をつけたとしても、低い泥や草の塀は、簡単に越えられる。イリの成員の命の綱である穀物を貯えておく納屋も泥づくりのものもあるが、大部分は木の枝を組んだ台の上に深い鉢形に置いた草むしろに、やはり草むしろで円錐形の屋根をのせたもので、中の穀物の出し入れも、屋根をもち上げるか下ろすかしてやるのだから、これも外敵に対してはまったく無防備だといっていい。

こうした簡単なつくりのイリが散在しているモシ族の村は、要するに、外からの侵入者に対する物質化された備えをまったく欠いているのだ。このことは、植民地化の直前まで、モシ族の襲撃と掠奪にたえずさらされていたという近隣の「弱小」部族の住居を見ると、対照的に明らかになる。南西のグルンシ諸族の住居も、ダガリ族やロビ族の住居も、モシ族の簡単な小屋の集まりを見たあとでは、砦のようにみえる。一世帯の住居は、全体が分厚く泥でかためられ、水平にわたした木の梁の上に泥を厚く塗った平屋根は、有事の際には物見をし矢を射かける櫓《やぐら》にもなる。この要塞の入口は勿論一つで、木の扉で厳重にふさぐことができるし、中の仕切りの複雑さは迷路のよう。食料はこの砦の中にも大甕に入れて貯えるし、外の納屋も大型で頑丈な泥壁づくりだ。取り出し口は上の方にあり、梯子をかけなければ届かないし、錠前つきの木の扉がつけてある。モシ族の北西に隣りあっているサモ族や、グルンシ諸族のいくつかの部族では、個々の住居が堅固にできている上に、住居がたがいに守りをかためあうように集合して村をつくっている。

モシ族の居住地域が一般に肥沃でないこと、住居をはじめとする物質文化が近隣の諸族に比べて貧

ロビ族の砦のような住居

グルンシに属するカセナ族の外部に対して閉鎖的な住居

弱であることは、新来のモシの支配者が政治的に統合した先住民も含めて、とくに中部、南部のモシ族の現在の居住地への定着が、近隣の諸族よりあとから行なわれたことを示す指標のようにも思える。だが同時に注目したいのは、政治的統合と社会的分業の発達が、前に述べた「閉じた系」における社会の発展の図式にあるような形では、このサバンナでは結びついていないようにみえることである。このことを、農具の製造をはじめとする工芸技術とあわせて、次に検討してみよう。

農具を考える

モシ族の農耕のやり方を道具の面からみたときの特徴は、西アフリカのサバンナの他の多くの社会と同じく、鍬《くわ》がきわめて重要だということであろう。さきに私は鍬のことを「万能農具」と書いたが、刃の幅や厚味のちがうふつう三種類の鍬――その名称はモシ族の中だけでも地域差が著しいので省略する――で、未墾地の木の根や前の年の作物の根の掘りとりや畑の整備、種まき、草掻き、土寄せ、穀物の刈りとりのすべてに間に合う。

いうまでもなく、根の掘りとりには刃が厚く幅は比較的狭い頑丈な鍬が、種まきには刃の細い鍬が、草掻きと土寄せには刃の広い鍬が用いられるが、それぞれの鍬ごとに、それほどはっきりした形と機能で結びつきがあるわけではない。ただ、種まき用の鍬は、右利きの人は右手だけで細かく動かして使う（左手には種を入れたヒョウタンの椀をひもで下げ、左手の指先でつまんで、右手の鍬であけた穴へ落とす）ので、全体に小ぶりで軽いことが必要だ。刃の幅も三、四センチと狭い。開墾用の刃の頑丈な鍬は、使いながら、必要に応じて刃を斧のように横向きにつけなおして灌木などを切り、またもと通りに刃をとりつけて根を掘り起こしたりする。斧のような刃の向きにして、取り入れのとき、穀物の茎を根のすぐ上のところで切りたおすのにも使える。要するに、道具としての機能が特殊化して固定していないだけに、融通のきく使い方ができるのだ。

土を耕す道具としての鍬の特徴は、土に比較的浅くふりおろされた刃が、使うものの方へ引かれることにあり、この点で、深く土を掘り起こすのに適した踏み鍬やシャベルと根本的に異なっている。しかも、モシ族の場合、鍬の柄はすべて四〇～六〇センチくらいの短いもので、刃も一般に小さく軽いから、刃が重く柄の長い鍬を、思いきり振りあげてから振りおろして土を深く掘り起こすように耕すといった使い方ができない。畜力や人力で牽く犂《すき》と同様、踏み鍬の系統の道具もモシ族はまったく用いていない。井戸とか墓穴を掘るような場合でも、開墾用の鍬で用を足してしまう。近隣の種族には、穴掘り用には鶴嘴《つるはし》のような道具を農具とは別にもっているところもあるのだが、この点でもモシ族は大まかだ。

鍬のほか、重要な農具として「スーガ」（小刀）がある。これはとくに穀物の取り入れのために欠くことができない。片刃のもの両刃のものとあって、ニワトリや山羊ののどを切ったりすることから、日常生活の万般に用いる。男は革の莢に入れて腰に下げている人もあり、そうでなくてもイリのなかの各小部屋ごとに必ず一、二挺はあって、女はこれでオクラやクンマ（アフリカのナス）を刻んだりもする。ついでに言えば、調理の段階で鋭利な刃物で「切る」ことが多い日本のやり方とは対照的に、モシ族の調理では「切る」ことは極めて少なく、その代りたいていのものは臼と杵で「搗いて」こなしてしまう。だから女がスーガで野菜を切るといっても、台所に真魚板《まないた》のようなものがあるわけではなく、ごわごわな厚い掌の上でざっと切るだけのことだ。

道具としてのスーガは、穀物の穂を摘むのに用いる。背の高いモロコシ、トウジンビエなどは、さきに述べたような刃を横にした鍬で、まず根の少し上で茎を切って畑一面に倒してしまい、そのあとスーガで穂を切りとる。この作業は、地面に散らばっているものを、絶えずあちこち身体を移動させながらかなり長時間手で扱うことになるわけで、日本人の感覚からすれば、田の草取りよりもっと深く腰を曲げて行なう、いかにも骨の折れる腰の痛くなりそうな作業だ。だが、モシの人たちは楽々とやってしまう。

一般に、モシ族も含めた西アフリカ内陸の、自然人類学者がよく黒人種のうちの「スーダン亜人種」とも呼ぶ黒人は、観察から受ける印象でも、実際に私が計測してみた例でも、前腕と下肢が身長にくらべて長く、しかも腰の屈伸がなめらかで、腰を深く曲げた姿勢で作業することを苦にしない。これも、はじめのうち私はまったく気づかずにいて、モシ族とのつきあいのかなり後の方になって注意するようになったことだ。たとえば女の人が洗濯をする場合、地べたに盥《たらい》を置き、両足をのばしたたまままかるく開いた姿勢で、上体を深く前屈させ、場合によっては肘を膝頭《ひざがしら》で支えるようにして、洗濯をする。電気洗濯機が普及する前の日本の女だったら、地べた盥を置くとすればしゃがんで、あるいはかなり高い流し台に盥をのせ自分は立った姿勢で洗うところだ。地べたに広げて干したオクラやビトーを、かえしたりならしたりするのにも、両足をのばして立ったまま両手を地面の高さで働かせながら、しかもミズスマシのように楽々とからだ全体を移動させてゆく。

腰を深く折るのを苦にしないことは、このように立った位置での作業姿勢の中に、坐った位置での作業や、休むときの姿勢にもあらわれている。特に女性に著しい。男は坐るときは、短時間なら地べたに尻をついて膝をかかえるか、長く坐るときにはあぐらをかくかする。男のあぐらにしても、日本人よりはるかに楽に、太腿が横に平たく広がるし、日本人にありがちなあぐらをかくと上体が前かがみになるということもない。あぐらをかいて、ぺたんと地べたに坐っても、背筋はごく自然にまっすぐに伸びていることが多い。女は、小さい時からあぐらをかくのはもちろん、股を開いた恰好で坐るものではないとしつけられるので、坐るときには、短い間ならいわゆる横坐り、長ければ両足をそろえて前にのばす姿勢をとる。背筋は伸ばしたままだ。日本人なら腰が痛くなって、こんな姿勢は長く続けられないだろう。モシ族にも腰かけ――南の森林地帯のように立派なものでなく、小さくて低い丸い木の台にすぎないが――があるので、これに坐るときは、女性は両腿はつけて膝から下だけを八の字形にひらいたり、足をそろえて前へのばす姿勢をよくとる。地べたに尻をつき両足をそろえて前に伸ばした姿勢で、おかみさんが、ドンアーガ（パルキア）の実を莢から出したり、糸をつむいだり、腿の上やわきで土器をつくったりしているのも、よく見かけることだ。

大腿のつけ根の動きが自由なのは、人種的な骨格上の特徴でもあるかもしれないが、自然人類学の専門家によると、この部分の靭帯のしなやかさにもかかわりがあるだろうという。乳幼児の頃からすでに足を開き腰を深く折りまげていることが多く、これは体質と慣れのどちらが原因なのかいまのところ私にはわからないが、この姿勢はとくに、母親の赤ん坊の負《お》ぶい方、抱き方にはっきりあらわれている。赤ん坊は、腰の上に横抱きにするか、背中に負ぶうときも腰の上にのせて母親の胴のうしろから抱きつかせるようにする。モシ族に限らず一般にスーダン黒人は、横から見るとすらりと弓なりに伸びた背中の腰のすぐ上の部分がくぼみ、それが腰の突き出しを一層きわだたせている。ここに赤ん坊をのせ、歩いたり働いたりするのには、布でくくりつける。赤ん坊は股を大きく開き、しかも腰を鋭角に深く曲げた姿勢で、母親の背中の下の方にしずくのような恰好でとりついていることになる。これは日本とはたいそう違うことだ。日本では、今はもうあまり見られなくなったが、大人が両手をうしろへ回して、背中のかなり高い位置で赤ん坊の尻を下から支え、赤ん坊は両手を大人の肩にかけるか、帯やねんねこ半纏《ばんてん》でくくりつけるときも、赤ん坊の足は、大人の背中でかるく開いてだらりとさがることになる。サバンナの赤ちゃんのように、エビ形に腰をまげた姿勢にはならない。

さて、立って働くときの上体を深く前へたおした姿勢は、畑で鍬を使う場合にもみられる。腰を高く空中に突き出し、鍬の短い柄をもった両手が地面すれすれになるくらいに上体を曲げて、腕を前後に動かして鍬で地面をひっかく。私ははじめ、なぜこのサバンナの人たちは柄の短い鍬しか使わないのだろうかといぶかしく思ったものだ。柄の長い鍬の方が作業の姿勢としても楽で、第一、刃の部分の慣性能率も大きいから、強い力で土に振りおろされるだろうと思ったのだ。

モシ以外の社会では、たとえば、モシ族よりはるかに西のマリとの国境に近い地方に住むマルカ族のところで、長さ八〇センチくらいの柄の全体に華奢なつくりの鍬を見たことがある。これはこの地方の軟らかい火山灰地の畑に、換金作物としてさかんに作られている落花生の栽培に使うのだそうだ。

サバンナ地帯のうちでも、主に栽培している作物の種類、土壌の質などによって、農具の形は多様であることがわかる。

イエと女性

モシ社会は、文化人類学の分類でいうと「父系の単系血縁関係」の上に成り立っている。これは、モシ族など西アフリカ内陸部のサバンナ、現在の国でいうとブルキナファソ（旧オートボルタ）中部、東南部からガーナ北部に住む、言語学者の分類でいう「オティ・ヴォルタ」語族の人々に共通する血縁関係だ。ガーナ南部を中心とする、かつてのアシャンティ王国の母系制とはまったく異なっている。

西アフリカ以外でも、父系の単系血縁関係が重要な社会は、アラブ系遊牧民ベドウィンが典型的だが、東アフリカ、南スーダンの牛牧民ヌエルのように、次に述べるフォーテスと同世代のイギリス人類学者エヴァンズ゠プリチャードの研究対象になって、詳しく研究された集団もある。

エヴァンズ゠プリチャードと並んで、父系の単系血縁関係を学問的に明確にする上で貢献したのは、イギリスのメイヤー・フォーテスという二〇世紀半ばに活躍したアフリカ研究者だ。彼の理論は、ガーナ北部のタレンシ族という、モシ王国とも祖先を共通にするマンプルシ王国の構成集団の詳細な現地調査に基づいたものだ。フォーテスの誤りは、タレンシが政治組織としてマンプルシ王国内の下位集団だという事実に気づかなかったか、あるいは故意に切り離してタレンシを非集権的社会と規定したことだが、彼が明らかにした「父系単系血縁」の原理は、基本的には誤っていない。

ヒトの血縁関係の多様性も重要な研究課題である人類学の教科書や授業では、「父系単系血縁」の原理は、タレンシの名とも結びついて、必ず取りあげられる。けれども「原理」としては理解できても、私たち非単系的な日本人、自己をどこにとるかによって父方母方とも範囲が異なる「シンルイ」関係が基本である日本人には、タレンシと基本的に同じモシ社会で暮らしたとき、実感としてピンとこないことが多い。例えば、結婚した女性は、夫のイエに入ったヨメではなく、彼女が生まれた父系集団への帰属は変わらない。そのことも一つの要因となって、気に入らない夫のところを、妻が荷物(それが少ないことも、重要だ!)をまとめてさっさと出て行く、女性の自立性の強さがある。ただし、父系の原則で、子は夫の集団に帰属する。モシなどの父系社会が、日本人に分かりにくいと言っても、旧アシャンティ王国の母系制は、なおのこと日本人には理解がむずかしいだろう。

父系原理で結ばれた人々が構成する居住単位であるイエ囲い「ザカ」のありようを、父方の寡婦相続による一夫多妻の事例もふくめて図示すれば、第1図のようになる(五五ページ図参照)。女性としての生殖力をもたない高齢者も含めた、産みの母を除く寡婦相続は、厳しい自然条件のなかで夫を失っても路頭に迷わない、サバンナに生きる人々が生み出した知恵であるといえる。

地縁組織の弱さ

さらに、日本社会における地縁関係の重要さが、その対極にあるともいえるモシ社会とのへだたりを感じさせる。西南日本から驚くべきスピードで青森まで拡がった水田稲作は、同じ土地で何年でも連作可能な、唯一の穀物栽培法だ。耕作可能な土地が極めて限られた日本で、住民が生きてゆくために不可欠な水田稲作が必要とする灌漑と水源・水路の共同管理には、近隣所帯間の連携が大切だ。この地縁組織は、徳川体制下では、相互監視・連帯責任の役割ももった五人組の基盤となった。制度化された地縁組織の伝統は、昭和の戦時体制下での「隣組」となり、現在でも、祭礼や、世界に類を見ないこまやかなゴミ捨てを請け負わされた地域集団として、存続している。

これとは対照的にモシ社会は、近年は都市周辺部をはじめとして定住性が大きくなったが、かつては移動を前提とした焼畑農耕を生業としていた単系血縁社会だったから、村で共同して道を直したり橋を架けたりといった地縁的な共同性が欠如しているのも、当然といえる。

女性は市で輝く

モシ社会の多くの地方では三日毎にきまった場所に立つ市は、既婚女性の輝くハレの場だ。家畜や、南の森林地帯から特定のルートで運んでくる清涼剤コラの実などの商いは、男性の専業商人の領域だが、主食のサガボをつける汁の素になる、パルキアの実を煮て発酵させたサバンナ味噌「スンバラ」や、「マーナ」(オクラ)、コメをはじめとする前栽物《せんざいもの》とその加工品は、既婚女性の受け持ちだ。

三石かまどに鍋をかけて、あつあつを商うおかみさんたち。「ビャンガ」(ヤッコササゲ)の実を水に漬けて軟らかくしてから、石の摺り臼で荒く摺りつぶし、砕いたワタの種子と混ぜ、バゲンデというハマカズラに似たマメ科の灌木の、胡蝶型の葉に包んで、底に藁を厚く敷いて水を入れた土鍋で蒸して、トウガラシの粉と塩をつけて売る。蜂蜜をつけたのは上製だ。バゲンデの葉は厚くごわついて裏白な点も柏に似ているが、かすかな渋みを帯びていて、これで包んで蒸したササゲの団子には、柏餅のようなほのかな葉の香りがつく。

ササゲの団子を「カリテ」(アカテツ科の野生樹「バターの木」の実からとる油で揚げた菓子「サムサ」)を、揚げながら商うのも、市に店を出したおかみさんの腕のみせどころだ。

市が、既婚女性たちの活動の場であるのにはわけがある。女性は結婚すると、住居近くの、ヒトや家畜・家禽の排泄物で肥えた一隅を、「ベオルガ」として与えられる。家長の指揮で、家囲い全員のための農作業をした余暇に、既婚女性は娘にも手伝わせて、ベオルガで市で売れそうな物を作る。そして、三日に一度立つ市でこれを売って得た収益は、彼女のものになるのだ。複数の妻がいる家長は、妻たちがそれぞれ腕をふるった料理を賞味するのだが、市での売り上げで肉や珍味を買ってきて夫を喜ばせるのも、妻の才覚次第ということになる。

モシ族とのつき合いの初めには、私はベオルガを「へそくり畑」と訳したことがあるが、これは明らかな誤訳だ。ベオルガには、日本語の「へそくり」という言葉がもつ隠した感じはまったくない。人妻に公認された、堂々とした権利としての耕地なのだから。

「声のアジール」粉挽き歌

テンコドゴ地方の、ゴーデンという「テンガ」(村)の長の「ザカ」(屋敷、家囲い)に丸一年、居候をさせてもらったことがある。一九七七年から七八年にかけての、オートボルタの研究所との共同研究計画の一環として、トヨタ財団の奨学金を受けた。

はじめに、一九世紀末のフランスによる植民地化以来、行政上の単位として用いられてきた「テンガ」の概念について、簡単に説明しておく必要がある。「テンガ」は元来、土地一般を指す言葉で、行政上の単位ではなかった。父系親族とその配偶者を主な構成者とする「ザカ」が現実の生活単位で、ザカがいくつか集まった父系血縁集団とその配偶者や子どもからなる地域的なまとまりが、「サカ」と呼ばれる。「サカ」の長老は「サク・カスマ」と呼ばれ、実生活上は「サカ」が空間的まとまりの

雨季のはじめに豊作を願って土地の精「テンガンデ」にいけにえを捧げるゴーデン・ナーバ。右に跪いているのは、長年妻「ポク・キェーマ」。その後に妻たち。テンガンデ・ソルゴの姿もみえる。

単位で、年長原理にもとづく「カスマ」が調整役を務める。これは慣習に基づいていて、公的な行政の単位ではない。

私が一年間居候をさせてもらった「ザカ」の長は、現在の行政上のゴーデン村の長だが、この村はかなり広い範囲に散らばり、生業でも農耕のほか、機織り、土器作りなどに特化したサカを含む九つの「サカ」から成っている。そのゴーデン村の「サカ」の一つとしての「ゴーデン」という、「ウィニガ」姓とその配偶者子などから成る一九の「ザカ」の長モレ・ウィニガ（当時五八歳）が、行政上のゴーデン村の村長だ。

モレは、幼いとき、先代のテンコドゴ王キーバに「ソゴネ」（小姓）として差し出され、忠実、勤勉に王に奉仕したので王に大層気に入られた。それゆえ、モシ社会における権力者を媒介とする女性の授受の体系「ポグ・シウレ」の原則にしたがって、婚資なしに妻を与えられて、出身地であった行政上のゴーデン村の長、ゴーデン・ナーバに、王の意向を行政が受けて任命された。私の印象でも、私が接した五〇代終わりの頃のゴーデン・ナーバは、温厚・勤勉で、判断力のすぐれた、良い指導者だった。

それだけではない。その後もゴーデン・ナーバはテンコドゴ王キーバへの忠勤にはげんだので、王は自分の娘（母は異なる）を八年の間をおいて二人も、ゴーデン・ナーバに嫁がせている。その間、これと別に四人の妻をゴーデン・ナーバは娶り、そのうちの一人以外は、子を産ませて同じ「ザカ」に暮らしていたから、精力旺盛であるだけでなく、養育能力も十分にある頼もしい男性だったのであろう。

四人目の妻として先代のテンコドゴ王キーバから与えられた、キーバ王の妹で現テンコドゴ王と同父同母のゼナボ・ソルゴは、ゴーデン・ナーバとのあいだに二男一女をもうけたが、子どもは教育のために首都ワガドゥグーの知人宅にあずけゴーデンでは同居していない。彼女は、夫のザカに自分の小屋を与えられて一緒に暮らしているが、農作業などザカの共同労働には一切加わらないのは、はた目にも私には奇妙に思われた。

これに対して、やはり先代のテンコドゴ王キーバから、二四歳年上のゴーデン・ナーバの七人目の妻として与えられたテンガンデ・ソルゴは、当時一九歳、大柄な美人で家事も良くする働き者だった。私が居候させてもらっていた当時は一三歳になっていた長女ダヤーブレも、温和な性格で、他の子たちともよく遊び、二歳の双子の妹を前後にくくりつけて子守もした。ダヤーブレの三歳年下の弟は、勉学のために村を離れてワガドゥグーで暮らしていたから、四三歳で迎えた七人目の妻テンガンデとのあいだに、私が居候させてもらった一五年後までのあいだに四人子どもをもうけたことになる。

ゴーデン・ナーバは、テンガンデを妻とする七年前にも、ジンタヨーという、王族ではなく、私が知った二〇年後でも目のくりくりした愛嬌のある顔立ちだった、当時一七歳の娘を六番目の妻として娶り、二人の男の子を産ませている。そして七人の妻たちは、同じザカの内にめいめいの小屋とかまどをもって、それぞれの娘や幼い子たちと暮らしており、妻たちのあいだにもとくに確執はないようだったので、夫としての能力においてもゴーデン・ナーバは並外れた男性だったにちがいない。亡父から受けついだ寡婦たちは、私のいた頃は亡くなっていたか別居していた

当時のゴーデン・ナーバのザカは、すでに図示したヤルゴのザカの構成と同じ原則で、成人男性と既婚女性は一つの小屋、未婚女性と幼い男の子は母と同じ小屋に寝起きする。きまった食事としては一日一度だけの夕食は、既婚女性が同居する娘にも手伝わせて、それぞれの小屋のなかや脇のかまどで作り、親子ごとに集まって食べる。夫のところへは妻たちがそれぞれ自慢の料理を持ってゆく。性行為は、夫に指名された妻が夫の小屋に行って営む。

ヤルゴのザカとの大きな違いは、ゴーデン・ナーバは、テンコドゴ王の儀式などに参列するときのために馬を一頭飼っていて、中庭の西南の外れに、馬をつないでおく広い空間と馬を収納する小屋があったことだ。飼葉を絶やさず補給し手入れをすることは、かなりの労力を要するが、私が知ってからのゴーデン・ナーバが馬に乗って王宮に行くのを見たことは一度もない。

私が寝泊まりさせてもらった小屋は、一族でない者を臨時に寝泊まりさせるための小屋の一つで、

馬小屋のさらに西南の家囲いの一番はずれにあった。

録音の記録を見ると、六月五日となっているから、もう雨季が始まって、一雨毎に畑にどんどん生えてくる雑草を掻きとるのに忙しい時期だ。昼下がりにザカの住人が皆めいめいの小屋で束の間の休息をし、小屋のなかでも四〇度を超す暑さのなかで、横たわってまどろんだりしているひとときだ。私も自分の小屋でうたた寝をしていた。ふとザカの入り口近くの方から、甲高い女の歌うような声が聞こえてくるのに気づいた。小屋を出て、歌声のもとと思われる方へそっと歩いてゆくと、声の主は、大人がやっとくぐって入れる狭い粉挽き小屋のなかで、夕食のサガボにするトウジンビエを石臼で挽いている、ゴーデン・ナーバの一番若い妻テンガンデだということが分かった。

私は足音をしのばせてカセットレコーダーをとりに自分の小屋に戻り、足つきマイクを伸ばして、粉を挽いているテンガンデの足元にそっと置いた。そして小屋の外にしゃがんで、歌声に耳を澄ました。

そうやって、二、三〇分経ったろうか、歌声が止み、粉に挽いたトウジンビエを入れた大きな半球形ヒョウタンを抱えて、テンガンデが狭い小屋から出てきた。私がマイクを置いて歌を録音していたことを知って、彼女は笑いこけた。

勿論、歌の隠し録音をしても気を悪くされる心配などない親しい関係にあったから、私も無断録音をしたのだ。チャンスを逃さないよう、その場で録音を再生して聴かせながら、今歌っていた言葉を言い直してくれるように頼むと、可笑しがりながら、ゆっくり発音し直してくれたが、その内容は私の想像を超えたものだった。

赤ん坊を括りつけ穀物を
風選する娘

幼児を子守する娘

テンガンデ

あとでその録音全体を、私がモシ語の録音を分析するときいつも教えていただいている、テンコドゴの小学校の校長先生と、すでにお名前を挙げたブルキナファソでのモシ語研究の第一人者、ブンクングー先生に聴いてもらって、歌の文句全体のフランス語版を作った。似た文句の反復が多いが、歌全体の趣旨をよくあらわしている文句のいくつかを、次に日本語訳してみる。

—父さんはわたしをつかまえて、わたしのことなんか好きじゃない人のところへ嫁がせた。だからわたしは歌ってる、わたしがみじめだと言いたくて。

—水が小屋を建てる（テンコドゴ王コームの戦名）の息子（キーバ王、つまりテンガンデの父親）がわたしを嫁がせて、わたしは苦しみの場所に来た。

—ここじゃ水ひとつ、勝手に飲めやしない

—かあさんに、来て何か着せかけてと言ってちょうだい、だって、わたしは寒いのよ。

—コーム（水王という戦名をもつ祖父のこと）の息子（父のこと）が、わたしを火で焼いている。

普段、穏やかな働き者のあのテンガンデが、粉挽小屋に入って石臼を押し始めると夜叉になるのだろうか？

モシ社会の掟では、粉挽き歌でこき下ろされた夫が、同じザカのどこかにいてそれを聞いても、あとでそのことで妻を咎めてはならない。だから粉を挽いているときは、妻は日頃胸の内に溜まっている不満や言い分を、粉を挽く動作にのせて、思い切りぶちまけて良いのだ。わがモシ社会の、何と素晴らしい掟ではないか。

その前もその後も、私は粉挽き歌を聞いたり録音したりする機会があった。だが断片的な愚痴だったり、内容と歌い手の個人史的関係が、このゴーデン・ザカで隠し録音《どり》したテンガンデの歌ほど、詳しくたどれるものは他にはなかった。

粉挽き歌に限らず、より一般的に言っても、単調な動作を繰り返すうち、社会的な掟による理性の抑圧が弱まって意識下の不満が浮上し、節とも言えない抑揚をつけたことばになって口から出て来やすくなるにちがいない。

モシ社会の粉挽き歌のように、西洋の糸紡ぎ歌、東洋の砧打ちの歌など、女性の単調で長くつづく作業の歌には、遠くへ行ったきり便りがない夫への想いなどが籠められることが多い。人類に普遍的にあると言ってよい子守歌、それも貧しい家庭の娘が賃稼ぎの子守でうたう歌にも、子を寝かせる目的よりは、背中の子を揺する単調な動作の繰り返しのうちに湧き出る、心の底の不満や恋人への想いなどがこめられることが多いのではないだろうか。

このような状況で歌う行為を、私は社会的弱者の立場に置かれた女性の「声のアジール（避難場所）」と呼びたい。モシ社会の粉挽き歌は、女性の「声のアジール」として、歌の内容が社会の掟によって保護された稀な例と言えるのではないだろうか。

ドイツの経済史家カール・ビュッヒャーが一八九九年に著した大著『労働とリズム』（*Arbeit und Rhythmus* 高山洋吉訳『作業歌　労働とリズム』刀江書院、一九七〇）には、女性の作業歌としての粉挽き歌が、東アフリカも含めて広く紹介されている。先駆的な労作ではあるが、事例の蒐集と地域別の整理が主で、労働歌としての機能的な面への簡単な言及があるに過ぎない。

懐かしい異郷を再訪する

エピローグ

「関わる」ということ

これまで、私がモシ社会をはじめとする、西アフリカと関わった初期の一五年のあいだの体験から、とくに印象深かったことを拾って記してみた。その後私が最後にモシの国を訪れた二〇一三年まで、私は通算して五〇年、モシ社会やその周辺の西アフリカ社会と関わってきたことになる。

モシ王国をはじめとするアフリカとつき合い、私なりにアフリカを知ろうと努めてきた五〇年をかえりみて、自分がアフリカを如何に知らないかという、無知の自覚が益々強まってきたことを実感する。知り得たことの輪が大きくなるほど、その外側にひろがる無知の自覚も拡がるという、思えば当然の結果なのであろう。

これまでに述べてきた、最初期の一五年のあと、それ以前よりさらに踏みこんだアフリカとの関わり方をしてきた現在までの三五年を今ふり返ると、太鼓の音による歴史伝承を精緻化してきたモシ王国と対照をなして、造形表彰によって王国の過去を伝えてきたナイジェリアのベニン王国でも、私は王様や側近たちとも親しくなって、年次祭をはじめ何度も調査をしたし、西アフリカ内陸社会全体を、北アフリカと南の森林地帯との関係で総合的に把握するために、ニジェール川大湾曲部の学際的研究を、科研海外調査の枠で、私の予備調査も含めてマリの研究者と共同で九年間行ない、四冊のフランス語（一部英語）の論文集として刊行した（日本語で一冊にまとめたものは、私の長い導入部をつけて、『ニジェール川大湾曲部の自然と文化』として東京大学出版会から一九九七年に刊行）。

他に、ブルキナファソの南隣、ベナン共和国の旧アボメー王国の最後の王ベハンジンの王宮を、ユネスコの世界遺産として復元する作業にも、私は全体の責任者として足掛け六年たずさわった。異郷とのつき合い方には、「知る」、「理解する」ことの他に、「関わる」行為も含めて考えるべきだろう。

テンコドゴ王の「ガンバガ回帰儀礼」の顚末

私が研究者としての関心から、私の意見を敢えて伏せて成り行きを見た、一種の「オトリ調査」をして、だが結果として「当時者の思い込み」自己肯定の強さに歯が立たなかった顚末は、私とモシ王国との関わりのあり方に、深い反省をもたらした。

一部始終は、日本語でも、新しい資料も加えながら数度にわたって発表し（最終版は詳しい後日談も含めて『サバンナ・ミステリー　真実を知るのは王か人類学者か』と題して、写真を多く入れた新書版でＮＴＴ出版から一九九九年に刊行）、フランス語でも二〇〇〇年パリの Fayard 社刊の、旧友フランソワーズ・エリティエに献じた論文集に、「歴史における主観性—モシ社会で現実化された『過去』をめぐって」と題して寄稿し、その論文は、二〇〇二年にパリの L'Harmattan 社から刊行された私の博士論文に付けた、関連論文の一つとしても再刊行し、テンコドゴ王にも贈呈した。

概要を手短に記せば、即位して三三年経ったテンコドゴの王は、先祖が由来したとされているガンバガ（現ガーナ北部）に回帰する儀礼を行なうという伝承が、テンコドゴの王朝に伝えられているが、これを行なった王は二人しか知られていない。一人は王朝の始祖とされているが、個人名か「大王」を意味する称号かも分からないものが、僅かに知られているだけのズングラーナで、もう一人は一一代前の王とされているギグンポレだ。ギグンポレは長命で、この儀礼を三回行なったとされているが、それは九九年在位したということであり、そのままは信じがたい。

いずれにせよ、この儀礼で何をどうすればいいのか、誰も知らない。王を補佐する重臣のうち、仕来りに通じていた故老格の人は、最近一〇年位の間にほとんど亡くなってしまった。ただ一人の故老が、祖父から伝え聞いて憶えているということを頼りに、王宮では一連の行事を執り行なうことにした。

活動的な若きティグレ王

テンコドゴの当時の王、私と同い年の一九三四年生まれのティグレ王は、一九五七年病死した父王の後を継ぐため、フランス領西アフリカの首都だったダカールの名門私立高校《リセ》に留学中、地元有力者の推薦を受けたフランス人行政官に電報で呼び戻され、二三歳で即位した［写真1、即位式の写真、右がフランス人行政官、左がティグレを推した地元有力者］。活発な性格でハンサムだった青年プリンスは、ダカールではサッカーや短距離の選手としても活躍、ブリッジやダンスも好きで、ガールフレンドにもてたらしい。

草深いテンコドゴに連れ戻された青年王は、父王［写真2、父キーバ王］から〝相続〟した大勢のお妃のほか、三〇人余りともいわれる若いお妃をあてがわれた王宮で、老臣たちの「帝王教育」にがんじがらめにされた。パーティーに招かれても、ダンスをしてはならなかったし、愛用のホンダの単車の後ろに若い女性を乗せて町を走って、老臣にきつく諫《いさ》められたこともある。

フランスのカトリック宣教団「ペール・ブラン」が早くから浸透したモシの国では、テンコドゴにも大聖堂があり、ティグレ王は彼自身信徒ではなかったが、大聖堂のミサによく姿を現わした。ダ

［写真1］

［写真2］

カールで、クリスチャンだった意中の女性があり、ミサに行くことで彼女を偲ぶ想いを癒やしているのだという話を、ダカールでのティグレ王のクラスメートで、ユネスコに勤めていた人から、後になって私は聞いたことがある。

だがそうして何年か経つうち、王様であることも満更ではないと思うようになったのではないだろうか。私が初めてテンコドゴの王宮を訪ねた一九六三年、つまり即位後六年目には、王様ぶりもなかなか板に付いていた。

活動的で企業家精神にも富んでいたティグレ王は、慣習的な王としての力を活用し、臣下の労働力を動員して広大なマンゴーの果樹園を経営し、勢力下の牧畜民フルベにゼブ牛の群れを管理させて、ガーナに売った。植民地行政官としての高額の手当てを資本に、父王が始めた南の隣国ガーナとの大型トラックを使っての交易も、父王の時代よりも発展させた。一九六〇年に共和国として独立したオートボルタの首都ワガドゥグーに、外国人向けの高級貸邸宅も建てた。地方行政官として、勢力下の村からの徴税によって受ける手当ても厖大だった。

ワガドゥグーのモシの大王モーゴ・ナーバで、国政にも発言力を持っていた当時のクグリ王を組合長とする「伝統的首長組合」の副組合長にもなった。一九六六年の第一回クーデターの軍人政権から一九七〇年民政に移行し、総選挙が行なわれたときには、第一党アフリカ民主再編党から立候補して当選し、一九七四年の再・軍政移管まで、国会議員でもあった。

もはや、「王政復古」が現実化する時世ではなかったが、新体制のなかでの有力者でもあることは、「伝統的」な王の権威を守り強める上でも大切なことだった。この点でもティグレ王は、「ローグ・

ン・ミキ」(語義は「生まれて、見たもの」で、「仕来り」を意味する)一本槍のあちこちの王が、新しい時代に適応できず衰微してゆくなかで、賢明に振る舞い、成功し、一時は害した健康も、パリの高級クリニックでの治療で回復し、タバコと酒もやめ、テンコドゴ王朝史上三人目の即位三三年の儀礼を行なうことになったのだ。

モシ諸王朝のなかでのテンコドゴの位置づけ

ところで、モシ諸王朝のなかでも、伝説上の起源地ガンバガに最も近い南に位置し、諸王朝の共通の始祖とされるズングラーナの墓もその勢力下にあるテンコドゴの王朝は、最も古く形成された王朝という見方が、モシ社会でも研究者の間でも、通念のように見なされてきた。だが、私が実際に南部モシの諸地方を丹念に調査した結果では、現在のテンコドゴ王朝は、テンコドゴの南部、南西部諸地方で、王朝の分裂や移動を繰り返したあと、比較的遅く、ティグレ王から一二代前の王シグリがテンコドゴに王朝を築いたのが始まりだと思われる。

そのことは、テンコドゴ王の年毎の重要な儀礼の一つである「ブグム・ヤオゲン」(語義通りには「ブグム王の墓で」)にも示されている。この儀礼は新年を示す「バスガ」から二一日目に、王自ら馬で、やはり騎馬の重臣たちを率いてテンコドゴの西八キロメートルのグドレン村にある、シグリ王の父ブグム王の墓に赴き、若い牡牛一頭、牡羊一頭、雄鶏とホロホロチョウ各一羽の生贄を捧げ［写真3］、その肉を焙って王はじめ参会者一同が食べ、モロコシ・ビール「ダーム」を飲んだあと、太鼓の音による王朝史を楽師の長「ベン・ナーバ」が打ち、下位の楽師が一節ずつ言葉に直して大声で朗唱するものだ。

つまり、テンコドゴ王朝が現在の場所に移る直前の直系の先祖が、七キロメートル西に別の王朝を構えていたのであり、その王たちの名は、時間のなかで一次元化された太鼓音と声の朗誦では、ひと続きのテンコドゴ王朝史の一部としか受け取れないのである。一次元の音によってしか表されない「歴史」が、空間における展開を示すことができないという欠陥が、ここに露呈される。

さらに、テンコドゴという広く通用している地名が、「テンガ」＝「土地」、「クドゥグ」＝「古い」の結びつきとして、誤解のもとになる。土地を名付けるのに、「古さ」を前もって自称できるだろうか？　現地での発音は「タンクドゥグ」であり、それまで沼の名に因んで「ニェレンニャン」と呼ばれていたこの土地を、ブグム王の子息シグリ王が新しい居地と定めたとき、ここに王宮を築く土「タンド」が古くなるまで続くようにという願いを籠めたのが、本来の語源だということを、私は先代王キーバの秘書もしていた故老から聞いたが、この方が納得できる。

馬で出奔した娘、だがどこから？

さまざまな異伝のある、モシ王国の起源伝承のうち、最もひろく伝えられているのは、概略次のようなものだ。

昔、ガンバガの王に、ニェンネンガという男まさりの娘があった。娘は馬にまたがって戦《いくさ》に出るのを好んだ。王は娘を可愛がり、年頃になっても結婚させなかった。娘はある日、馬にまたがって出奔し、北の荒野で、一人の狩人にめぐり合う。二人は愛し合い、男の子が生まれる。娘を狩人のところに運んだ牡馬にちなんで、男の子は「ウェドラオゴ」（牡馬）と名付けられる。

男の子が成長すると、娘は息子を連れてガンバガに戻り、父王にひきあわせる。父王は、行方の知れなかった娘が思いがけず、それも立派な男の子をもうけて帰って来たので喜び、お前はいったいどこに住んでいるのだと孫に訊ねる。孫が荒野（モーゴ）に住んでいると答えると、冗談を言い合う関係にある孫に向かって祖父王は、それならお前は「モーゴ・ナーバ」（荒野の王）だと言う。そこからモシ（現地発音でモーセ、単数はモアーガ）という民族名や、その王「モーゴ・ナーバ」という称

［写真 3］

プスガにのこる、グベワの墓。この左手に大きな窪地があり、そこでグベワ王は座ったまま地中に姿を消したという

［写真 4］

号も生まれた。孫のウェドラオゴは母とともに再び北の荒野に発ち、先住民を支配して王になり、まさしく「モーゴ・ナーバ」になった。

この建国伝説を、旧モシ諸王国のなかでもっとも詳しく語り伝えているのは、中部モシ王国だ。ウブリ王の墓は、現在のワガドゥグーの東北部のウブリヤオゲン（語義通りには「ウブリの墓所で」）にあり、私も二度訪れて現地の伝承を採録している。その王都は、一八世紀中頃ワルガ王の時代にワガドゥグー（現地発音ではワグドゥゴ）に定着したが、この時期ハウサと南のアシャンティ王国を結ぶ長距離交易の中継地として栄えたガンバガとワガドゥグーの間に、東へ外れるテンコドゴは経由せずに直接南下する道を使って、モシ王国内の商人集団ヤルシによる交易が盛んになっている。

これは南のマンプルシ王国で、一八世紀中頃在位したアタビア王が、ガンバガが広域間交易の市として栄えるのを見て、政経分離の建前からガンバガをテンダーナ（土地の主）とイマーム（イスラームの礼拝の長）に委ね、王国の首都を八キロ北西のナレルゴに移した時期と一致する。ガンバガの王女の出奔とモシ王国の建国を結びつけた物語が、この時期にワガドゥグーで伝説として形成され、それが後に、より起源地に近いテンコドゴに逆輸入されたと見ることもできるのである。

現在ワガドゥグーには、ニェンネンガの名を冠した大通りもあり、その行き当たりのロータリーには、馬に乗って戦に向かうニェンネンガの姿を表した像も建てられている。

この伝説には多くの異伝があり、当のガンバガや、ガンバガもその一部だった旧マンプルシ王国の各地、そして旧モシ王国の各地で語られており、登場人物の名もさまざまに異なる。

当然、物語の発端の地をガンバガとしない伝承も多い。娘がめぐり合った狩人は、北の国の王位継承争いに敗れた王子だったとする伝承もある。モシの伝承の多くは、娘の父王の国をガンバガ、娘の名をニェンネンガ（「ほっそりした娘」の意）狩人の名をリアレ（「何でも食う者」の意）、男の子の名をウェドラオゴ（「牡馬」の意）としている。

現在まで、父系で継承される氏の名「ソンドレ」としてウェドラオゴを名乗っている人は、モシの国に多いが、有力な王族では、北のモシ王国（ワイグヤ、モシの呼び名では「ヤードテンガ」）とその東南のブスマ王国くらいで、中部モシ最大の王である語義通りの「モーゴ・ナーバ」の氏の名は

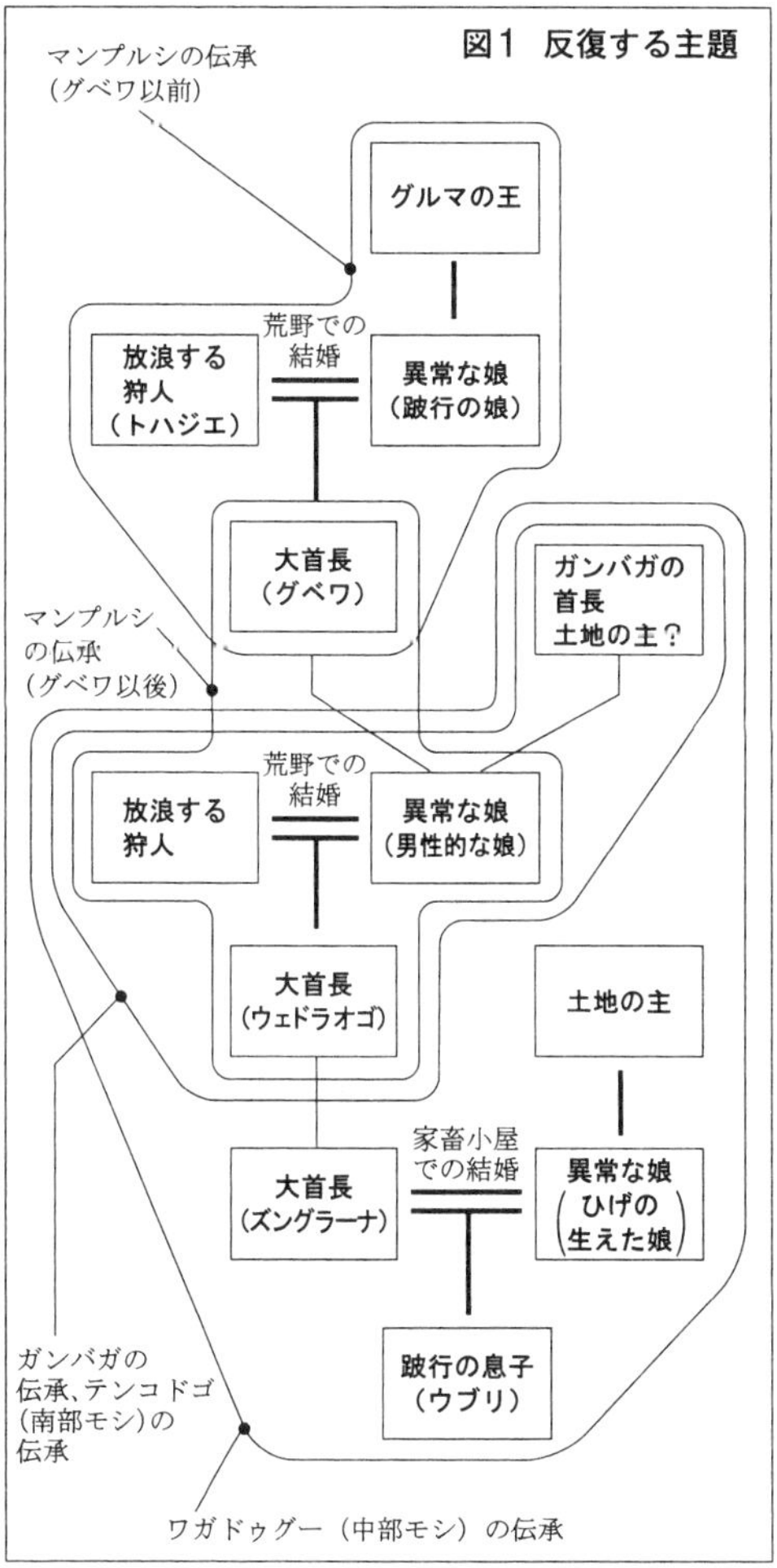

よそ者（放浪する）の狩人が悪者（怪獣）を退治して、土地の首長の娘（異常な娘）と結婚し、首長の庇護を受けて新支配者となる。その息子から王国が誕生する。こうした基本モチーフのくりかえしのうちに、伝説は形成されている。

［図1］

[写真 5]

1969 年、ナレルゴの王の年次祭で槍を持って踊るガンバダーナ
[写真 6-c]

「コンゴ」、テンコドゴの王は「ソルゴ」だ。

　地域によって異なるこの伝説の構造をみると、基本的には共通する構造の反復であることが分かる。この基本構造は「ヤードテンガ」よりさらに北の、かつてのマリ帝国の版図だった地方でも採録されている。ガーナ北東部のブルキナノファソとの国境に近いプスガに墓のある、マンプルシ＝ダゴンバ、そして彼らと別れる以前の古いモシも含めた共通の大先祖であるグベワ王から更に遡る伝本を探ると、エディプス神話とも共通する要素を含む「反復」の様相が見えてくる［図1］。

　テンコドゴ王のガンバガ訪問行事の帰り、ガーナの歴史研究者で、私が一九六八年にこの地方を初めて訊ねたとき以来教示を受けている、アダム・アマンディさんとガーナ北東部のプスガにあるグベワ王の墓を訪ねた［写真4］。グベワ王が、地下に開いた口に入って姿を消したというこの墓には、マンプルシとダゴンバの王たちが、生贄を捧げるという。伝説が、南方よりはむしろ北方から、ハウサ

1990年12月に訪問した時
［写真6-a］

1968年4月、
私が初めてガンバガを訪ねた時
［写真6-b］

と南のアシャンティ王国を結ぶ交易中継地として栄えたガンバガに大勢来ていた、マリ帝国の文化を継承した現ナイジェリア北部を拠点とする「ハウサ商人によって語られた〝お話〟」だということを、私は一九六八年五月以来繰り返し訪れているガンバガで、確かめている。

国営テレビ付きのガンバガ訪問

自分で指図しないと気が済まないティグレ王が、テンコドゴの一般参列者たちを特別仕立てのバスに乗せるのを〔写真5〕見てから、私はワガドゥグーで借りた古ぼけたトヨタで、一足先にガンバガに行き、三時半に着いて旧知の老ガンバダーナを訪ねた〔写真6a、6b、6c〕。

一九六八年四月、私が初めてテンコドゴからモーターバイクでガンバガを訪ね、ガンバダーナの家に泊めてもらった時の写真も持っていったのだが、そこに写っている幼い男の子モムニが、いま立派な青年になって、英語も話す秘書役をしており、世話になった。

町外れのゲストハウスに泊まる便宜をはかってもらい、ガンバダーナが届けてくれた、茹でたヤムイモにトウガラシのきいた汁をつけて食べていると、町の方で歓声があがり、太鼓の音が鳴り響いた。王様の一行が着いたのだ。七時半だ。町へ行ってみると、ティグレ王愛用のプジョー五〇四はじめ、トラックなど何台もの車、そこから荷物を持って降りた人、歓迎、見物の人たちでごった返している。王の宿舎に宛てられた特設のテントに、ティグレ王と側近は既に入っている。その晩は、私はゲストハウスに戻って寝た。

翌朝六時半に、私は地方長官を出勤前の官舎に訪ねた。役所の作ったプログラムでは、二〇日の午後にはテンコドゴ王の一行はガンバガに着き、ガンバガを含めたマンプルシの王ナイリを、ナレルゴに表敬訪問することになっていた。しかし一行が夜になって到着したので、金曜日の今朝行事を始める前にナイリを表敬できるよう、これから八キロ離れたナレルゴに行ってくると言って出掛けた。

〝ニェンネンガ〟の墓への生贄

役所横の広場には、セメントで長方形の台が二つ作られていた［写真7］。ガンバダーナの息子や、

急ごしらえのセメントの墓二つ
［写真7］

［写真8］

旧知の人が来たので聞くと、ここには何もなかったのだが、テンコドゴ王の一行を迎えるために、役所の指示で急いでこしらえた、ナレルゴとの分離前のガンバガの最初の王ゾブジアと、その息子のアニェレンガの墓だという。ガンバガの伝承では、アニェレンガの娘ヤントゥーラが馬に乗って出奔し、荒野で狩人と結ばれてモシの王族の先祖になる男の子を産んだ娘（モシの伝承のニェンネンガ）とされている。

たとえ墓じるしはなくとも、生贄はしていたのかと訊ねると、占い師が告げたときには、牛や山羊や鶏の生き血を注いだのだという。だがそういう言い伝えだけで、人々の記憶にはないようだ。

一〇時半頃、プジョーに乗ったテンコドゴ王と、楽師、従者の一行が墓の前に到着。金糸で縫い取りをした緑のビロードの冠とケープ（私がテンコドゴで何度も見たことのある、モロッコ製のもの）を着けたティグレ王が、ことさら威厳をとりつくろった表情で、小姓のさしかける緋色のパラソルの下で、楽師たちの太鼓の連打のなかをゆっくりと歩を進め、セメントの墓のわきに座を占めると、見物がまわりを囲んで押し合いになる。例のモムニ青年は、携帯拡声器を肩からかけ、マイクを口にあてて会場整理係をつとめている。木の上にも子どもが登り、テレビ取材班の人たちは自分たちが機材と一緒に乗って来たマイクロバスの屋根の上に立っている。

王が立って、生贄の動物の体に軽く手を触れたあと、白い雄鶏、白い牝羊、白い牝牛の順で、ガンバダーナが老体なので、代りの一族の老人が、犠牲動物の喉を切り、生き血をヒョウタンの椀に受けて墓に注ぐ［写真8］。鶏の場合は血を椀に受けず、切った喉を下に、切り口から直接血を墓にかける。そのあと、脚を折って地面に投げ出し、その落ち方によって生贄が受け入れられたかどうかを見るというのも、モシと同じだ。

テンコドゴの王妃たちが、先に来て醸しておいたモロコシ・ビール「ダーム」を、ヒョウタンの鉢から墓に注ぎ、王や参列者が順にまわして飲む。生贄の時は、王は白いお椀帽になるが、それが済むと小姓たちが大きな布をかかげて王のまわりにめぐらせ、そのなかで王は衣装を替え、赤い長いラシャの帽子をかぶって、会衆の前に姿を現わす。同じことは先に述べたブグム・ヤオゲンででも、ティグレ王がガンバガに来る前の金曜日にやったばかりだ。

地元の人々の歓声に加えて、ガンバガ訪問の最大の行事であるモシ王族の始祖の、母方の父とされる人の墓への生贄も無事に済み、ティグレ王はご満悦だった。テレビの人たちに墓を指して、「これがニェンネンガの墓なのだ」と得意そうにいった。無邪気な思い違い、というより思い込みというべきなのだろうが、局外の研究者である私は、やはり複雑な気持ちになる。

起源伝説の含むさまざまな問題を、仮に全部が歴史上の事実とみても、これはあくまで「アニェレンガ」というガンバガの昔の王の墓であって、モシ側の伝承の「ニェンネンガ」ではない。ガンバガの王の名が、名は「ヤントゥーラ」であって、その娘の墓ではない。ガンバガの伝承では、その娘の娘の名と混同されて伝わり、モシ風に変形されて伝承されたのかも知れない。

モシ側の解釈では「ニェンネンガ」は「痩せ身の女」という意味を与えられているが、ガンバガの土地の主の名「アニェレンガ」はマンプルシ語で「羨望」という意味だ。また、ガンバガの伝承での娘の名「ヤントゥーラ」は、「私のからだのどこでも好きなようにして」というセクシーな意味をもっている。ただ、出奔した娘が荒野でめぐりあった狩人の名「リアレ」は、モシ、マンプルシどちらの伝承でも一致し、どちらの言語でも「何でも構わず食う」という意味だ。

アニェレンガの墓への生贄のあと、市場の近くにあるヤントゥーラの母とされている「プティスルソア」が、そこに座ったまま地面の下に姿を消したといわれる地点（そこにもセメントで新しく小山がこしらえてある）でも、前と同様の生贄をした。座ったまま地中に姿を消したという伝承は、先に述べたマンプルシ、ダゴンバ共通の始祖グベワの伝承と似ている。始祖伝説の一類型か、今後の研究課題としたい。

ニェンネンガの築いた土壁？

一九世紀末の植民地分割の結果、北緯一一度で南の英領から切り離された仏領テンコドゴでは、元来はひと続きだったモシ＝マンプルシ＝ダゴンバの政治組織についての理解が、欠落していた。予備折衝のため二度もガンバガに派遣されたテンコドゴ・ナーバの重臣サマンデ・ナーバが、一度もナレルグに行っていない事実にも、それは表れている。その点、ガーナにココア農場ももち、王自身ガーナにも行ったワガドゥグーのモーゴ・ナーバ、クグリ王の方が、ナレルゴのマンプルシの王を訪ねたこともあり、理解が進んでいたと言える。

ナレルゴでは、歌舞団を呼ぶ手配などもして、テンコドゴ王の歓迎準備をしていたのに、予定より遅れて到着し、何の挨拶もなく、ナレルゴの統治下にあるガンバガで、勝手に公開で生贄をしたことに、不快感を抱いたようだ。だが役所の取りなしもあって、翌日ナレルゴの王ナイリは、正式にテンコドゴ王の一行を迎える儀式を行なった。

そのあと一行は、ナレルゴの重臣たちの勧めで、土地のことばで「ナビルン・ゴームネ」（王の壁）と呼ばれている壁を見に行った。赤土を下部の厚さ二メートル、高さ五メートル、長さ数百メートルに築き上げたこの壁は、ガンバガを土地の主とイマームに委ねて、王都をナレルゴに移したアタビア王の子で、次の代のナイリになったジェリンガ（毒蛇の一種）王が築いたとされている。ナレルゴの町を囲んでいるわけではないので、本来の意味での市壁とは言えないが、ガンバガとのあいだの交通を、門によってコントロールする機能をもっていたと思われる。アタビア王の在位は、一八世紀中頃と推定されているから、一八世紀後半に、この壁は築かれたと思われる。

ティグレ王は、車を降りてこの壁の前に立ち、テレビに撮影させながら、これはニェンネンガが築いた壁で一一世紀のものだ、と大声で得意そうに言う。おそらく土地の人が「ナー・ジェリンガ」と言ったのを「ニェンネンガ」のマンプルシ訛だと思い、テレビカメラに撮影させようと思い立ったのであろう［写真9］。

ティグレ王は私に、「あなたの書いたモシの歴史の本には、この壁の写真が載っていないではないか」と言うので、私がフランス語で書き、ティグレ王にも贈呈した（おそらく王様は読んでいない）本には写真は一点もないこと、この壁が築かれたのは一八世紀で、ニェンネンガの時代よりずっと新しいことなどを述べたが、興奮したティグレ王の頭には受け付ける余地はなかったようだ。

テンコドゴ・ナーバの一行は、これからモシの国に戻り、ラルガイの首長のところで一泊してテンコドゴに帰るのだが、私はガンバダーナの一族に聞きたいことが沢山あったので、王様と別れてガンバガに戻った。

引出物の生娘《きむすめ》

前日の生贄の前に、テンコドゴ王の一行は、ガンバダーナを訪ねて贈り物をし、生贄の許可を求めたのだが、私はナレルゴに行った行政官との連絡に気を取られて、うっかりその行事に立ち会わなかったので、翌朝その時の模様を聞くことにした。

翌朝ガンバダーナの寝ている小屋に行くと、一族の長老セイニ・イダーナ、ムーサ老人、秘書役の青年モムニなどが集まってくれていた。

まずテンコドゴ王は、ガンバダーナにどういう礼をしたか。両脚を投げ出して座ったままのガンバダーナの前で、椅子に腰掛けたティグレ王は、椅子から立ち上がり腰をかがめてガンバダーナの手を握って握手の礼をした。私が〝もしかして〟と思った、膝を屈して上体をかがめ、握った両手を地面に打ち付ける、モシ社会で君主を敬ってするプシプシをしたのではなかった。

テンコドゴ王からガンバダーナには、次のような贈り物があった。白馬一頭。これはテンコドゴ王の一行より前に、ガンバガに送られて来ていたのを私も見た、馬であり、白っぽくはあるが、痩せて元気のない、老馬だった。ガーナの通貨で現金二万セディ。暴落を重ねていたセディの、私が今度ガーナに入国したときの交換レートで、九千円に当たる。スコッチ・ウィスキー一本、白い牡羊一頭と白い雄鶏一羽。ガンバダーナの方からは、牛一頭、ヤムイモなど一行の〝お弁当〟のほか、ガンバダーナの孫娘一人を、テンコドゴ王の新しい妻として贈った。

テンコドゴの王が、即位三三年目にガンバガに〝里帰り〟したとき、ガンバガの首長は若い女奴隷を王に贈るという伝承を、私はテンコドゴで聴き取りを始めたばかりの頃、もう一〇年以上前に亡くなった故老から聞いたことがある。今度も、事前の打ち合わせにサマンデ・ナーバがガンバガに行ったとき、テンコドゴ王についてさえよく知らなかったガンバガの長老たちは、ガンバダーナの孫娘の一人をテンコドゴの王に引き出物として贈ることを決めたのだという。テンコドゴ王が来訪したとき、その孫娘は暫く前から一六〇キロ南の町タマレに行っていて、ガンバガには昨日戻って来たという。

私がその娘に会いたいというと、セイニ老人は意外なほどの気安さで、すぐ外に出て娘を呼んだ。

［写真 9］

［写真 10］

同じ屋敷囲いの、かなり広い中庭の一隅で、その娘は母親の家事を手伝っているところだった。すらりとした、一五、六歳と思える、まだ胸もふくらみきっていない初初《ういうい》しい少女だ。セイニ老人に連れられてきた少女は、別に羞じらったりする様子もなく、私に何の用があるのかといった風で無表情に立っている。名を聞くとラチアという。セイニ老人は、ガンバダーナが決めたのだから、もうこの子はテンコドゴに行くことに逆らえないのです、と問わず語りに私に言う。

いま私の前に立っているラチアも、そのあどけない顔や、未来の生命の可能性にみちた潑溂とした肢体を見ていると、あの肥満しきった初老のティグレ王、我儘で見栄っ張りで、かなりの程度粗暴で、アフリカ人にしては珍しい入れ歯を、いくぶん得意そうに私の前でもはずしたりはめたりしている、「プク・シウレ」という王と臣下のあいだの人の循環の仕来りなどで、毎年のように献上されるティーンエイジャーの娘にも食傷しているはずのあの王様の、何十人かの妻の一人に、異国からわざわざつけ加えられるのだと思うと、こうした慣習の力の理不尽さを、アフリカ社会にとってはよそ者の心情と価値観からということはわかっても、感じずにいられない。

私はよっぽどラチアに、「テンコドゴの王様のところに行くのはうれしい？」ときいてみようかと思った。ことばが出かかったが、私の前に所在なさそうに立っている、あまりに何事もないラチアの顔を見ると、そんな質問をしようかと考えること自体、馬鹿げたことに思えてきて、結局言い出せなかった。

写真を撮らせてもらっていいですかと私が訊ねると、勿論いいですとも、とセイニ老人は言い、ラチアも相変わらず無表情で、だが素早く中庭の向い側にある自分の小屋に入って、母親と一緒に、さっぱりした服に着替えてきた。母親と並んで立ったラチアの隣に白いあごひげのセイ二老人も立ち、いくぶんラチアから顔をそむけて片目をつぶり、ラチアの方を右手で指さす老獪なポーズをとる［写真10］。ラチアがテンコドゴに送られるのは、来年（一九九一年）二月だという。

多弁なセイニ老人とは対照的に、にこりともせず、だが無愛想というのでもないラチアと別れて外に出ると、ガンバダーナ邸の前の少し離れた台に、何人かの男が腰掛けて雑談している。送ってきたセイニ老人が、その一人を指して、あれがラチアの父親だが、呼びましょうかと言う。私たちの気配から話をやめてこちらを見ている父親の、やはり何事もなさそうな表情に、私は特に聞くこともない気がして、そのままセイニ老人に礼を言って別れた。

かくてテンコドゴ王のガンバガ起源は〝生きられた事実〟となった

ラチアは、予定通り翌年二月、フチアの伯父にあたるガンバダーナの長男が父の名代として付き添い、乗合トラックでテンコドゴに輿入れした。そして四年目になってようやく、女の子を産んだ。六一歳の王様の喜びようは大変なもので、伝説の娘の名ニェンネンガと名付けた。その後二度目に私がテンコドゴを訪れた一九九六年一二月には、ラチアが乳呑み児のニェンネンガを抱いた写真を撮った［写真11］。

だがニェンネンガが乳離れすると、ラチアはテンコドゴ王の大勢の古参妻たちに混じって、新参として立ち働く生活に耐えられなくなったのか、ニェンネンガを置いてガンバガに帰ってしまった。それでもニェンネンガは、ティグレ王の寵愛を受けて育ち、私が一九九九年三月にテンコドゴを訪ねた

［写真 12］

時も、廷臣たちに囲まれた王の座所で、四歳のニェンネンガは物怖じする様子もなく、遊んでいた［写真12］。

二〇一〇年一月、私が妻と二人にとっての「懐かしい異郷」を訪ねてテンコドゴに行ったときには、ティグレ王が二〇〇一年一〇月七日、六七歳で逝去したあと、私もかねてからの知り合いで、医学の研修で来日したこともある長男が、ナーバ・サーガ（雨）の名で即位しており、王宮の応接間に一四歳に成長したニェンネンガを呼んで、一緒に写真を撮らせてくれた［写真13］。更に三年後の二〇一三

［写真11］

［写真13］

［写真14］

年一月、私が最後にテンコドゴを訪ねたときには、ニェンネンガは一七歳になっていた〔写真14〕。

伝説のニェンネンガのように、年頃になっても結婚させてもらえず、現代では馬で出奔するのではなく、オートバイの若者に連れ去られることになるのかも知れないと思った。生前ティグレ王は私に、幼いニェンネンガを連れてワガドゥグーの三七代目のモーゴ・ナーバ、バオゴ（沼）王を訪ねたが、彼は息子（後のナーバ・サーガ）の高校時代のクラスメートだから、あらゆる意味で私がモシの王の最長老だと得意げに話してくれた。

このように〝当時者によって生きられた〟歴史を前にして、研究者の私が資料に照らして誤っていると異議を唱えるむなしさを、私は実感せずにいられない。私は単にマンプルシ、ダゴンバ、ハウサをはじめとする広い関連資料を知っているに過ぎず、それらもまた、もとは他の〝当時者によって生きられた〟歴史の「言い伝え」だという点では、質的に優位を保証する根拠は何もないのだ。資料が文字による書承でなく、口頭伝承によっているということも、書承の意味をよく考えれば、決定的な違いにはなり得ないだろう。

自分から志したとは言え、人類学者として異文化を研究する歓びと背中合せになった、考えればひどく単純な虚しさを、私は改めて感じずにはいられない。

歪んだナショナリズムに利用されたダホメーの文化遺産

旧ダホメー王国最後の王ベハンジンの王宮が廃墟のまま放置されていたのを、ユネスコの文化遺産保護事業のために日本が信託した基金の一部を使って、六年かけて復元した。その国際チームの責任者として私が協力したときも、ベナン共和国の歪んだナショナリズムに、結果として政治的に利用されたことに、異郷での人類学者のあり方を考えさせられた。その背景として、ベナン共和国成立までの経緯を手短に述べておこう。

現在のベナン中央部に、一七世紀、武力に秀でたダホメー王国が形成された。ダホメー王国はヨーロッパ商人との奴隷売買を通じて火器を増強し、大量に王国外の住民を捕らえて売り、繁栄した。一八世紀初めには、ダホメー王アガジャの奴隷供給に応じて、王都アボメーから最短の海岸の町ウィダーに、フランスとポルトガルは奴隷交易の拠点を築いた。アボメーとウィダーを結ぶ一〇〇キロ余りのこの道は、「奴隷の道」として、ユネスコの世帯遺産になっている。その行きつく先に広がる、奴隷たちがアメリカ大陸に向かって船積みされた砂浜には、後ろ手に縛られ長い列をつくって船に向かう男女の姿を刻んだ巨大なアーナの記念碑「不帰の門」がある〔写真15、二〇〇二年川田撮影〕。

一九世紀に入って、産業革命後のヨーロッパ諸国のアフリカへの関心は、奴隷獲得よりも、ヨーロッパ産業の第一次産品の供給地として、同時にヨーロッパ製品のマーケットとしての植民地に向かった。ダホメー王国最後の王になったベハンジンは、若い頃は騎馬で近隣の弱小民を捕らえ、まだブラジル（一八八八年に奴隷制廃止）向けの奴隷交易をしていたポルトガルの商人に売っていたが、一八八九年に四五歳で即位すると、父王が国土の一部をフランスに割譲した取り決めを破棄し、国土を支配しようとして侵入してきたフランス軍（兵士は、既に征服されたセネガルやガボンから徴発されたアフリカ兵が多かった）と戦うことになった。だが、足掛け四年間で一万人を越す犠牲者を出して、降伏。捕らえられてフランス領マルティニック、ついでフランス領アルジェリアに送られ、再び祖国の土を踏むことなく、一九〇六年六二歳の生涯を閉じた。

ベハンジン王は、旧ダホメー王国の子孫たちにとっては、一万人余りの部下を戦死させながらも祖国を守ろうとした、悲劇の英雄だ。だがその悲劇は、ヨーロッパ人と結んで近隣の同胞を捕らえ、奴隷として売って得た、祖先王たちの繁栄の一つの結末でもある。ベハンジン王の悲劇は、三大陸間交渉史のなかでのダホメー王国の位置を、集約して表しているともいえる。

その後ダホメーは、西欧列強によるアフリカ分割の結果、広大なフランス領西アフリカの一部として一九〇四年フランス領ダホメーとなった。

共和国ベナンがたどった歴史

現在のベナン共和国にはおよそ四二の民族が居住し、旧ダホメー王国を構成していた中南部のフォン（二五％）、南部のヨルバ（一二％）、北部のバリバ（一二％）、南部のアジャ（六％）などが多数を占めるが、他にプール、ソンバなどの民族がいる。共和国全体のなかでは、フォンは四分の一でしかない。

他の大部分の旧フランス領アフリカと同じく、一九六〇年にダホメー共和国として独立したが、民族抗争が続いてクーデターも頻発、一九七二年の建国後五度目の政変でマチュー・ケレク政権が成立した。ケレク政権は一九七五年に国名をベナン人民共和国に改称し、内政的にはベナン人民革命党の一党制に基づく社会主義路線を標榜、外交的には中華人民共和国、北朝鮮に接近した。

だがケレク政権は経済運営に失敗し、社会主義陣営全体の崩壊もあって一九九〇年にベナン共和国に改称し、複数政党制、三権分立、大統領制を骨子とする新憲法が、国民投票で制定された。翌年の大統領選挙ではケレクは敗北して退陣、一九九六年の大統領選挙でケレクが復帰したが、二〇〇六年の選挙でヤイ・ボニが当選し大統領となった。現行憲法は一九九〇年のもので、三権分立の複数政党制である。

ベナン人民共和国時代、北朝鮮はベナン国内に多くのモニュメントを建てたが、その一つに、一九七九年に旧ダホメー王国の王都アボメーへの入り口であるゴホ広場に建てた、ベハンジン王の巨大な

▲「不帰の門」。外人観光客の姿も多い。

［写真 15］

［写真 16］

記念像がある〔写真16〕。台座にフランス語で刻まれた「余の先祖の土地から独立を奪ういかなる条約に署名することも、余は断じて肯んじないであろう」という言葉を、押しとどめるように突き出した左手で、身をもって示している。

そして二〇〇六年九月には、流刑先でのベハンジン王の死後一〇〇年を記念して、ベナン政府は世界の広い地域から研究者を集めて、ベハンジンをめぐるシンポジウムを開いた〔写真17〕。私も出席したこのシンポジウムで、ベハンジンは「国民的英雄」(le héros national)として讃えられた。

未完の王宮の意味を問う

ベハンジンが、未完のまま遺した王宮、それが未完成だったということ自体に歴史的意味を読み取りたい私としては、ダホメー王国の中核を成していたフォン族以外の隣人たちを捕らえ、フランス人やポルトガル人に奴隷として売ることで繁栄した王国の最後の王が、フランスの領土支配の企てには反対して戦い、厖大な死者を出して敗れ、悲劇的な最後を遂げたからという理由で、国民的規模で讃えられることには、どうしても抵抗を感じてしまう。この時のベナン共和国大統領は、東北部の少数民族出身のヤイ・ボニで、フォン族ではなかったから、身びいきとは言えないにせよ、である。

かといって、北朝鮮が建てたこの巨大なベハンジン像を今さら撤去することは、別の意味での影響の大きさから考えて、不可能と言っていいだろう。

ベハンジンが遺した未完の王宮を、六年がかりで修復・再現した功績に対して、よそものの私は直系の子孫の伝統的首長に首長位を授けられ〔写真18〕、修復完成の式典ではテレビ・カメラの前でスピーチをさせられ〔写真19〕、担当大臣と並んで記念写真も撮られた。だが私が、この修復によって王宮来訪者に伝えたかったのは、アフリカからアメリカ開発のための奴隷を運び、アメリカの産物を得た欧州列強が、利益の多いこの「大西洋三角交易」によって達成した産業革命の結果、一九世紀には欧州産業の原料供給地兼製品の市場としてのアフリカの領土支配を必要としたという、世界史の常識と言って良い背景のなかに、ベハンジン王の悲劇を位置づけることだった。

〔写真 17〕

〔写真 18〕

「よそ者」は、文筆に頼らざるを得ないか？

だが、私が頻繁には現場に来られなかったために、公開された展示には、私が前もって準備して担当者に渡しておいた資料は、まったく利用されていなかった。ベハンジン王の遺品のほかには、当時のフランスの大衆雑誌などに載っていたイラストによって、フランスのダホメー王国支配を跡づけるような、私の目からは浅薄極まりない展示になってしまっていたのは、かえすがえすも残念だった。それでも建物の修復再現は、ベナン側の技術者の同僚の努力で、はじめの計画通りに完了した

私は、前のブルキナファソでの経験と同じく、私の観点を書いたものを印刷して来訪者に配れるようにしたいと思い、松浦晃一郎ユネスコ事務局長にお願いして、ベナン側技術者の同僚にも執筆してもらい写真を多く入れたパンフレットをフランス語と英語で作って、来館者に頒布することにした。幸いユネスコ本部での担当者ラザール・エルンドゥさんの熱意に充ちたご協力のお蔭で、A５判二八ページ・カラーの冊子が、フランス語版と英語版で出来あがり［写真20］、私は末尾五ページに「ベハンジン王の生涯の歴史上の位置づけ」を、最後の一頁に、展示が改善されて行くことを願った「将来への展望」を書いた。フランス語版はたちまち売り切れたが、増刷したかどうか、確認していない。

ブルキナファソでも、ベナンでも、私のようなよそ者人類学者の言い分は、文筆に頼るしかないのかと、改めて自分に問い直す。それが結果としてどれだけ有効かは、まったく確かめられないにせよ…。

妻とのアフリカ体験

二〇一〇年一月、ブルキナファソとベナンを三週間あまり訪ねた。私がそれまで一五年間代表を務めてきた『アフリカの音文化』プロジェクトの一環として、ワガドゥグーでの太鼓ことば伝承の危機的状況と、ベナンで王の歴史を表現する集団歌舞「コトジャ」の現状の調査を行ない、ユネスコの無形遺産登録のための、現地当事者からの面倒な申請続きと、現地政府の支援要請などの打ち合わせのための、七六歳の私にとってはかなり強行日程の、けれども妻が私費で同行してくれたためもあって、

［写真 19］

［写真 20］

思い出に残る旅だった。

一九七三年、南部モシの歴史伝承と太鼓ことばの研究を深めるために、ユネスコの奨学金で丸一年、テンコドゴで暮らしたとき、サハラ以南アフリカに妻が初めて同行した。北アフリカは、その三年前結婚直後にも、アルジェリア南部のガルダイヤ、南モロッコのマラケーシュなども含めて、二ヵ月余り旅をしている（その時の見聞は、妻のデッサンをつけて、中公新書『マグレブ紀行』にまとめた）。

ユネスコ奨学金による丸一年の、切り詰めた実生活ではかなり苦しかったサバンナ暮らし（このときの体験は、月々走り書きして今は亡き名雑誌『展望』に一年連載したあと、筑摩書房、ついで柴田翔さんが解説を書いて下さって中公文庫で版を重ねた）のあと、技術協力の専門家として三年半ブルキナファソ（当時はオートボルタ）を中心に西アフリカで暮らしたときも、妻は、アフリカ人カウンターパートを乗せて四輪駆動車でサバンナを駆けめぐる調査旅行（通算して私は一六万キロ、地球四周分、パンクを直しながらサバンナを走った）のよき助手であり、炊事係だった。

妻は幼い頃、開業医で日曜画家だった父親からもらったカンバスの切れ端に、全くの空想で、黒人の老首長が家来や妻子を連れ、行列をつくって移動している光景を、油絵の具で描いたことがある。妻自身、何を参考にしたか、どうしてこういう絵を描いたのか、おぼえがないという。しかし、男女が分かれて行列しているとか、女たちの頭上運搬の様子とか、現実の黒人アフリカ社会をよく表している。

そしてモノを手で作ることに関心をもって東京芸術大学の工芸科に入ってからも、アフリカの造形に心を惹かれていたようだ。土をこねてかたちを作り出す陶芸を専攻するようになっても、日本の伝統工芸などには関心がなかった。だから、実際にアフリカに行き、アフリカで土地の人に教えてもらいながら、技法の上でも、そして何よりもアフリカの自然と生活から、はかりしれないものを吸い取った。

土を媒体とした造形作家として国際的にも高い評価を受けるようになった現在も、アフリカ体験の原点に帰ることを忘れずにいるようだ。

事故とフランス語報告書

一九七五年三月四日、前輪車軸に欠陥があったが、雨季前の猛暑のなかで調査を強行していた東北部の奥地で、突然前輪車軸が折れて道路脇の大樹に撃突。四輪駆動車は大破し、運転していた私はハンドルに左胸を押しつけられ、心臓部で肋骨八ヵ月の複骨折（辛うじて即死を免れた）、助手席で大型の変速機に左脚を押しつけられた妻も、左膝に重傷を負った。幸い助手席の右端に座っていたカウンターパートは、脛骨の軽いひびで済んだ。

運ばれたワガドゥグーの病院では私の胸部骨折が分からず、高熱への対症措置として出血を促進するアスピリンを飲まされるなど、危険な手当てを数日間受けたのち（友人が差し入れてくれたモシの主食サガボは、汁をつけておいしく食べた）、オートボルタ外務省の友人の計らいで、まず兼轄日本大使館のあるコートジボワールに移送され、最終的にフランスの整形外科病院に運ばれて、手術とリハビリテーションを受けた。フランスの病院では、夜中に運び込まれた私の左背中から針を刺して、溜まっていた一・八リットルの血を抜き取って見せてくれた。私は急に食欲が出て、支給された料理をガツガツ食べたのを憶えている。私は四一歳で、疲れ知らずだった。

　手術とリハビリを終えて、私は三ヵ月後の六月、妻は五ヵ月後の八月にワガドゥグーに戻り、適切なリハビリのお蔭で私はすぐ、荷台付きシトロエン3CVを運転して用足しに出歩いたが、車の運転に対する恐怖感はまったくなかった。私は輸血なしで手術を受けたが、妻は輸血したために、当時は知られていなかったC型肝炎が帰国後に発症し、その治療に長年苦しむことになった。

　ワガドゥグーに戻ると、技術協力の任期が切れた私は、日本側への報告書のほかに、現地の人たちへの私なりのメッセージをのこしたいと思い、一般読者向けのフランス語の報告四九ページ、妻が描いたイラスト三三点八ページ、調査と資料収集をした一二〇ヵ所、二四民族集団の地図を描いたA5判の小冊子 *technologie voltaïque* を作成し、謄写印刷ながら、九月の離任前に、政変後の私の所属機関だったワガドゥグー博物館から一〇〇部有料で刊行してもらった〔『富士山と三味線』青土社刊。三三一〜三三五ページ〕。地味な本だが類書がなかったためか、忽ち売り切れ、増刷したということを帰国後に知って、私なりのメッセージが、現地の一般の人たちに届けられたと思い、嬉しかった。

　当時のオートボルタ内の一二〇カ所のほか、隣接するマリ、ニジェール、コートジボワール、ガーナ、トーゴ、ダオメーなどの一部でも調査をして、強く印象づけられたことは、技術の伝承が一地域内、同民族集団内では、きわめて濃密であるのに、異なる地域、異なる民族集団のあいだの、技術の交流がほとんどないことだった。

　とくに、鉄の鍛冶（男性）と土器作り（女性）の組み合わせのように、大地から取る（酸化鉄を五〇％以上含む紅土ラテライトが地表を覆っている西アフリカ内陸では、鉱石として製鉄の原料になる鉄鉱石を、地表で採取できる地方は多い）物質を火で変形して、人間の生活になくてはならない農具や土器を作り出す男女が、内婚集団を作っている地方は多い。当然世代から世代への技術の継承は強力だが、異なる地域間の交流はない。

集団間、地域間の交流を盛んにする参考になることを願って、地域や集団ごとの、原料に始まっての農具や土器の形、技術の多様性を、この報告書ではまず詳しく記述した。

技術先進国とされている、旧植民地宗主国のフランスやイギリスはじめ、アメリカ・日本・中国など、生態学的条件も技術文化の伝統も異なる、アフリカ以外の地域からの異質な技術導入を考える前に、まず、これまで十分な相互交流のなかったアフリカ内での技術改良をはかるべきだというのは、この二年間の広域調査から私が得た最大の教訓で、以後機会ある毎にその必要を説いている。政府レベルでの施策や外交上の問題もあって、「南南協力」を更に進めた「アフリカ内技術改良」は、地味で政策としてアッピールする魅力にとぼしいだけに、それを推進する機関を作ることが望まれる

この報告書でも、物によっては日本の同種の道具を、改良の参考として図示した。籠編みについては、多様な草木の利用の見事さを賛嘆するほかはないが、底面、側面、縁などに分けて、地域間、技術間の交流から、新しい技術や様式が生まれる可能性を探るように努めた。

一九八四年、ブルキナファソと国名が変えられたので、今度は電動タイプの綺麗な印字で、判型もB5に小型化したがページ数はほぼ同じものを一〇〇部作って、ワガドゥグー博物館に送った。

再訪した懐かしい異郷

フランスで骨折を治療したとき、私は輸血なしだったが、妻は輸血したため、当時は知られていなかったC型肝炎が、帰国後暫くしてから発症した。入院も含む治療に長い時間を要し、抗マラリア薬を飲むこともできず、その後しばらくは、私と一緒にアフリカに行くことも不可能だった。体力がやや回復して娘を出産、子育てと併行して陶芸家としての活動を始めた。一九八五年東京・目白での初の個展以後、多くの個展を開き、タカシマヤ美術賞（一九九一年）、日本陶磁協会賞（二〇〇一年）、芸術選奨文部科学大臣賞（二〇〇七年）などを受賞。アメリカでも度々個展を開き、作品がニューヨークのメトロポリタン美術館にも収められた。

新しく開発されたインターフェロン治療のお蔭で、二〇〇九年にC型肝炎が完治。翌年抗マラリア剤も飲みながら、私に同行して彼女にとっても「懐かしい異郷」を、三五年ぶりに訪ねることが出来た。

まず、旧知のワガドゥグーのモーゴ・ナーバ、ナーバ・バオゴ（沼王）を表敬訪問、次いでモーゴ・ナーバの重臣の一人で国会議員でもあり、太鼓ことば始め伝統芸能や伝統技術の新しい時代における役立て方についての熱心な研究・実践者であり、祖父の代から私は知っているラグレ・ナーバを訪ねた。ジャンク・アート（廃品美術）など、造形表現の革新にも実践的にかかわっており［写真21］、妻とも話が合う。他の重臣にも挨拶し、古くからの友人の未亡人で食料供給担当の大臣をしている、日本にも来たことのあるパスカリーヌ・タミニの家で、妻・待子もサガボ作りをやらせてもらい、昼食。翌日は、パスカリーヌの四輪駆動車と馴染みの運転手で、二〇〇キロ東南のテンコドゴに行く。

待子は初めての、テンコドゴの王さまに挨拶に行く。ソ連時代のモスクワで薬学の勉強をして、二〇〇一年一〇月の父王ティグレの死去に伴う即位前には、ワガドゥグーの国立病院で薬剤師をしていた。日本にも研修で来たことがあり、「ゆりかもめ」で東京湾見物に誘った。無人高架電車の先頭でビデオを撮るのに夢中になっていた。王さまと私のあいだに、一四歳になったニェンネンガを入れて待子が撮った写真は、[写真13]として一六三ページ既出。

この時、後から王宮に来て一緒になった、テンコドゴの町外れで高級レストランを経営している、旧知のフランソワ・ウィニガが、三五年ぶりにテンコドゴに来た待子に、手臼で挽きたてのトウジンビエの粉で、サガボをこしらえて食べさせてあげようようと言ってくれた。挽きたて、そしてねりたての香り高いサガボに、ブルヴァカやマーナ（オクラ）、羊の肉のたっぷり入ったゼード（汁）をつけて食べるという、モシの国でまたとない美味を、妻も私も感激して味わった。この時はフォークやスプーンを使ったが、サガボはやはり手で食べるのが旨いと思う。

このあと、私が一人での調査のとき、通算して何年間か小屋を借りて住み込ませてもらった、王宮から六キロ東の村ゴーデンに行った。昔の家長のあとを継いだ長男のキブサも、すっかり家長ぶりが板に付いた感じだったが、私が居候させてもらっていた頃のかなりの人が亡くなっていたなかで、いつも陽気で床打ちの時など大きな声で音頭を取って歌っていたが、ゴーデン・ナーバの大勢の妻のなかで、一人だけ子に恵まれなかったビラが、寝たきりで目もほとんど見えなくなっていて、それでも私のことを憶えていてくれたのが、悲しく、嬉しかった。

もうかなり前から、サガボを作る穀粉は、町の動力製粉機でお金を払って挽いてもらうので、粉挽き歌を隠し録音させてもらった時の粉挽き小屋は跡形もなくなっていたが、働き者の若い大柄な美女だったテンガンデ（一三二ページ参照）が元気でいたのが嬉しく、家長になったキブサと並んで、写真を撮らせてもらった［写真22］。

私が衝撃を受けたのは、かつて妻が通って土器作りの勉強を、土捏ねから窯焚きまで一緒にやらせてもらっていた、ゴーデン村から数百メートルのところにあった土器作りが、安くて壊れないプラスチック製品に押されて、廃業に追い込まれたことだった。素焼きの甕《かめ》は、しみ出た水の気化効果で、中の液体が冷やされるだけでなく、かつては平らでなかった家囲いのなかの、土の床面に置くときの安定の良さでも、プラスチック製品にはない長所があった。けれども、値段が高く、中を洗うのが面倒、壊れるなど、素焼き土器の短所の方が強く意識されるようになって、買い手がいなくなったのだ。

都会を離れた村まで浸透した、黒く薄いプラスチックの買い物入れ袋、燃えにくく、燃やすと有毒ガスが出ると言われている袋が、村はずれ、町はずれのゴミ捨て場で、黒いコウモリのように、風に舞い上がる光景は、テンコドゴと言わず、アフリカの町や村のどこでも見かける光景になった。

お別れにもう一度王宮に行って、前庭の御座所で迎えてくれた王さまと記念写真を撮り［写真23］、なごりつきないテンコドゴを後にした。夕方、ワガドゥグーに戻る道で見た、沼で豚が餌をあさっている光景など、妻も前はこんなに緑や沼地が多くなかったと驚いていたが、何が原因なのか。相変わらずだった道端の巨大バオバブの下に二人で立つ記念写真を、運転手に撮ってもらう［写真24］。

コトジャ踊りを観て、ダホメー王宮とトクダグバさんを訪ねる

ベナンではまずコトヌーで、私の研究プロジェクトの協力者で、振り付け師・言語学者でもあるアコハさんの案内で、今回の私の訪問の主な目的の一つだった、王の歴史を女性の集団舞踊で表す「コトジャ踊り」を観た［写真25、26］。ベナンは初めての妻も、無形文化遺産への登録を目指していることの群舞の見事さに感激し、踊った人たちと一緒に写真を撮った。

［写真 21］

［写真 22］

［写真 23］

アコハさんの車で旧ダホメー王国の王都アボメーに行き、六年間私が責任者になって修復した、未完のままベハンジン王が戦いに敗れ、捕らえられて客死した王宮を訪ねた。私が提案し実行された、未完のままの状態での修復、しかし内部の展示については、既に述べたように（上記一六四ページ参照）、私の意図は反映されなかった王宮跡を一緒に歩いた。私の努力の結果を、妻に直接見てもらえて嬉しかった［写真27、28］。

そのあと、アボメーにあるトグダグバさんのアトリエを訪ねた。私がかつて特別注文で描いても

［写真 24］

［写真 25］

［写真 29］

［写真 26］

［写真 27］

［写真 28］

[写真 30]

[写真 31]

らった彼の代表作『水の神』［写真29］や、大蛇を掴んだ三頭の女性立像などで、わが家では馴染みで、待子も東京の森美術館で二〇〇六年に開かれた「アフリカ・リミックス」展などでも作品を観て、尊敬していたが、直接会うのは初めてだった。トグダグバさんは、待子の希望を快く聞き入れて、待子のスケッチブックにライオンの絵を描いてくれた。この二年後に七一歳で亡くなったトグダグバさんは、この時も体調不良のようだったが、仕事場兼展示場を丁寧に案内してくれたのは光栄で［写真30、31］、今度のベナン訪問を締めくくるのにふさわしい、忘れがたい思い出となった。

アフリカ――。もうひとつの宇宙へ

三宅一生との対話

予兆

三宅一生　川田さんはフランスも何年か行ってらしたんでしょ？

川田順造　ええ、フランスは合計して七年ぐらい。大体パリです。ヨーロッパのあちこち旅行しましたけども。

三宅　じゃ、アフリカも七年で、自分の人生の半分ぐらい外国じゃないですか。

川田　そうですね。二十代の後半から大体三分の一ぐらいずつ日本とアフリカとフランスを行ったり来たりしてたんです。だから、ぼくはよく文化の三角測量ということを言うんですが、ヨーロッパのことを考えるときには日本とアフリカを基点にして考えて、日本のことを考えるときは、東西文化論じゃなくて、フランスとアフリカを基点にして考え、アフリカのことを考えるときは日本とヨーロッパを……。二点間の比較より三角測量のほうが、ある文化を相対化するときによく見えてくるんじゃないか、という感じがするんです。でも、ぼくは初めから意図してそういう三点を選んだわけじゃなくて、結果としてそうなったわけです。日本でアフリカのことを勉強しようと思ったら、私が学生のころは日本人でアフリカを研究している人はいなかったし、本も全然なかったし、フランスへ行って勉強する以外にしょうがなかったのでフランスへ行ったわけです。

フランスを通して見たアフリカと日本人が見たアフリカと、微妙な、だけども根本的な感受性の上で違うところが出てくると思うんですね。ぼくはそういうのを考えてみたい。それから学生時代から日本の村で民俗学の調査なんかやりましたけども、今また日本の調査のことを考えているし、将来はフランスの調査をチームを組んでやってみたい。今までも特にフランスにおける人類学的な関心の形成をある程度追って考えてきたんですけども、アフリカを見た目で今度はフランスの田舎の調査もしてみたい。そういうふうにしていくと、文化の三角測量みたいなこともある程度できていくだろう。ぼく一人じゃできないし、いろんな人と協力してやっていこうと思うんですけどね。

三宅　そういう話を聞くとすごく面白いなと思うんです。ぼくの仕事の場合も、結局、ファッションというものに興味を持って、そうすると行く所っていうのは、結局、パリだったわけですよね。ヨーロッパの文化の中心であるパリということで行ったわけです。ところがパリへ行ってみたときに、つまり、今度は逆に自分が日本人だという部分で、ぼくはそこへもう一遍立ち返ってしまわないと何もできない。パリと日本の間では何か発展性がない。もっと元へ戻らなきゃいけない部分があるわけですね。そのときにアフリカというものが浮かび上がってくる。ぼくはその時行ったわけじゃないんだけども、例えばレニ・リーフェンシュタールの『ヌバ』とか、あるいはアフリカに取材したとか、いろいろなものがありますね、ああいうものを見て、あ、なんだ、裸でいる人間もここでひとつの着飾るということをやっている、じゃ、そこに戻ろうか、そこへ戻ることから何かつくるっていうことをアプローチできないだろうか、さらに日本へ戻ることによって、もっと違う文化ができ上がっているんだという発見、そういうものをもう一遍見直すという……。だから、ぼくの今の作業も常にこの三つなんですよ。

川田　なるほどね。今までは東西文化論というのが多くて、日本とか東洋と西洋を比較するのが多かったけど、もう一つ別の視点を加えないと相対化が難しいと思うんですね。二点だけだと。

三宅　そうですね。

川田　ぼくが選んだのはたまたま日本というアジアのひとつの文化と、フランスという欧米のひとつの文化と、それからアフリカの黒人の文化ですね。三宅さんも国境を越える仕事ということをおっしゃって、ご自分のお仕事ではもう国境を越えていらっしゃるわけですが、自分の伝統に固執したり、それを外国向けに売り出すのでもなくて、また逆にいきなり普遍的なものを求めるんでもなくて、やっぱり複数のエスニックなものに根ざしながら新しいものを求めていくというのが、ぼくは一番実りがあるんじゃないかと思うんですよね。ユニバーサルじゃなくて、マルチエスニックっていうか、あるいはクロスエスニックっていうかね。それも表面的なとり入れ方ではない、ハートをつかまえた把握でね。

三宅　ぼくが最初につくった本で『イースト・ミーツ・ウエスト』っていう本があるんですよ。『イースト・ミーツ・ウエスト』という題名《タイトル》が、今思うと果して正しかったかどうか、つまり西洋ってものがあって、東洋っていうものがあって、それがある意味ではパリであり東京だ、と。ところが、結局はアフリカの文化というか、自然とのかかわり合いにおける人間ですね。それにこちらが触発されて、じゃ、なぜ服を着るんだろうかとか、どうして人間は美しくありたいんだろうか、というふうに考えて、そういうひとつの反射板みたいなものがあって、それに投げつけることによって逆に自分に返ってくる、それをまたヨーロッパとの比較、あるいはヨーロッパと何ができるんだろうかというひとつの答になっていく、ということだと思うんです。

川田 そうですね。

三宅 こないだもおかしい経験をしたんですけど、最初どこへ行こうか、今、パリから一番出ている飛行機はセネガルだから、じゃ、セネガルへ行こうか、セネガルなら、多分か、……(笑)。川田さんがいらしたオートボルタもマリも象牙海岸もその辺も、ぼくなんか全部一緒に考えますから、あのあたりは全部同じに考えて、じゃ最初はセネガルから行こうか、なんて考えたんです(笑)。最終的にマリへ行くことに、川田さんに電話して決まったわけですが、行く前に実はパリでコレクションをやったんですよ。で、「ル・マタン」と「リベラシオン」に書かれたんですけど、両誌ともあのコレクションを見て、奇しくもドゴン族とかマリということを書いているんですよ、その文章に。

川田 三宅さんのコレクションを見てですか?

三宅 ええ。でも、ぼくは全然考えていないわけです。行ったことないし、頭にアフリカっていうのは全くなかったんです。ところが、コレクションを見た人たちが、つまり、何かアフリカに行きたいなというぼくの気持ちがそこに出てきていると感じたんですよね。あるいはうちのスタッフの中で、この次はアフリカへ行こうよ、という気持ちがあったわけですね。たまたま夏休みに、今年はアフリカへ行こうって言いだしたら、行こう行こうという話で、そのときはたわごとぐらいにしか思っていなかったんですけど、行くって約束したんだから行こうとぼくは言ったわけです。コレクションのテーマ自体はアフリカじゃないし、何も関係ないわけです。ところが、やっぱり出ている。

そうすると彼らがマリだとかドゴンだとか言うわけです（笑）。「ル・マタン」も「リベラシオン」もかなり大きな記事なんですよね、表紙から何から。まあ、ひとつの成功したコレクションだったんですが、ぼく自身がびっくりしたわけです。それもマリに発つ日に、ぼくがたまたま新聞のスタンドで買ったら出てたわけです。自分は全然考えてもいないのに、何かマリやドゴンだと言われている。不思議なもんだと思って（笑）。

川田　作品の中で既に予見されていたわけですね。

三宅　予見されたわけです。これがぼくは非常に痛快でしたね（笑）。

川田　非常に深いところでアフリカのもつものとつながっていたのかもしれませんね。

三宅　彼らが何でそこにドゴンを見たのか、マリを見たのか――むこうへ行ったときに、ちょっと感じるものがありましたね。あそこの人間たちが、ふわーっと風をはらみながら歩いている。ぼくの服にそういう意味のダイナミズムを感じたんじゃないかと思うんですね。別にマリ風ドゴン風の服をつくったわけじゃないんだけども、これだったのかな、という感じがしました。

川田　たしかに三宅さんのデザインにはいつも風が流れているようなところがある。それと、布のデザイン倒れじゃなくて、「からだ」が実にしっかり見すえられているのね。さっき裸っていうことをいわれましたけど、アフリカに行くと、確かに、着る、ということをもう一度根源から考えさせられるんですね。つまり、我々は着ていることが当たり前だけども、むこうでは裸というものがまじまじとしたリアリティとしてまずあって、その上に着るということは非常に特殊なことなんですね。ぼくはアフリカの歴史とか政治組織とかそういうことから研究をはじめたわけですが、着る、ということに特に興味を持ったのは、前にぼくは「裸でない王様」というエッセイを書いたことがあって——西アフリカのサバンナの社会では王様が即位するときに、一回裸になって、そしてまた今度はぼてっとたくさん着せられるんですね。王様というのは裸じゃいけない。場所によっては、王様がいったん裸になって、まず毛皮を着て、それからまたそれを脱いで、今度は新しく特定の人が織った木綿の衣を着るとか、要するに裸になったり身にまとったりすることが王様でない人間から王様になるしるしになるわけです。

着物っていうものは人間のアイデンティティのしるしだし、王様に即位するっていうことはアイデンティティをある意味で変えるわけですから。変身するわけですから、それからイニシエーション、成人式。ぼくは成女式の少女を奥地で見たことがありますけど、そのときは完全に裸になっちゃって、木の葉をつけるんです。原初に帰るわけです。そしてある一定期間隔離されていて、それから今度は新しい腰布をつけるわけです。男の子の場合は隔離の期間だけ体に白い石灰を塗って、藁《わら》でつくった苞《つと》っこをかぶって顔を隠すわけです。要するに裸だけども一回塗り変えるとか隠すということがあるわけですね。裸でいるということも、元来着ているべきものがはぎとられちゃって裸でみじめだという場合と、積極的な裸と両方あるわけです。ただ、黒人アフリカですと、布を織って着るようになったのは割合に新しいし、部分的なんですね。元は樹皮布とか木の葉っぱとか、それから毛皮なんかをまとったりしていた。だけど裸であっても、瘢痕《はんこん》をつけるとかリーフェンシュタールが写真を撮っている、ヌバもそうですけれど随分ありますね。それから何か塗ったり、それが一種の着せることであるわけです。それから、ああいう黒人の素晴らしいというか完成された裸身を見てますと、あれに何か着せるのは余計なことであって、あのままで十分だ、という感じがするわけです。

三宅　そうですね。

川田　一四世紀のイブン・バトゥータという旅行家がマリへ行ったときの見聞録に、人食い人種の話が出てくるんですね。マリで人食い族が「黒人の肉は熟れているから食うが、白人の肉は熟していないから毒だ。だから食わない」って言うんです。それ、何か分かる気がするんですけどね（笑）。

三宅　川田さんの本を読んでいたら、日本では「ある人は腹が黒い」と言うけど、むこうでは「腹が白い」と言うのが……。面白いなあ、と思ってね。

川田　その点は日本と同じで、腹が白いっていうことは潔白である。「腹黒い」の逆ですけどもね。

三宅　あ、むこうでは「腹が白い」と言わないんですが。

川田　いいます。けれども「腹が白い」っていうのは潔白だということで、正直である。

三宅　むこうでも同じですか。いや、ぼくは逆に考えていた（笑）。

川田　じゃ、書き方が悪かったんだな。

三宅　彼らは肌が黒いから、黒いというのが基準になっているのかなあ、と思ったんです。

川田　つまり、外側のことですね。

三宅　それともうひとつは、「土が冷たい」というのはいい表現だというところがあるわけですね。

そういうのはやはりああいう気候・風土から発想があるのかなあと思って。

川田　冷たい・熱いっていう区別は確かにありますね。冷えているほうがいいわけです。熱いっていうのは、日本でも「のぼせ上がっている」とか「カッカとしている」とか、要するに平常心を失っているということですね。

三宅　しかし、ヨーロッパもそうでしょうし、特にアメリカや日本はそうでしょうけど、アフリカの存在というのは我々に全く違うひとつの文化なり社会の成り立ちみたいなものを見せてくれているという感じがしませんか？

川田　そうですね。

三宅　ぼくなんか例えば人間の肉体を考えるときでも、鶏が先なのか卵が先なのかというのと同じ発想で、アフリカ→裸→裸だからあんな美しい体になったのか、日本なんかの場合は寒いからということじゃないけど覆ってしまう→だから無神経になった→裸に力のない形になってしまうのか、どっちなんだろう？　というふうに思うんですね。

川田　アフリカの黒人の起源はまだよく分からないんですけども、大体アフリカの割合に北の方から広がっていったらしいんですね。アフリカ大陸の本当の原住民をいうのは、ピグミーとかブッシュマンとかああいうほんとの黒人じゃなくて、むしろ肌の色から言えば褐色で、全体に小柄な人たちです。ああいう黒光りのする大柄な黒人は割合にあとから広がっていって、そして先住民を圧迫していったわけですね。気候との関係でいえば、皮膚の色が黒いっていうのは太陽の熱は吸収するけども紫外線をよけになる。つまり紫外線というのは強すぎるとものすごく有害で、殺菌作用がある代わり体にも悪いわけだけども、皮膚が黒いと紫外線を通さないで吸収しちゃう。同時に熱も吸収しますけども、熱は汗腺が非常に発達していることによって放出するから割合に平気なんです。黒人は炎天下に帽子もかぶらずに裸でいくらいても熱射病にならない。その点では、肌が黒いことは熱帯に対して適応性があって、だから彼らが熱帯であれだけ広がったと生物的には言えるわけです。

三宅　そのへんはアラブ人と違うわけですね。アラブ人たちは覆ってなきゃたまらないわけですよね（笑）。

川田　そうですね。

三宅　我々もアフリカを旅行しているときは体中覆って、それに眼鏡かけて（笑）。

川田　ヨーロッパでも北欧は身体の色素が非常に少ないですね。皮膚の色が白いし、目も青というより薄緑みたいだし、髪の毛がブロンド。あれは少ない紫外線をよく吸収するようにできています。逆に黒人が北ヨーロッパなんかへ行って暮らすと、くる病になっちゃうんです。紫外線をみんな遮っちゃうもんだからビタミンDがとれないわけですね。だから北ヨーロッパの人は一生懸命、日に当たりたがるし、ヌーディストも多いし、地中海のほうなんかへ行ってもすごいですよね（笑）。

三宅　カール・ルイスっているでしょう。彼もあの辺の出じゃないかと思うんだけどバランスが。マリの男って大体ああなんですよ。ちょっと四角っぽくて、いいバランスでね。すごい立体感があってね。幾つかものすごい印象的なとこがありますけど、空港へ着いてホテルへ行くまでの間、かなり渋滞したんです。橋ができましてね、バマコの……。とにかくクルマが真ん中でエンコしちゃったらしくて、ものすごい渋滞。例の有名なニジェール川も、いわゆる雨季の後ですから滔々《とうとう》として。ふっと橋を見ると、右も左も男たちが服脱ぎ捨てて、前をこうやって（手で隠して）ね（笑）。くっきりとそのシルエットが浮かび上がるんだけど、もう夢みたいな体なんですよね。

川田　きれいですね。

三宅　絵の世界ですね。みんな裸になって水浴びしてるわけですよ、大都会の真ん中で。

川田　モブチなんかでも日常それが随分見られますよ。初めまず男が水浴びして、それがひとしきり終わって、暗くなってから女が水浴びするんですね。

三宅　そうそう、モブチでそうでした。ある川のとこで。

川田　あそこで洗濯もするし、水ん中にしゃがんで糞小便もするし、またそこで水を飲むし。

三宅　そうなんですよね。

川田　要するに、川の水の浄化力っていうかな、そういうものに対する彼らの信仰っていうのは……。ベナレスなんかでもそうでしょうけどもね。

三宅　小さな池だとか湖でさえもみんな飲み水にまでしちゃうんですよね。それ飲んじゃうんで、うわっと思って（笑）。

川田　ぼくはモブチは何度も行きましたけど、一度あそこで、ニジェール川の古い汽船がホテルがわりになっていて、もう動かないんです。係留したまま。そこで寝泊まりしたことがあるんです。そこの岸辺でみんな洗濯したり子どもが大小便をしたり何かしていて、見ると、船の後ろのほうで魚釣っているんですね、船の炊事係の男の人が（笑）。それが夜、揚げ物になって出てくるわけです（笑）。みんなが洗濯したり糞小便している所で釣った魚だなと思うと何か変な気持ちがしますけど（笑）。

でも、人間の水に対する信仰っていうのはやっぱり大したものだと思うんですね。日本人だって海鼠《なまこ》の腸《はらわた》とか、あんなもの食いますけど、もし海鼠が海のものじゃなくてもし芋虫みたいに木の上を這ってて、その腸を食べろって云われたら、ちょっと気持ちが悪いと思う（笑）。

三宅　やっぱり人間も自然の一部だということですね。

川田　生物は元は海から上がったそうですけど（笑）。

三宅　海から上がってきたというか、さっきの湖の岩塩の話なんかそうですよね。

川田　人間が旨いと思うスープの塩味っていうのは人間の体液の塩分と同じ濃度だって言いますけど、昔、海に住んでいたころの塩の記憶が体の中のどっかに残っているのかもしれませんね。

生命《いのち》の旅

三宅　ぼくは自分の旅行を今までずーっと振り返ってみて、あれは危険なことをしたかな、という旅行がやっぱり一番いいですよね。だから、ちょっと事故に遇ったり、たまには死にそうな思いをしたりというのは……すすめますね（笑）。

川田　そうですね。ぼくはアフリカで死にそうな目に一度遇ったことがあるんです。自動車事故で肋骨を心臓のとこで八ヵ所折って、血が一・五リットルたまって、四〇度以上、熱があって。

三宅　パリに運ばれたんじゃないですか。

川田　そう、パリに運ばれた（笑）。土地の人はとっても親切で、大勢見舞いにきてくれたけども、手当ては何もしないんですね。病院でアスピリンを飲まされて、五日間ほっておかれたんですけど、パリへ行ってから医者に、そういうときにアスピリンは出血を促進するんで非常に悪いっていわれた。熱があったもんだから、血が出ているっていうこと知らないからアスピリンを飲まされたんです。あのままいたら恐らく死んじゃったと思うんですね。だけどパリに運ばれて、背中から太い針を刺して、血を一・五リットル、ビーカーに……イチゴ・ジュースみたいなのをとって見せてくれた。そしたら急に胸が軽くなって食欲が出て、食べたわけです(笑)。もっともむこうで四〇度の熱があって朦朧としていたときも、アフリカの友達の奥さんがつくって持ってきてくれる現地食を随分よく食べた。食欲だけはあったんですね。立ってトイレにも行って……(笑)。そのときは、パリに運ばれて近代医学でやってもらって、ほっとしましたね。特に外科に関してはやっぱり……。まあ、アフリカの在来の生活では肋骨を何本も折るような事態はないわけです、クルマでも使わなければ。

その時もうひとつ感じたのは、例えば部族的なアイデンティティということを考えた場合、アフリカはいろんな部族がごちゃまぜになっていますが、そういう所で文化的なアイデンティティの根拠は何かということを考えてみると、一つには葬式のやり方があると思うんです。ぼくが長く暮らしていた地方はモシ族が多いが、先住民はビサ族の中に、元のビサ語は全部わすれちゃってモシ語しか話せない、だけどもビサだって言っている人がいる。なぜビサかっていうと、葬式のやり方が違う。元のビサ式の葬式をやっているわけです。むこうの人は、日本人もしばらく前までそうだったように、生きている人間は人間の一部で、先祖も含めて、死んだ人も含めた全体が人間というものであって、今、村に生きているのは、その一部の、氷山の一角なんですね。結局、葬式っていうのは共同体によって生者の世界から死者の世界に送り込まれることであって、そこでうまくやらないと後生を弔ってもらえないわけです。孫を増やすことがなぜ心強いかというと、自分の後生を弔ってもらえるわけですね。その場合に自分たちのしきたりに従ったやり方で葬式をしてもらわないと非常に不安だということがあるわけでしょうね。

ぼく自身もオートボルタで死にそうになったときに、もしこのままここに自分が埋められたら、やっぱりいやだな、と思ったんです（笑）。アフリカにいかに愛着をもって暮らしていても、じゃ、ここに骨を埋めるかということになると、ぼくは別に死後の世界を信じていないけども、やっぱりぼくの先祖が代々埋められている本所のお墓に埋めてもらいたいですね（笑）。

三宅　結局、うわー、危険な思いしたかな、というのが一番印象的ですね。

川田　三宅さんは例えば自分が死んだ場合、骨はどうなってもいいとか、そういうことはお考えになったことありませんか、現実の問題として。

三宅　現実の問題として、宗教とか何とかっていうんじゃなくて、何か世の中をつかさどっているものがあるということはすごいと思うんです。だけど、それを短絡化して宗教というふうに考えたくないわけですよね。エー、自分が死ぬときってのは、どうしたらいいのかなあ。墓には絶対に入りたくないと思うし……。

川田　墓は入りたくない。

三宅　ええ。別にエキセントリックな方法を選びたいとも思わないし（笑）。困ってますねえ。何か別な……。

川田　いや、ぼくも一般的な形ではそういうこと考えたことなかったけど、オートボルタで現実に死にそうになったときに、このままここで埋められるのはいやだな、という感じがしたんです。

三宅　ぼくは今まで山賊に遇いそうな旅行をしたり、ある島へ置き去りになってみたり、いろいろあるんです（笑）。続きで、何ものでもなく、すっと消えてしまうのが一番面白い人生だろうな、と。そういう出会いか何かがあるといいな、と思いますよね（笑）。

川田　じゃ、蒸発するわけですね。

三宅　いや、今までずーっとそういうことがほんとあるんですよ。ハワイでも、人のいないビーチへ行きたい、ヒッピー・ビーチがあるというので、ある所へ行ったら……それも女のタクシー・ドライバーで、レスビアンなんですよ。いろんな所へ連れて行ってくれて、面白かったんですけど、降りたら、そこから延々歩かなきゃいけないんです。帰ろうかどうしようか、でもまあやってみようと歩き始めた。そしたら今度は学者に会いましてね。やっぱり人類学の先生だったですけど（笑）、その学者が連れていってくれて……。帰りのことなんか考えないんです、ぼくは。帰りは、まあ、だれかいるだろうと、そういう旅行で……。

ところが、だれもいないんですよ。ヒッピーもほんとに何人か会うぐらいで（笑）。それが松林の中で、ふっと気がついたら、もう日が沈んじゃっている。でも、まだぼーっと明るかったし、帰るぐらいできるだろうって、また歩き始めたわけです。一キロぐらい歩いて……。真っ暗ですよ。ウシが行き交うしね。マウイ島のマッケフビーチっていうんですけどね（笑）。今は相当開発されちゃったらしいけど、十年ぐらい前ですから……。

また、横井正一さんがグアム島から日本へ帰ってきた後にぼくも一度グアム島へ行ったことがあって、そのときも、横井さんが過ごした島へ行って、ぼくは美しい浜辺で昼寝しちゃったんです。気がついたら船が出ちゃってて、もう桟橋でタオルもって両手を振って……（笑）。

それとか、グアテマラで山賊が出るような霧の中にとまっちゃって、もうあとがないとかね。ぼくは計画を立てて旅行するのがいやなんです。無計画に、何かそこで興味のある存在に出会うと、わーっと向かっちゃうという、そんな旅行ですから。でも、そういう旅行が一番印象的ですね。

川田　そうですね。

三宅　マルジブへ行ったのも……。スリランカへ行ったら全然面白くなかったんですよ。文化的にも面白くないし。——ランニングにはとってもいいですけど、好奇心を満足させることはないですね。

スリランカ、スリランカと思っていたんだけど面白くないから、翌日、空港へ行って強引に飛行機に乗り込んじゃったわけです、友人の結婚式でどうしても乗らなきゃいけないって言って。毎回それなんです、嘘ついて（笑）。

川田　確かに、よく準備された旅行は印象に残らないですね。

三宅　残んないです。

川田　アフリカだと、もうほんとに一寸先は闇っていうのが旅の合い言葉だから。

三宅　そうですね。ところがヨーロッパとか何かじゃ、それができない。したって面白くないしね。

川田　ぼくはカメラとかテープレコーダーとかノートを持って歩いているわけだけども、一番感動的な瞬間は写真撮ってないし、録音も採ってないし、ノートもとっていない。

三宅　そうです。ぼくは大体において写真は撮らない。こないだマリへ行ったときは、全員だれ一人としてカメラを持っていなかったんです。ぼくだけは水中カメラをたまたま持っていって……。陸上でも写せる水中カメラですけど。その写真しかないんです。

川田　全部陸上を撮ったわけですね。

三宅　そうなんです（笑）。

川田　ニジェール川の水の中は……（笑）。

三宅　我々がそういういわゆる都会の物を持っていって、最終的に非常に寂しくなる――そういう所なんですね。ぼくは物を持っていくんだけど、ああ、みっともないなあ、と、こないだインドへ行って思ったのは、いわゆる酋長の人が――金持ちになるとテレビが置いてあるんですけど。テレビがガラス・ケースの中に入って、その上にまたケージかけてある（笑）。それをうやうやしく開けてテレビを観るわけですよ。最も恥ずかしいと思う状況がやっぱりあるんですね、そこに。ぼくたちがそういうものを持っていって、むこうは何か喜んでくれるみたいに見えながらも、結局は恥ずかしい状況を呈しているんじゃないか、というね。時計にしても、彼らは日が昇れば朝なんだし、沈めば夜なんですね。そっちのほうがよっぽどリッチだと思う。今にそういう生活をやってみようと思っているんですけどね（笑）。

川田　特にサバンナで電灯のないところだと夜空がとってもきれいなんですね。月が出れば月が出るでとってもきれいだし、月のない夜は、もうぎらぎらするほどの星明かりで、村の中の狭い道も歩けるし、人の顔だって分かりますもんね。一晩のうちに幾つも流星が見えるし。

三宅　そうですね。

川田　星空の下で、暑いときなんか文字通り素っ裸で地面に寝ちゃうんですよね。とってもいい気持ちです。ただ、水がとても不自由なんですね。泥沼とか濁った川や何かでみんな水汲みをしたり子どもが水浴びをして喜んでいるわけです。そういうのを見ていて、アフリカの子どもには水が澄んでいるという感覚がもともとないんじゃないかと思ったんです。澄んでいる水という観念がなければ、濁った水でも平気で飲んだりもするだろう。そのときにぼくは反射的に、東京の今の子どもは、夜空には星がいっぱいあるという観念がないんじゃないか、と思ったんですね。

三宅　星はまばらなんですよ（笑）。

川田　アフリカのサバンナはどっちを見ても地平線で、「ひむがしの野にかぎろひのたつ見えてかへり見すれば月かたぶきぬ」ですか、明け方、月が地平線の向こう側に落ちていって、反対側から日が昇ってくるという、あれが月に一度ですけど見られるわけです。子どもだって満月からだんだん欠けていくのがとってもよく分かるわけですね。ぼくは前に、日本のテストで鍛えられている親戚の中学生に、満月を過ぎると月の出は早くなるか遅くなるかときいてみたけど答えられなかったですね。理屈でよく考えれば分かるはずだけど、そういうものが実感として今の子どもにはない。日常的な体験として月の満ち欠けに対する感受性が全然ないわけですね。そういう意味では自然との触れ合いがもうなくなっていて、テストである問いに対して決められた答は出るかもしれないけど……。

アフリカの奥地の人と今の東京の我々は紛れもない同時代を生きていると思うんですね。アフリカの人は日本人の昔を生きているわけじゃなくて、全く同時代なわけです。むこうの人も日本製のトランジスタラジオや何かでもって、スペースシャトルの打ち上げだとか、そういうのを聞きながら生きているし、アフリカで内戦があれば、たちまちいろんな国が干渉してくる。よくアフリカの今の国は日本の明治時代だなんて言う人がいるけども、それは全く間違いで、彼らは二〇世紀後半の国際環境の中で生きている。

三宅　それはそうですね。

川田　それは一般に未開社会全体について言えることだけども、石器時代とか何かを彼らが今あらわしているわけじゃなくて、別の特殊化の道をたどって、同じだけの時間の深さを彼らも生きているわけです。そこで彼らは彼らなりに別の文化を開発してきたということだと思うんですね。ただ、物質的な力関係でもって植民地にされたりして、今のような関係になっているけれども、低開発ということは高開発との関係で存在することなんですね。

三宅　そうですね。物質が豊富だということを発展というふうにとっていいかどうかですよね。

川田　ぼくは開発途上国という言い方がとっても嫌いなんです。あれはいかにも、おまえたちはまだ途上だ、つまり開発ということがひとつの望ましい目標としてあって、だからおまえたちを導いてやるという、ああいう考え方は非常に傲慢だと思うんですね。

三宅　そうなんですよ。

川田　むしろ共通にお互いに未来を探索するという気持ちがなくちゃいけないと思うんですね。

混沌

川田　こないだ三宅さんのファッション・ショーの御招待をいただいたんですけども、ぼくはアフリカへ行っていて。家内は観にいきました。
三宅　今度また五月に……。
川田　五月は日本にいると思いますから、ぜひ……。
三宅　先ほども言ったようにパリではあのコレクションをアフリカって言われたんですよ。そのときはちょっと分からなかったんだけど、行って時間がたつと、何をフランス人のジャーナリストたちは言ったんだろうかなって、ちょっと分かるような気がしましたね。ぼく自身はアフリカでどたんとしているっていうようなもんでしたけど、行く前にアフリカを表現しちゃっているっていう。でも、ぼくの場合は民族衣装をやっていないから、多分そういうことだと思うんです。民族衣装をやらないということにおいてアフリカは素晴らしい。ぼく、民族衣装は絶対やりたくないからね。そういう意味で、アフリカというひとつのああいう状況があるっていうのは、だんだん我々の状況を脱出するというか、我々のひとつの夢になっているかもしれませんね。
川田　でも、アフリカへ行く前にアフリカって言われて、お帰りになってからも言われたっていうのは、やっぱり非常に深いところでアフリカと共感するというか、同じ周波数を持っているところがあるのかもしれないですね。表面的に似ているとか、そういうことじゃなくて。
三宅　そうですね。そういえば、ぼくがずっと前から黒人たちをモデルとして使っていたり、黒い女とショーをやったりしたというのは、格好がいいからとか云々よりも、むしろ何かぼくはあの人たちの……。そういう評価が出る前ですから。ぼくが使っている黒人は決してアフリカばかりじゃないんです。エチオピアもいるし、ジャマイカもいますけども、大体において都会に集まってくる女たちですよね。むしろ何か求めている女たち。だけども、やっぱり眠っている血みたいなものの面白さがあるわけです。つまり認められていないという部分が、ぼくにとっては面白い。

川田　なるほど。

三宅　認められていないというのはすごく重要なんですよね。ぼくなんかも実際は……（笑）。

川田　面白いですね。

三宅　アフリカの面白さっていうのはそれじゃないか、という気がするんです。つまり、定義されていないみたいな、何でこういうものが今まだ二〇世紀に存在しているのか、という部分の面白さみたいな——ぼく自身で問い直すという……。

川田　定義されていないし、定義しようと思ってもできないですね。

三宅　そうですね。例えば文字の要らない社会だっておっしゃっていたけど、それにしたって、つくろうと思えばできなかったことはなかったと思う（笑）。

川田　そうそう。要らなかったという……。

三宅　要らなかった。

川田　定義されないものっていうのが一番面白いと思う。定義されちゃったら、その瞬間にもうそれは終わりでね。

三宅　そういう面白さがアフリカにはあるんですね。インドは、もうすごい、余りにも長い歴史があるから、ある意味で定義されちゃって、そこから出るのも大変だし。

川田　なるほどね。

三宅　こないだインドへ行って、むこうで見たのは……。ものすごく古い文化があって、そして一九世紀ぐらいまでそれが続いたんでしょうけど、こういうテクノロジーの時代になってきたり均一性の時代になってくると、〝手〟というのがおかしくなってくるんですね。そういう意味で、彼らは何とかそこから抜け出そうとあがいている……。でも、ものすごくいい旅行でした。面白い、勉強になる旅行でした。アフリカと何かどっかで糸が引けるんだけど別の、文化的成り立ちが違うというか……。ぼくたちがクエッションマークを投げかけていくのにアフリカはとてもいいひとつの反射板になってくれる所だと思いますね。

川田　そうですね。

三宅　インドは逆に、クエスチョンマークじゃなくで、焦りみたいな、やっぱり難しい、もしかしたらある意味で日本がそうなってしまうんじゃないかということを感じるぐらいのものを、ぼくはインドに感じましたね。何かやった後の――お祭りが終わった、というような感じがしましたね。つまり、安定をしちゃった後に来た状況みたいなね。ヨーロッパも同じだけど。

川田　定義しちゃつまらないんですね、外から定義していくということもあるけども、自己規定というか自分で定義することも非常につまらないことでね。アフリカなんか、結局アフリカっていうのはこういうものだって自己規定をしようとしたら実につまらなくなると思うんですね。それがなくて非常にごたごたしている、はたから見れば混乱しているように見えるけども、それがいいとこなんじゃないかな。

三宅　ぼくなんか旅行したといっても、あくまでも何日間だから、アフリカというのはとにかく訳が分かりませんけど、ぼくたちが考えていることに矛盾を感じたときに、ここに戻して考えればもうひとつ新しいもの出てくるんじゃないか、という非常に身勝手な存在だと思うんですよ。

川田　そうですね。アフリカについてはほとんど「群盲、象をなでる」という言葉が当てはまると思うんです。アフリカから帰った人はみんな「アフリカでは」という形でいろんな印象を話しますけど、それはまさに「群盲、象をなでる」で、いろんなアフリカ像っていうものがあって、どれも正しいわけね。どれもみんな部分的だというわけじゃなくて個々を指しているわけですよ。

アフリカから帰った人が「アフリカの毒」ということを言いますね。一度アフリカの毒を味わった者はまたアフリカに戻りたくなるっていうことを言いますけれどもね。ああいう、ある意味では大変疲れるし、神経がささくれるし、それからまた音の世界にしても、いろんな肉体的な世界にしても、日本人にはちょっとついていけないようなところもあるけども、そういう刺激とかごたごたぶりがまた無性に恋しくなるわけです。アフリカでいろんなもので神経がぐたーっとした後に訪れる一種の解脱感というか、ぼくは「生きることの果てしないくつろぎ」という言葉を使うんだけど、ほんとに何か生きることへのくつろぎを感じるのね。そういう気持ちがアフリカの本当の魅力だと思うし、さっき三宅さんがいろんなものを投げかけて、それに対する……ってことをいわれたけど、投げかけてもさっとはね返ってこないし、ある場合には吸収されちゃうかもしれないけども、自分がある意味でテストされるわけですね。鏡にかけられているようなところがある。

三宅　それがアフリカですね。

アフリカのデザイン

三宅一生との対話の余白に

《デッサン》

川田順造　これはツインズ・セブン・セブンって、今、三八歳のナイジェリアの絵描きなんですが、その人が二〇歳のときのエッチングです。

これは油だけども、アムス・トゥトォーラというアフリカの作家の肖像画です。

これもトゥトォーラの『お化けの森の物語』という小説にヒントを得て描いた、やはり彼が二〇歳の頃のエッチングで、口を開けると顔が出てくるお化けです。

三宅一生　こないだ、インドを旅したんですが、田舎が洪水で廃村になって、アーメダバードに出てきて街で歌をうたっている、やはり川田さんと同じように文化人類学者でハクシャという人がいまして、その男をみつけて……。彼は自分でつくってうたうわけなんですけど、ひとつの物語になっているわけです。その物語を絵に描かせたわけですね。その男はもちろん文字も読めないし、絵なんて描いたことなかったんです。最初はぎごちない絵だったんですけど、一枚の絵の中に全部の話を描いて、まあ素晴らしい絵なんです。その絵とよく似ているんです、タッチが。

川田　この人も彫りもの師のうちに生まれたんですけれども、彼らには平面の上に造形するという伝統が全然ないんです。すべて立体で彫っちゃうわけですからね。

三宅　そういえばすごく立体的ですね。

川田　その人の村にたまたまオーストリアの絵描きが行って、エッチングというものを教えたわけです。それで初めてつくった。それにしてはクラシックっていうか、決まっているわけですよね、めちゃくちゃじゃなくて。それでいて全然とらわれない面白さがあるしね。

三宅　そうですよね。

ツインズ・セブン・セブンの絵

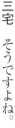

川田　これなんかもあんまり決まりすぎてて怖いくらいなんだけど、二〇ぐらいで初めて絵筆を持ってこれを描いちゃうというのは、やっぱり……。来年、日本で彼の個展をやるんです。ぼくがこないだ行ってアレンジしてきたんですけども、西武の美術フォーラムでやるんですよ。

その後はこういう合板で、切り抜いて貼りあわせるんですね。西アフリカの伝統なんだけど、平面を全部こういう文様で埋めちゃうんですね。合板のは、もっともっと大作があるんです。この上にまた、布でアップリケみたいにして鳥を飛ばしたり、最近はいろんな色のビーズで面を埋めることをやっていますけどね。

《椅子》

川田　これは椅子なんです。ポータブルで肩にかけられるようになってる。木の枝を利用して、三本足になっているわけ。安定がいいんですよ。(座ってみせて) 座りやすいんです。尻のあたるところにヒビが入ったのを缶ビールのフタで修理してあるのも実にいい (笑)。これがぼくは大好きでね。アフリカは「男三・女四」というシンボリズムがかなり広くあるんだけども、これは三本足で、男の椅子なんです。こっちのは女の椅子で、これもぼくはとっても好きでね、ワンブロックなんですよ。こう削りとってあるわけね。

三宅　ぼく持っているんです。最近、東京でみつけたんですけど、こっちのほうが断然形がよい (笑)。

川田　これ市場でおばさんが巨大なお尻を乗っけて、すべすべしているのを買い受けてきたんです。

三宅　それで随分エロチックな形をしていますね（笑）。「男三・女四」ですか。

川田　例えば葬式なんかにしても、男は死んでから三日目、女は四日目、それから死体を担いで家の周りを回るのも、男は三回、女は四回。

三宅　男の場合奇数なわけですか。

川田　そういう点、ちょっと陰陽道と似てますけど、土地の人に「どうして男は三で女は四なんだ」というと、こう、体を見回して、「だってそうじゃないか」って言うんですね（笑）。どこを勘定するかによってちがうと思うけど……（笑）。でも、何か直観的に

女性の椅子

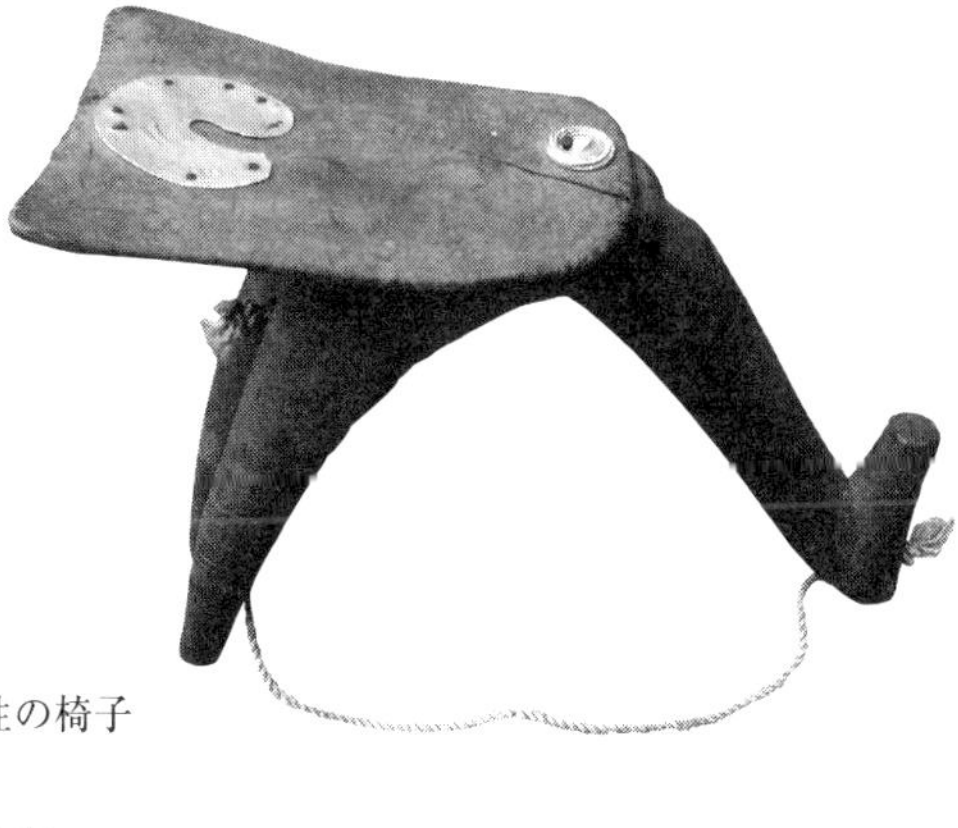

男性の椅子

分かるような気もしますけどね。三宅さんだったら、どこを勘定しますか？

三宅　うーん（笑）。

《ヒョウタン》

川田　西アフリカはヒョウタンの原産地で、この球形の太鼓も、ヒョウタンです。

三宅　これは動物の血を塗った色ですか？

川田　いえ、これは樹脂です。木のヤニにカリテの油を入れて練ったもので、膜の震動をととのえる調音ペーストの役割をしている。

　これは牧畜民がバターをつくるのに使うヒョウタン（こぶが二つある）。この中に入れて振って、つぶつぶに固まったのを出して。ほんとにヒョウタン文化って言いたくなるくらい何から何までヒョウタンで、面白いのは……これ、何だか分かりますか？　これもヒョウタンなんですよ、小さいヒョウタン。

三宅　香辛料か何かそういうものを入れるんですか。

川田　まあ、薬を入れますけど、何に使うかというと、灌腸《かんちょう》。いちじく灌腸に似てませんか？

三宅　ああ、おんなじ形してますね（笑）。

川田　これに煎じ薬を入れて、細い方を赤ちゃんのお尻に、まるい方の穴にお母さんが口をあてて吹きこむ。ダッドアイデアですね。

三宅　いいアイデアですねえ。ヒョウタン灌腸、なんて（笑）。

川田　これ、なかなか当たらないですね、パイプなんて言ったり……。前に、NHKテレビへ出たときに、インタビューする人は予習してあるんだけど、これだけ、その場で「これ何ですか」って聞いたら、「さあ？」って（笑）。

三宅　いやー、すごいもんですね。それは。

《岩塩》

川田　これがサハラ砂漠の岩塩ね、ラクダが積んでくるやつ。

三宅　ああ、一度、見たことあります

ヒョウタンの灌腸器

ヒョウタンの太鼓

けどね。

川田　砂漠の底にあるそうですね。こんなでかい、のし餅みたいなのを革のひもで縛って、ラクダ一頭に四枚ずつ振り分け荷物にして運んでくるわけだけども、それをナタで切って使う。

三宅　（なめてみて）ほんとですね。

川田　不純物が入っているから旨いでしょう（笑）。

三宅　これはどこから来たものですか。

川田　これはサハラ砂漠の中のタウデニっていう所。マリのずっと北の端のほう、もうアルジェリアに近い所です。ラクダで片道三〇日かかるそうです。

三宅　じゃ、砂漠で塩が採れるわけですか。

川田　ええ。サハラ砂漠には昔、塩湖があって、そこが干上がってできたようです。だから広い面積に岩塩が層になってあるわけです。上は砂で覆われていて、掘ると何層も岩塩があって、一番底まで掘っちゃうと、まだ水がある。ぼくも一番そこに行きたいと思っていたんですけど、今、マリ共和国は政治犯の取容所に、要するに島流しの……流刑地ですね。だから外国人はオフ・リミットで、残念ながら行かれないんです。

でもアメリカ人で、戦後、一人そこに行ったのがいるんですね。『青い種族』って、翻訳も新潮社からずっと前に出ています。その人も相当冒険好きで、

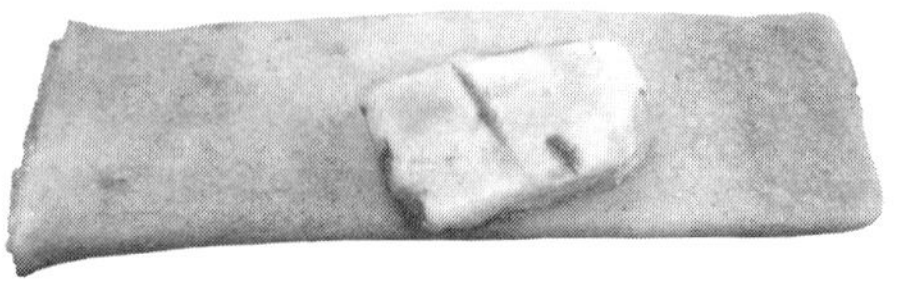

サハラに埋もれていた塩の板

荒くれ男で、若いときに行ったんだけど、それでも下痢や何かでからだが参って、何度もおいてけぼりになりそうになった。ああいう所は途中で降ろされたらもうおしまいですから、どんなに苦しくてもラクダの背中にくくりつけてもらって何とか辿りついた（笑）。だけど何でこんな思いをしてまで塩を運ぶのか、と思ったと書いていますね。

昔、サハラ砂漠の南の森林地帯は金がたくさん採れたけども、塩がないんですね。砂漠の岩塩を運んでいって金と交換したわけです。ときには金と塩を同じ目方で交換したといわれているんです（笑）。金の産地の人たちにとっては金なんてたくさんあったってしょうがないわけですよ。別にあれで斧がつくれるわけじゃなし、鍋がつくれるわけじゃなしね。それより塩のほうがありがたいわけです。そういう森林地帯では湿地帯に生える塩分を含んだ木や草を焼いて、その灰からわずかばかりの不純な塩をとるわけですね。こういう塩の塊なんていうのはほんとに垂涎の的なんです。

《トンボ玉》

川田　これはトンボ玉。みんなアフリカで集めたんですよ。
三宅　うわー、すごいですねえ。
川田　これはみんな西アフリカの奥地にあったものばかりです。まだほかに出していないのがたくさんありますけどね。これはアフリカ製の玉で再生ガラスでつくったものです、ビール瓶とかコカ・

コーラの瓶とかを砕いて……。
この夢のようにきれいな青のインドのものですね。これは一七、八世紀のベネチアのミルフィオリっていう技法のものです。
三宅　ガラス玉をいろいろと使い分けているんですね。
川田　ベネチアのミルフィオリでも、今のは色が浅くて面白くないですね。技法としては同じだけども、こういう赤の色とか、どすーんとした色の盛じが出ないね。これ、昔、交易に使って、それがアフリカの内陸のほうにあるわけです。ヨーロッパにはもうないけど、アフリカの奥地にまだある。
三宅　金太郎飴みたい（笑）。これもアフリカのものですか。
川田夫人　そうです。新しいものですね。
川田　このへんは再生ガラスじゃないな。
川田夫人　こういう鈍い色のものが再生ガラスです。
川田　これもヨーロッパやアメリカや日本のアクセサリー屋がだいぶ買いあさったものですから、最近、随分少なくなりました。前は随分あったんだけど。
三宅　これはどこのものですか。
川田　アフリカかな。前に由水常雄さんに見てもらったときには分からなかった。玉は簡単に遠くまで旅をしますからオリジンの同定が難しいんですね。でも、こういうのベネチアのものです。
三宅　赤い玉、きれいですね。
川田　これはボーキサイトですね。これがシェブロン玉って、オランダの一八世紀の……。

三宅　これはまたきれいですね。
川田　ちょっと変わったのでは、一九世紀のボヘミアン・ダラスで、これ、ちょっと見ると黒く見えるでしょう？　こうやって光に透かしてみると……。うんと目を近づけて透かしてごらんなさい、とってもきれいなブルーでしょう？
三宅　うわー、ほんと。
――緑色のこれは何という石ですか？
川田　これ、ガラスですよ、チェコでつくったといわれている。これは現代の日本でつくられたトンボ玉です。ちっともおもしろ味がありませんね。岐阜に玉の博物館があるんですよね。で、玉気違いはどこにもいるらしくて、ぼくはそこで買ったんですけど、日本でもやはり玉の好きな人が、一生懸命、いろんなものを見た上でつくるんだけど……。
三宅　技巧が先に立っちゃって、こういうダ

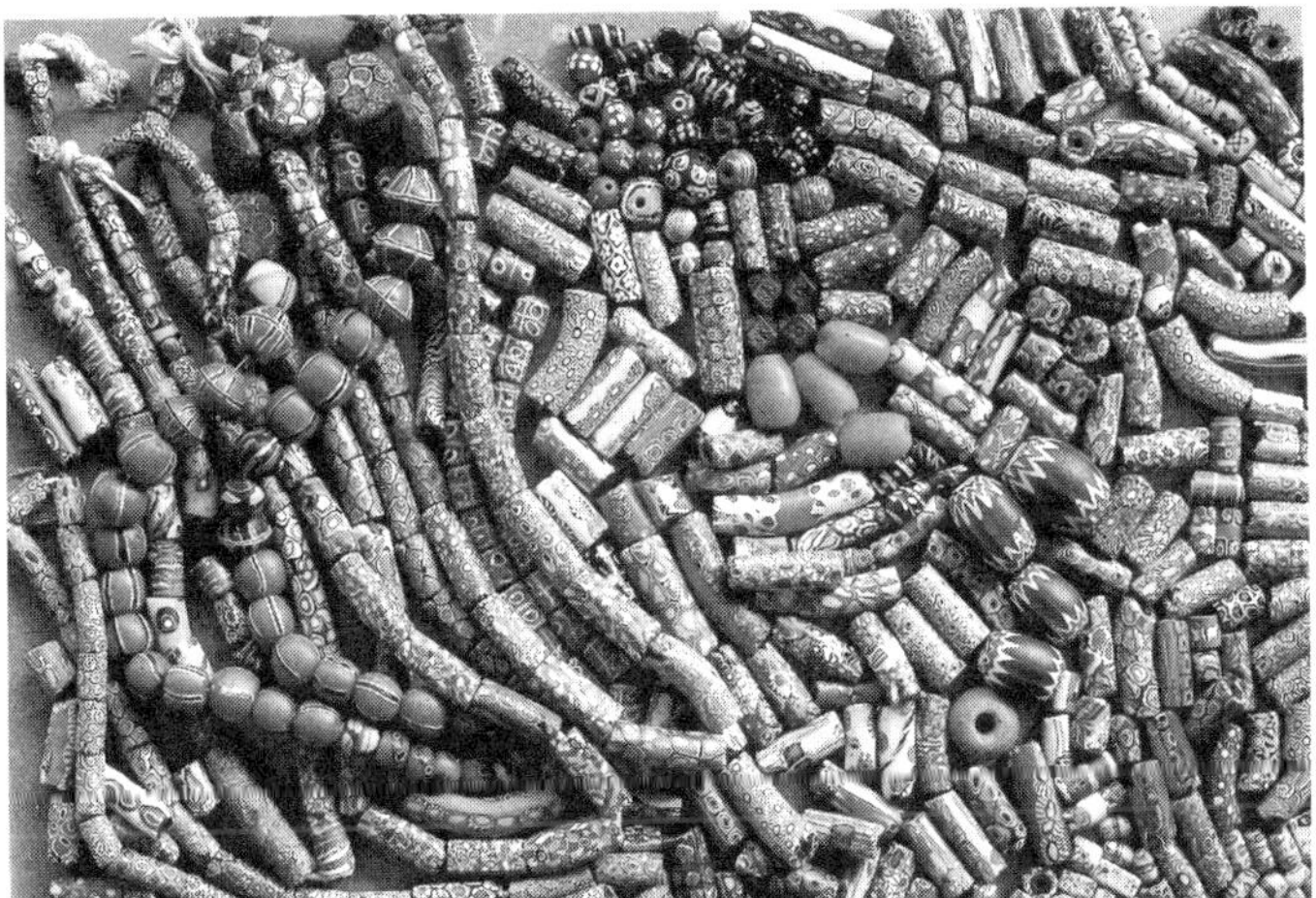

オートボルタで集めたトンボ玉

イナミズムを失っちゃうんですね。

《布》

川田　この布は泥染めですね。
三宅　サンですか。
川田　サンですね。これはオートボルタですけど、経木の模様ですよね。むこうはみんなこういう幅の狭いのを織って縫いあわせるわけです。
三宅　ええ。織っているところを見たけど、足を投げ出しちゃって、低い椅子に座ってやってましたね。
川田　これは衣類です。これは縦糸が木綿で横糸が羊毛。これは袴。オートボルタですね。これは今の化学染料です。これがナイジェリアのヨルバの藍染めで、天然藍なんです。ヨルパっていうのは藍染めがとっても盛んで、これなんかも、ほんとに何気ないおばさんがつくって……。
三宅　ああ、いいですねえ。面白いですね。
川田　手描きです。こういう基盤があるから、プリントや何もかもできちゃうんだろうと思うんだけどね。
三宅　大体みんな物語があるんですね。

サンの泥染め

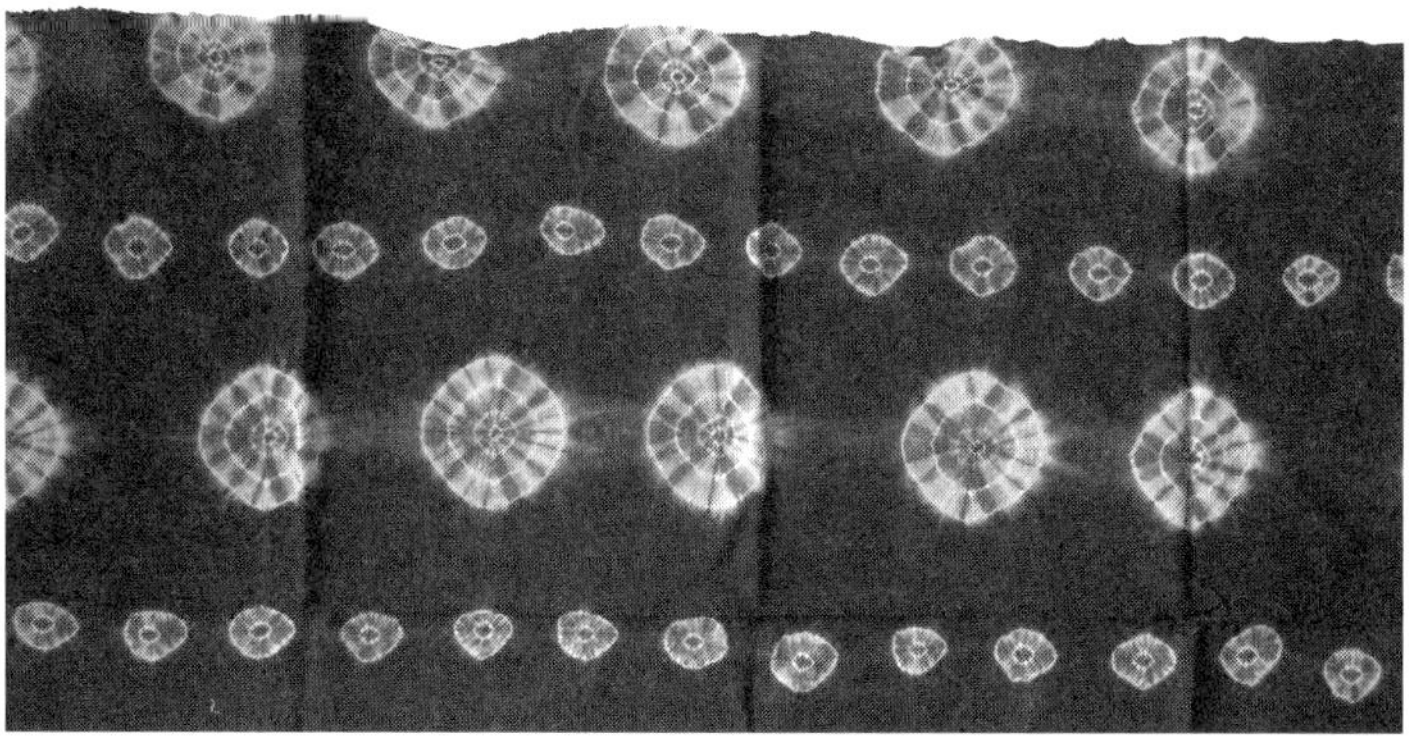
ヨルバの藍絞り

マンガチックな藍染め

川田　これは絞りなんだけど……。
三宅　いいですね。
川田　これも手が結構かかっていると思うんです。大きな螺旋形の玉絞りですからね。これ、下図も何も描かずにやっちゃうわけです。よくこれだけきちっとできると思うけど。
三宅　素晴らしいですねえ。これはどこの？
川田　ナイジェリアのオショボです。ツインズ・セブン・セブンの住んでいる町です。あのあたりはすごい造形表現の豊かな所ですね。これは型染めです。むこうは澱粉を溶かして染抜きの糊に使うんですね。
三宅　非常に技巧は使っているんだけど、セイシンがやっぱりチカズですね。
――こういうものはみんな何年前ぐらいのものですか。
川田　そんな古くないです。オートボルタのは天然藍を使っているところもあるけども、化学染料を使っているところもあります。
三宅　しかし、村によって着ているものが随分違いますね。
川田　ええ。
三宅　この螺旋状の模様、きれいですね。
川田　これ、まだ糸が抜けていない。
三宅　糸の抜けていないところが、また……（笑）。抜いちゃうより、このほうがね。洗うたびにまた抜けていくという……。力強いですね。何か、こう、絞るときのね、ぐーっ、ぐーっと……（笑）。

あんまり技巧がうまくなっちゃうと、ほんとのそういう味がなくなっちゃいますからね。

川田　また、これをまとう肉体が素晴らしいわけですね、黒光りがして。

三宅　むしろ肉体をいかに見せるか……。あの肉体だったら何でも合うんじゃないかっていう感じがしますね。

《バオバブ》

川田　これはバオバブ。蝙蝠《こうもり》が花粉を媒介するんですね。夜になると、バオバブの純白の花が独特の匂いを発散して、蝙蝠がそれに吸い寄せられて集まって来るわけです。

三宅　いわゆる蝶々のようにですね。

川田　そうです、花に胡蝶《こちょう》でなく、バオバブに蝙蝠……（笑）。バオバブの花は下って咲くので、下から蝙蝠が翅《はね》をバタバタしながら蜜を吸う。

三宅　蝙蝠は技巧を要しますね（笑）。あ、これが実ですか？

川田　ええ、バオバブの実です。ヘタが昔のランプの傘みたいに付いているわけです、かなり張って。それがとっても脆《もろ》いもんだから、どうやってもこわれ

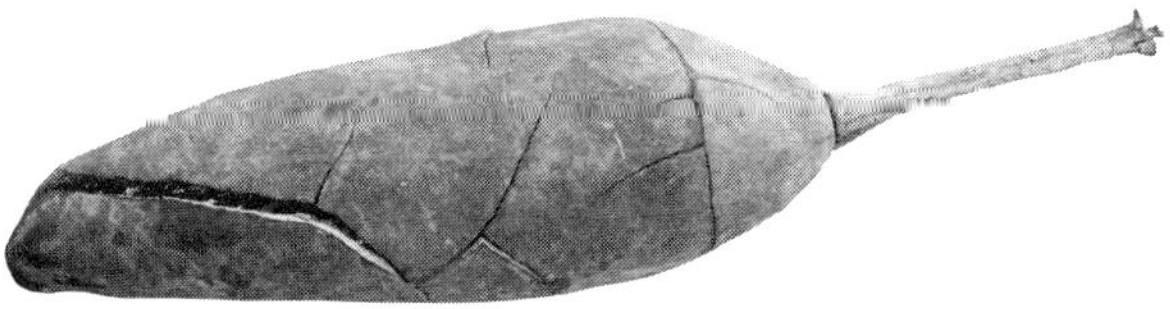

干からびたバオバブの実

ちゃうんですね。びろうど張りの狸のふぐり……（笑）。

三宅　ほんと、びろうどを張ったみたいですね。あれは食用になるわけですか。

川田　ええ。割ってこの白いのが食べられるんです。乾いちゃっているけど、これが生のうちは、もっとぎしぎしして……。食べてみて下さい。甘酸っぱい、軽い酸味があるでしょう。

三宅　（一口かじって）うーん、うまいですね（笑）。

――固い！

川田　だって中に種があるんだから。種を出して下さい。黒い種があるから、まわりを噛んで……。

三宅　ああ、その周りのあれを……。この味はどっかで知ってる味ですね。

川田　駄菓子のラムネ（笑）。

三宅　駄菓子屋もそうだけど、何か……。

川田夫人　種は陶器の表面を磨くのに使うんです。

川田　これ蒔けば……。我が家でも芽が出たんですよ。夏に植木鉢にまいて。これ、少しお持ちになって、うちで、ゆっくり……。

三宅　そのうちに花が三本ぐらい咲きますか（笑）。そんな感じですよ、これ。

川田　水に浸して。

三宅　あ、中に……。

川田　それが種なんです。これ一粒からあのでっかい木が……。

三宅　ちょうど豆状の形態しているんですね、三日月形というか。

川田　ええ、放射状になっているわけです。
三宅　これはアフリカだけのものなんですか。
川田　そうですね。原産地はマダガスカルと言われているんですけど、今ではアフリカのリバンナ全体に、ケニアからセネガルまで生えているようです。

2

エキゾチックな故郷《ふるさと》

エキゾチックな故郷《ふるさと》

火葬場の跡をたずねる

真夏は、故郷《ふるさと》への郷愁を掻き立てる。八代目上州屋仙之助をつぐはずだった父から算えて四代前に本所から移って以来、先祖と私が生まれて暮らした深川と、小名木川を通じて毎日人や物が行き来していた行徳や浦安。田辺貞之助先生の名著『女木川界隈』（一九六二、実業の日本社、一三〇頁）によると、亀戸の焼き場が移転してからの数世代だという砂町の火葬場、私の幼時の記憶にある祖父七代目仙之助まで、数代の川田家の戸主とその妻子の死体を焼いたはずの、砂町の火葬場のあった跡に、わけ知らず行ってみたくなる。

曾祖父の後妻も、祖父の妻も、わが家上州屋と縁のあった川越新河岸の肥料問屋から船で墨田川を下り、浜町の今村次郎邸を中宿《なかやど》にして、小名木川北岸《べり》の上州屋に嫁いできた。講談・落語速記の草分けで、第一次落語研究会を立ち上げた今村次郎と上州屋は、新河岸を介した縁続きで、親交があった。母の二番目の妹は、次郎夫人にお花を習いに行っていた。講談の二代目伯圓、噺家の二代目禽語楼小さんはじめ当代人気芸人たちや、画家で江戸風俗研究家だった宮尾しげをなど下町文化人の溜まり場として、今村邸は活気に満ちていたようだ。

家康が江戸に居を定めるに当たって、行徳の塩を運ぶために開削させたという小名木川《おなぎ》は、惣領娘に婿を取る習わしだった上州屋の、六代目仙之助をついだ先々代、働き者で大酒飲みだった「よっさん」を下総の鎌ケ谷村中澤から、さらに二代遡って四代目上州屋に婿養子に来た喜兵衛を、やはり下総印旛郡の七次《ななつぎ》から、運んできた。上州から佐原を経て銚子にいたる利根川水系から木下《きおろし》で分かれ、海老川などを通じて小名木川で江戸と結ばれる経路は、陸上輸送が優勢になる以前はとくに、重要な交通路だった。昭和になって太平洋戦争が始まってからも、行徳・浦安と高橋を結ぶ焼玉エンジンのポンポン蒸気が、乗合定期船として運航していた。

昭和九年生まれの私の幼時の記憶でも、「勇舟《いさぶね》」という小型の蒸気船が、毎朝浦安から、貝や魚や野菜を売り歩く女性を満載して小名木川に面した私の家の前に着いた。わが家の倉庫に、車輪をはずして預かっている大八車を組み立て、勇舟で運んできた荷を積んで、夕方まで街を商《あきな》って歩く。

勇舟は、昼間他の用足しに行くこともあり、わが家の前につないだままのこともあった。昼めしどき、七輪にカンカン火を熾《おこ》して焼いた目刺しをお菜に、勇舟のよっさんと相棒が、照り返しでまぶしい川面を眺めながら、茶漬けを掻っ込んでいるのが、いかにも旨そうだった。春先には近所の人も誘って、勇舟に鍋釜を積んで浦安へ潮干狩に行った。

行徳の塩作りの家から高橋に嫁《とつ》いできた女性も、私がタウン紙『たかばし』に連載したインタビュー記事「高橋に生きる女性」で取りあげた人だけのうちでも、夜店通りの煎り豆屋の長谷川寿美さん（大正三年（一九一四）生まれ。娘さんが、私の姉と深川小学校で同級だった）や、叔父さんが当時高橋にあった財部《さいべ》塩工場（北王木材跡地）で働いていた縁で、塩を運ぶ「ポッポ蒸気」の運転手と結ばれて高橋に来た大久保いねさん（明治三二年（一八九九）生まれ）がいる。

砂町の火葬場の跡を尋ね当てるのは、意外に難しかった。「焼き場」の跡など、現在の地元の人に訊ねても、知らないか、はなから答えようとしない。私が直接憶えているのも、昭和一四年（一九三九）一二月二五日、家付き惣領娘だった母の実父七代目仙之助が、川田家では初めてだという寝棺で、砂町で焼かれるのについて行ったのが、最初で最後だ。

西光寺渡邉海旭師との縁《えにし》

わが家の菩提寺、慶長一一年（一六〇六）創建と言われる本所千歳の西光寺の、第一六世住職で、学僧として名高かった渡邉海旭《かいきょく》が、関東大震災直後の大正一二年（一九二三）一一月六日に手書きで作ってくれた過去帳によると、上州川田村から本所に出てきた初代の上州屋久兵衛が亡くなったのが安永二年（一七七三）二月一四日（川田家では毎年二月一四日を「ご先祖様の日」と呼んで、仏壇にお供えをあげていた）、二代目上州屋久兵衛は寛政九年（一七九七）に本所林町四丁目で亡くなったと記されている。

文化一二年に五六歳で亡くなった三代目上州屋久兵衛については、居住地の記載がなく、下総国印旛郡七次村の農家から上州屋へ婿養子で来た四代目喜兵衛が、おそらく深川森下に移り、その長男で五代目をついだ、道楽者で米屋より絵双紙屋を熱心にやっていたという仙蔵が、幕末に御家人の株を買って苗字・帯刀を許されたので、明治一七年（一八八四）に五八歳で死んだこの仙蔵のときから、川

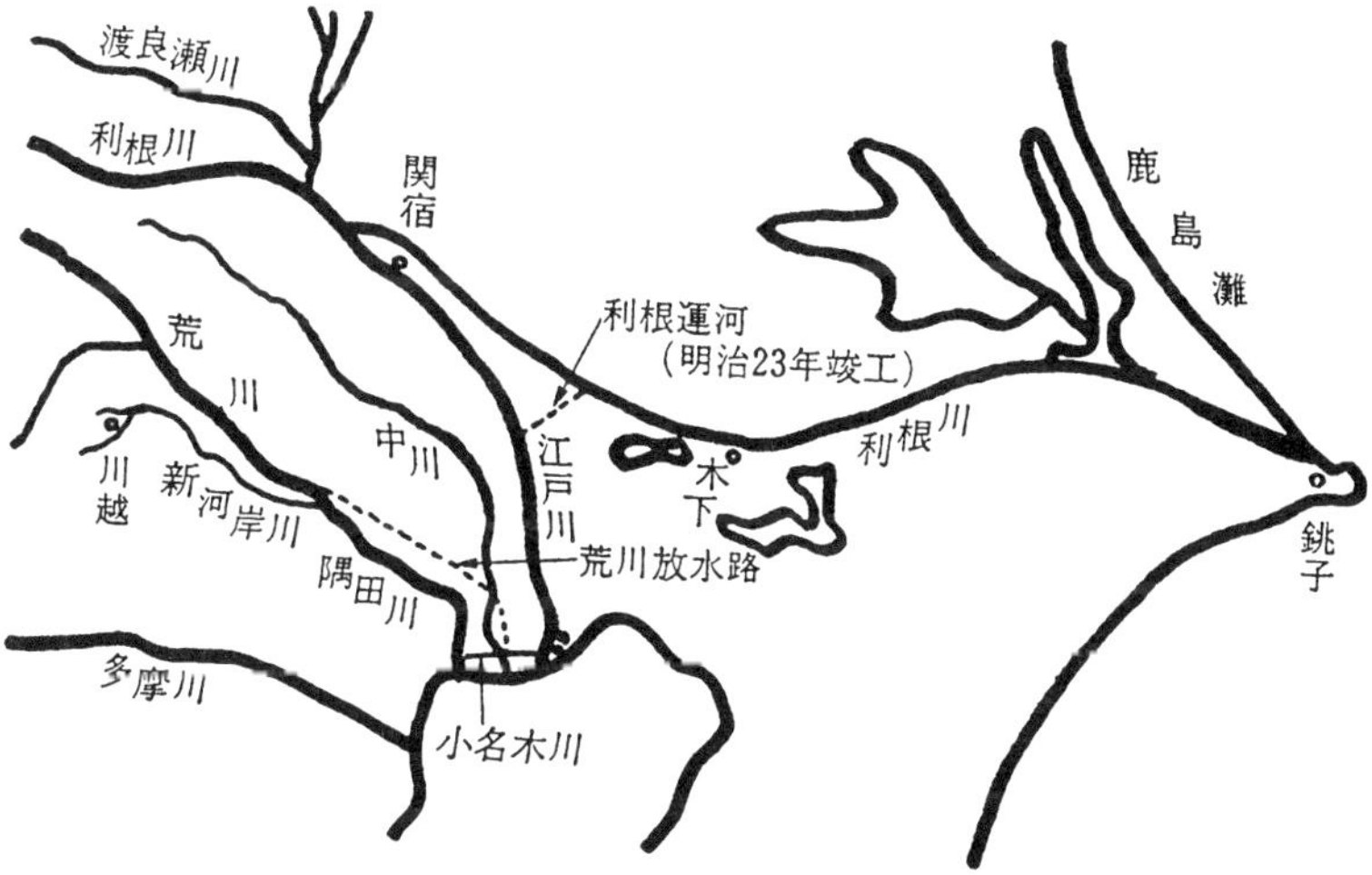

田仙蔵と過去帳にも苗字が記されている。先祖が上州川田村から出て来たので、川田という苗字を選んだのであろう。

仙蔵の惣領娘、花に養子として下総国鎌ケ谷村中澤から来た六代目が、大酒飲みの働き者で、小名木川に面した高橋に移って、それまでの白米屋をやめ、倉庫もある米問屋を始めた。花が明治二〇年三七歳で亡くなったために、川越の新河岸から寿ゑを後妻に迎え、先妻の花が二九歳の時生んだ仙之助が、七代目をついで、義母の遠縁に当たる明治一二年生まれのトヨを妻とし、川越の実家と縁続きの柳橋の今村家を中宿にして船で嫁いできた。

六代目仙之助は、学歴はなかったが知識欲旺盛で、川田家が檀徒総代をつとめていた西光寺の海旭師と意気投合し、師のドイツ留学が長引いたため、病床にあって、俺の引導はどうしても海旭に渡してもらうんだと海旭師の帰国を待ちわびていたが、明治四三年（一九一〇）三月二六日、海旭師が帰国した日に息を引き取った。新橋の駅に出迎えた使いの者から訃報を聞くと、師はその足で川田家へ来て、曾祖父の枕元で、音吐朗々たる美声（普段は、海旭師は幼時からのひどい吃音）で読経をしてくれたと、その時九歳だった母から、私はよく聞かされた。

家付き娘の母の父で、七代目仙之助をついだ祖父は、商売より芝居や寄席や読書が好きだった。書を能くし、へぼ俳句をひねり、「順造」という私の名を、「川田」という姓との釣り合いで、字面と語呂がよいからという理由だけで、つけてくれた。その祖父が六一歳で亡くなった時、ただ一度だけ、五歳だった私は砂町の火葬場に行った。

「焼き場」の跡

火葬場の跡を探し当てるのは、意外に難しかったが、かねてから深川のことで教えを受けていた中川船番所資料館の久染健夫さんに相談したら、北砂の浄土真宗蓮光寺のあたりに行ってみたらと言われた。早速連光寺に行く。やや高台になった大きな本堂の東側に広い墓地がある。

人気のない本堂脇の社務所を訪ねると、ご住職は留守だったが、大黒さんと思われる気さくな中年女性が対応してくれて、本堂の東側にひろがる広大な墓地が見下ろせるところまで一緒に行って、この墓地の向こう側が戦前火葬場だったと教えてくれた。

このあたりは連光寺も含めて、昭和二〇年三月一〇日の大空襲で残らず焼きはらわれ、戦後火葬場は都営のものに統一されたので、火葬場の跡地にはマンションなど住宅がびっしり建っていると、家並みを指し示してくれた（図1）。この女性は喋り方も下町風で、寺の生活に慣れている感じで、大正一四年創建のこの寺で生まれ育ったのではないかと、これは私の想像だ。昭和二八年に連光寺の住職になった栃木県出身の当時三二歳」の、その後連光寺の発展に尽くし、城東仏教会会長にもなった有能な僧侶と結婚したというのも、さらなる私の推測だが。

ともあれ、昭和一五年一二月に、祖父の火葬で私が一度来たことがあるだけの火葬場の面影など、今の景観からは想像もできない。すぐ東側に明治通りを渡ると、新しく開けた庶民的ショッピング・飲食センターの砂町銀座があり、多国籍の幅広い年齢層の客で賑わっている。

田辺貞之助先生の『女木川界隈』には、「焼き場」という一章があり（一三〇～一三四頁）、私などが読むと、背筋が寒くなるような実話が記されている。著者が七、八歳の頃というから、大正元年か二年（一九一二～三）頃、牛のペストが流行り、牛の死骸を、五つも六つも積んだ馬力がしっきりなしに焼き場に運んで焼いたというから、人間以外の大動物の死体も大量に焼いたとみえる。

燃料は、どこからか船で運んできた松薪を二つ割りにしたもので、焼くのにたいそう時間がかかった。カマのなかで息を吹き返した人が、白い経帷子《きょうかたびら》のまま、額に三角の布をつけて、焼き場の角の長屋に駆け込んで来ることもあったという。角の長屋にはガラス屋と提灯屋があって、田辺先生は幼い頃使いに行ってそんな話を聞いた。生き返った亡者は、殺してしまわないと世の中に禍をするとかで、隠亡たちが追いかけてきてその場で殺してまたカマへ押し込んだというが、うまく隠亡の目を逃れて長屋へ逃げ込むと、その家では亡者の実家に連絡して莫大な礼金をもらった。いまさら家へ帰れないと言って、近所の家の上さんになった娘もいたという。

遺体を運ぶのは、近所は駕籠や蓮台だったが、遠くから来るのは金ぴかの二頭立ての馬車で、客が乗るのは、二人ずつ向かい合った軽快な馬車だった。だが、狭い焼き場道へ曲がる角でよく曲がり損なって、脇のどぶに落ちた。「また馬車がおっこったよ！」ときくと、子どもたちがワラワラと駆けだしていった。晴着を着たお客たちが田圃へぶちまけられて、泥まみれになっていた。

深川白河町生まれだが、小学校三年で松坂へ引っ越した映画監督の小津安二郎は、昭和一一年（一九三六）の初めてのトーキー映画『一人息子』で、彼の幼い頃の記憶に焼き付いていたのかも知れない砂町の、馬が草を食っている荒涼たる光景、それでも信州から東京に憧れて出てきて、生きて行くのは容易でない生活をそこで送る人々を、温かい目で描いているが、荒漠、雑多、人情、意気が奇妙に、そして無理なく溶け合ったこの砂町の「土地柄」は、現代の砂町銀座にも生きているのかも知れない。

「隠亡堀」を訪ねる

七月の暑いこの日、砂町の焼き場跡を探索する前に私は、「砂村隠亡堀」を訪ねた。かつての隠亡堀は、現在では、このニッポン・ゼロメートル地帯で埋め立てと開削が進められた挙句に生まれた、総延長一九七〇メートルの緑豊かな「親水公園」横十間川の一部になっている（図2、3）。清澄通りにかかっている橋に「いわいばし」と大書されているが、『四谷怪談』のお岩に由来する名だと気づく人も、もういないのではないか。

「隠亡堀」への私の関心は、幼時の記憶からというより、物心つくかつかぬから、市村座以来の歌舞伎好きだった両親に連れられて、枡席《ますせき》の隅で六代目菊五郎や初代吉右衛門や七代目幸四郎の舞台になじんでいた私が、大学生になって、時には二つの劇場をハシゴで観て、雑誌『悲劇喜劇』や『演劇界』などに投稿していた時代になってからの、『四谷怪談』への関心によるものだ。

人間をはじめとする、さまざまな水死体を食ってよく肥えたうなぎがとれるのでうなぎ屋の老舗も多い深川の堀で、うなぎを掻くことを生業《なりわい》とする直助が、お岩の簪《かんざし》を引っ掛け、釣糸を垂れる伊右衛門が、お岩と与兵衛の死体が裏表に貼付けられた戸板を引き上げる、あの素晴らしい場面の舞台と

図1

図2

図3

された隠亡堀の跡を、歩いてみたかった。

すでにいろいろな人が指摘していることだが、四谷近辺で、伊右衛門の科白では「早稲田川のあたり」にでも流して来いと言われて流した、戸板に貼付けられたお岩と与兵衛の死体が、神田川を下っていったん隅田川に出てから、東岸の運河に入り、北の小名木川との合流地点などを経て、横十間川にまで流れ着くというのは、ありえないと言ってもいいくらい考えにくいことだ。

前述の亀戸・北砂辺りの死体焼き場との関連で、「隠亡堀」などという縁起でもない名をつけられた堀を、南北はうなぎ掻きを結び合わせて、「うなぎ川」から転じたという説もある小名木川にゆかりの堀川に、設定したかったのではないだろうか。南北が一時隠亡堀近くに住んでいた縁もあって、うなぎ掻きと組み合わせて、お岩の死体を「隠亡堀」に登場させたいばかりに、こういう設定になったのだろう。芝居の人物伊右衛門の供養碑が、親水公園を少し東へ行った川縁にあると聞いたが、私が行った頃はあいにく橋梁工事中で、その辺りに立ち入りできなかったのは、残念だった。

地理上の辻褄はさておき、南北の偉大な狂言作者魂が、『四谷怪談』の隠亡堀を生んだと見るべきだろう。

御輿《みこし》好きの深川っ子

そもそもは小名木川を通じての塩で結ばれてきた行徳と深川の縁で、塩の次に思い浮かぶのは御輿だ。

深川高橋の商店街、昔の呼び名で「夜店通り」を東へ向かって歩いて行くと、突き当たりは行徳だ。

江戸時代「行徳千軒、寺百軒」と言われた程の寺町行徳には、腕利きの仏師や宮大工が集まり、神輿作りも盛んに行なわれてきた。浅子御輿店は、応仁年間（一四六七〜八）創業、現在第一六代の浅子周慶という女性御輿師、江戸初期の彫物大工の後裔後藤御輿店は現在八代目、嘉永元年に創業の中台神輿、昭和三二年（一九五七）創業の宝珠堂など、新旧取り混ぜて多くの御輿造りが、日本全国から注文を受けて制作している。

お祭り好きの高橋っ子が気張って、昭和一二年（一九三七）に行徳の七代目後藤直光作の町会御輿を新調した（図4）。これは、深川と共に歴史の古い氏神天祖神社とも呼ばれる神明宮で昭和九年（一九三四）に注文した、やはり七代目後藤直光作の現存する宮御輿と同型で、神明宮のものは台輪が四尺だが、高橋町会のものは三尺五寸だった。

空襲が激しくなったとき、深川の他の町会では御輿を行徳に疎開させて無事だったが、高橋町会は自前の御輿倉を作って安置したのが仇になって、土地のことばで言えば「燃しちゃった」のだ。神明宮の御輿庫に奉安されていた宮の御輿は、三月一〇日の大空襲でも奇蹟的に無傷だった。

ところで、これは文久元年（一八六一）創業の、御輿・山車・祭具造り東京最大手の七代目宮本卯之助さんから伺って知ったことだが、東京で御輿担ぎが盛んになったのは、明治になって市中に電線が張り巡らされて以来のことで、それ以前は背の高い山車を曳くことが一般的だったという。京都の祇園祭のように、その時だけ山車の通る経路の電線をはずすというようなことが、東京ではできなかったので、大型の山車はやめて、その代わり町内御輿を、水を掛けられたりしながら威勢よく担ぐことが、江戸っ子気質にも合って盛んになったのだそうだ。

浦安と高橋の縁《えにし》

深川、とくに小名木川沿いの人たちが喋ることばは、浦安のことばと共通性が大きいとは、よく言われてきたことだ（浦安市教育委員会発行の『浦安のことば』第二版、平成一二年（二〇〇〇））。大店《おおだな》がなく、人づきあいに分けへだてがないという点では共通するが、高橋は浦安に比べたら職業は多様だ。

それでも、まず挨拶ことばがないという共通点がある。「こんにちは」「いらっしゃいませ」「さようなら」「いただきます」「ごちそうさま」を言わない。高橋で人を訪ねるとき、男なら「いるかい？」女なら「いるゥ？」と言っていきなり入って行く。「低い」が「しくい」「しきー」、「悪い」が「わりー」。

浦安のことばは、江戸川をはさんで隣りあった、市川のことばとも共通点が多いと言う。昭和一七年（一九四二）四月に、わが家が東京を離れて市川市菅野に引っ越し、私が八幡国民学校二年生になったとき、同級生たちが足洗い場で水を足に掛けながら「しゃっけー」というのを聞いたが、これも「冷やっこい」という意味の、浦安ことばと共通の一例だ。

浦安市が誇る郷土博物館の屋外展示「浦安のまち」に、昔、一番通りにあった天ぷら屋「天鉄」をモデルに建てられたという天ぷら屋がある。この店は、山本周五郎が、昭和三年から四年（一九二八から二九）に浦安に滞在していたとき、よく行っていたという店で、小説『青べか物語』にも、主人公の馴染みの店として登場する。

この店に入ってびっくりし、だが嬉しかったのは、注文受け口の上にかかっている品書きの札が、右から車えび、あなご、はぜ、きす、めごち、と並んでいる最後に、私の幼時の記憶にあって懐かしい「ぎんぽ」と書いた札があったことだ（図5）。

ギンポ、ないしギンポウは、当て字で銀宝とも書かれ、ウミドジョウ、カミソリウオなどとも呼ば

図4

図5

れるスズキ目の磯魚で、体長一五〜二〇センチ、扁平で頭が小さく、体表に斑紋がある。日本のあちこちで獲れるらしいが、不用意につかむと背びれで手を切るので、釣り人も捨てる魚で、これを粋がって背開きにして衣をつけ、揚げて食べたのは、どうも浦安から小名木川沿いの深川っ子だけらしい。東京でも、天ぷらダネとして認識されたのは、本山荻舟『飲食事典』(平凡社、昭和三三年、一六八頁)によると明治以降であるという。

今の東京でも、何軒かの天ぷら屋で、とくに旬とされる四、五月を中心に、愛好家のために揚げてくれる店があり、私は懐かしさもあって何度か賞味する機会があったが、取り立てでうまいというものではないことも確かだ。

谷崎の江戸＝東京批判の虚と実

谷崎潤一郎は、関東大震災をきっかけに、江戸時代から何代も暮らした東京日本橋を離れて関西に移住し、「東京をおもふ」という東京への愛想づかしを昭和九年一月から『中央公論』に四ヵ月にわたって連載し、江戸＝東京文化がいかに粗野で浅薄で気障《きざ》であるかを、生まれ育った東京下町への愛着があったからこそ一層痛烈に批判しているのだが、美食家らしく、食味に関して多くのことばを費やしている。私はこの一文が発表された昭和九年(一九三四)の、それも谷崎と違って〝川向こう〟の深川の生まれで、七歳のとき太平洋戦争が始まってまもなく東京を離れているから、私の東京の記憶といっても、場所も時代も谷崎の育った日本橋とはずいぶん違う。だがそれでいて、戦争までの東京下町の生活には――私の生家も、谷崎の生家と同じく、江戸時代からの商家だった――基本的な共通性、連続性があったことに驚かずにいられない。

谷崎が東京の「ヒネクレた、哀れな食ひ物」の例として挙げていて、私も幼時によく食べた記憶があるのは、鮒《ふな》の雀焼、浅草海苔、塩煎餅、佃煮、タタミイワシ、鮫の煮付け、柱のワサビ醤油、シャコの具足煮、神茂《かんも》のスジなどだ。確かに、千住名物だった雀焼、「丸太を輪切りにしたような年輪に似た筋のある」「木で拵えた土瓶敷」のような鮫の煮つけなどは、今思えばずいぶんしみったれた食べ物だし、あまり旨かったとも思えない。ただ、タタミイワシをさっと焙って醤油をかけたのとか、柱のワサビ醤油、神茂のスジやはんぺんは、長いフランス生活、アフリカ生活を経て食味の範囲がひろがった今も好きだし、他に類のない旨さがあると思う。

けれども、いかにも一方的だと思うのは、「江戸前」としてまず指を折るべき鰻《うなぎ》の蒲焼き、握り寿司、蕎麦《そば》を、谷崎が挙げていないことだ。握り寿司と蕎麦は、私の幼時の記憶にはほとんどないが、鰻は、確か当時浜町のあたりにあった伊勢福、駒形の前川などによく連れて行かれ、酒を飲まない子どもとすれば、焼き上がってくるのを座敷で待たされるのがいやだった。

ただ年譜的に見れば、潤一郎が一五歳くらいで谷崎家の家業が決定的に傾き、精養軒主人宅の住み込み家庭教師として中学生時代を送っているので、鰻の蒲焼きや上等の握り寿司などを食べる機会には、恵まれなかったのかも知れない。鰻は宝暦頃から「江戸前」の語と結びついて、隅田川や本所の運河の運んでくる天然の餌は、深川の堀川の鰻の味を良くしたと言われ、『四谷怪談』の直助のような鰻掻きも大勢いたはずだし、名代の鰻屋も多い。八代目桂文楽の十八番『素人鰻』にも登場する鰻屋の老舗「神田川」は、師匠の贔屓でもあった。

海に面した草深い湿地のただなかの俄造りの大都会江戸、そこにめぐらされた堀割や運河——江戸は旨い鰻の大養殖地だったともいえる。その江戸で、背開きにして蒸してから焼く江戸前の蒲焼が開発されたのだ。蒲焼に関しては、じかに焼く西日本風の方が、どぎつく粗野であることは争えない。現に、大阪でも「地焼き」を守っている鰻屋は数えるほどしかなく、寿司と同様、鰻の蒲焼も、江戸前が上方を凌駕している。じか焼きは焼き置きがきかないという営業上の理由から、いまの慌ただしい時世に合わないという面もあるだろうが。

逆に天ぷらでは、胡麻油で狐色に揚げる江戸前——私はこれが好きだ——が、軽い上方風に東京でも押されている。蒲焼きと天ぷらの味の東西相互乗入れは、全体としては「重」から「軽」への現代日本人の好みの変化を反映しているのかも知れない。

谷崎は挙げていないが、彼が知っていたら当然東京のしみったれの代表にされていたに違いないが、私が愛着のあるものとして、ギンポの天ぷらのほかに、小松菜と里芋だけを入れ、鰹節のだしで醤油味の雑煮がある。谷崎は「東京の正月」という談話（『文藝』河出書房、昭和三一年一月号三六～三七頁）で、正月のおせち料理はすべて嫌いだった中で「雑煮の中味は何であったか忘れたが、まあたべられたのはこの位のものだ」と述べている。おそらく小松菜入りの東京風だったのではないかと思う。しかしすぐ続けて、「私は関西風の白味噌の雑煮に粟餅がすきで、今でもこの方をつづけてゐる」と言っている。

幼時の私の家では、暮れに店の若い衆たちが一俵の餅を搗《つ》き、のし餅にして切り、元旦の朝早く火鉢や七輪いくつかで手分けして焼いたのを、お櫃《ひつ》に放りこんでさめないようにしておいて、大鍋に煮立てた鰹節だしで醤油味のすまし汁に小松菜と里芋と一緒に入れる。焼きためた上で大量に煮るのだから、どうみてもお上品とは言えないものだったが、小松菜の爽やかに野性的な風味と、この季節にはもう固くなった里芋の歯触りと、餅の焦げた香りが、醤油味のすまし汁によく調和する。私は今もこの組み合わせの雑煮に愛着を持っていて、道産子《どさんこ》三代目の妻にもこれを作って、一緒に食べてもらっている。日本酒にもよく合う。

酒好きで食いしん坊だった故吉田健一さんも、『私の食物誌』（中央公論社、昭和四七年、一八四～一八五頁）に「東京の雑煮」という一章を設け、小松菜を入れただけの、醤油味の雑煮が、一番餅の味を引き立てる、というより「こうする以外に餅が酒の肴になるということが考えられない」。これで一杯やると、「芽出た芽出たの若松様よ」という気分になると書いている。

文化七年（一八一〇）浪華に生まれ、天保八年（一八三七）に初めて江戸深川に来て習俗の違いに驚き、その後の見聞を記し続けた商人の、嘉永六年（一八五三）の序文のある貴重な記録『守貞漫槁』に記されている、おそらく深川あたりの正月の雑煮の記述にも「江戸は切餅を焼き、小松菜を加へ、鰹節を用ひし醤油の煮だしなり」とあり、幕末にはこの江戸前雑煮の型ができていたように思われる（『近世風俗志（守貞漫稿）』四、岩浪文庫版、二〇〇一、一四九頁）。

それにしても、ギンポのてんぷらと言い、小松菜の雑煮と言い、私たち東京下町人の先祖は、谷崎の言う通り、何と貧相なものに「いき」を見出そうとしていたことか。からっ風の吹く殺風景な荒野に、度々の大火や大水にもめげず、類のない都市文化を創り出した江戸＝東京下町人の痩せ我慢の心意気と、粗野を洗い上げる美意識が、だが私は谷崎とは別の視点から、ひどく好きなのだ。

海と江戸＝東京

隅田川河口で掬いあげた観音様から

世界の大都市には、海や川とのつながりの深いものが多い。人や物を運ぶ手段として、かつては船が重要だったからだが、そればかりでもない。とりわけ江戸＝東京の、海や川との縁の深さは、並大抵ではない。

埋め立てを重ねたあとの現代の東京にも、海辺（江東区）、湊、入船、八重洲（中央区）等の地名が残っているほど、江戸＝東京は海とのかかわりによって成り立ってきた。

推古天皇の三六年（西暦六二八年）というから、日本に仏教が伝来してまもなくの昔だ。今の隅田川、宮戸川の河口、江戸湊辺りで漁師の投網《とあみ》にかかった一寸八分の観音様の像を祀った寺に参詣者が集まり、荒蕪地に町が開けた。

「浅草」という地名もそこから出たという。門前町としての江戸のはじまりだ。

隅田川はその後、平安初期から中期頃に成立した『伊勢物語』九段に、「武蔵の国と下総の国との中に、いと大きなる河あり、それをすみだ河といふ」として登場する。そこで在原業平が詠んだとされる、「名にし負はばいざ事問はむ宮こ鳥…」の歌で、「すみだ河」はひろく世に知られた。千年前のこの歌の記憶は、業平橋、言問橋、言問団子などの名に刻まれて、今も保たれている。この歌を下敷きに、室町中期観世元雅が作った能『角田川』は、後に江戸時代の「隅田川もの」と呼ばれる多様多彩な文芸、芝居、芸能へと展開してゆく元となった。宮戸川＝すみだ河＝角田川の方が、城下町としての江戸よりも、古くから広く知られ、日本人の心に馴染んでいたのだ。

一二世紀後半になって、武蔵の国の豪族、江戸重継《しげつぐ》が館を構えたのが、武士の居地としての江戸の濫觴《らんしょう》とされている。さらに三百年経った長禄元年（一四五七）、歌人としても知られる武将太田道灌が、その跡地に城を築いた。やがて、秀吉が滅ぼした小田原北条氏の領地関東八州に、徳川家康が移封される。家康は天正一八年（一五九〇）道灌の江戸城を大修築してここを本拠とした。

開削と埋め立てを重ねて

家康はまず、行徳の塩を江戸に運ぶ船の水路として、隅田川から江戸川まで、すでに澪《みお》としてあった小名木《おなぎ》川を開削させた。小名木川は、行徳の塩の道としてだけでなく、昭和の初めにいたるまで、利根川水系荒川水系という、関東の後背地の二本の大動脈を、江戸＝東京に結び合わせる上で、重要な役割を果たした。小名木四郎兵衛が開削工事を請負ったところから小名木川という名がつけられたという説もあるが、古くから「うなぎ沢」とか「うなぎ川」と地図にも記されている。ともかく「うなぎ川」と呼ばれても不思議ではないくらい鰻がよくとれた川だったらしい。はるかに下ってだが、四世鶴屋南北の『東海道四谷怪談』（一八二五）に、小名木川隠亡堀《おんぼうぼり》辺で鰻掻きを生業《なりわい》とする直助が登場してお岩の櫛を引き上げるのも、江戸の人々にとってのこの川と鰻の結びつきの深さを反映しているのだろう。

家康が入府した頃の小名木川の南側一帯は、芦や荻の繁る海辺の干潟だったといわれる。家康は摂津から来た深川八郎右衛門に開拓を請け負わせ、地名も深川とさせた。鎮守の社、私の先祖が氏子総代を務めたこともある深川神明宮は、江戸で最も古い社で、十年余り前、四百年祭を祝った。

徳川時代初期に市中の塵芥で干潟を埋め立てた永代島（「夢の島」はその現代版だ）の上にできた富岡八幡の門前町のすぐ南の、現在の永代、牡丹、古石場のあたりは、江戸時代漁師町と呼ばれた一郭で、近年まで漁師や船大工が多く住んでいた。

埋立てといえば、享保年間（一八世紀初め）に、今も千田という町名に名の遺る江戸町人千田庄兵衛が井籠屋万蔵とともに江戸市中の塵芥で深川東部の海辺を埋め立て新田を開いたいわゆる「十万坪」は、歌川広重「名所江戸百景」の『深川洲崎十万坪』（安政四年、一八五七）にも描かれている。この辺は、明治年間には堀や池を利用して養魚池がいたるところにつくられ、当時の地図や随筆を見ても、人間と水と魚の共生する土地といった趣がある。

摂津者は干拓が巧みだったといわれるが、やはり摂津から、家康は、かつて便宜を受けて恩を感じていたという佃村の漁師を隅田川河口の埋め立て地に住まわせ、漁獲の優先権と魚市場での特権、将軍家への納入の優先権を与え、住吉神社を勧請させている。城下町としての江戸で、川や海とのかかわりで最も早く開発された地域と摂津との縁は、深いものがある。

何とも魚くさい、江戸＝東京

摂津佃の漁民が住み着いた埋め立て地は、古くからの町並みが遺る、佃煮の元祖の島として、御輿の水中渡御の祭でも現在まで有名だ。だが思えば、川や海とのかかわりで開けた江戸＝東京は、佃煮に限らず、何と魚くさい都市なのだろう。春先、生鰊《なまいわし》を屋台で立ち食いするのが応《こた》えられないアムステルダムや、川水が汚染される前、鯉を始めとする川魚の市で、セーヌ河岸が賑わったというパリなどに比べても、江戸＝東京の魚くささには格別のものがある。

隅田川の河口から品川沖にかけて、南にひろがる江戸湊でとれた魚は「江戸前」として、とくに珍重された。徳川時代初めには深川にもあった魚市場は、日本橋の市場との関係で何度かの変遷を経たのち、明治に再び独立のものとして認められ、関東大震災（一九二三）以後築地に新設された魚市場に、日本橋の市場と一緒に合併されるまで続いた。私がお話を伺った深川のお年寄りにも、その日に獲れた御台場の牡蠣《かき》や江戸前の魚が露天で景気よく売られる、震災前の「黒江の夕がし」の賑わいを懐かしむ人は多い。

魚河岸の「兄《あにい》」は、江戸っ子の「いなせ」を体現した男として、荒事の団十郎、町火消《まちびりし》と並ぶ江戸の三男《さんおとこ》の一人とされた。町火消は消防夫以上の、江戸っ子の美と倫理の規範「勢《きおい》」の体現者であり、新春の荒事の舞台で、「吉例により、睨《にら》んでご覧にいれましょう」と、江戸市民を浄める司祭だった「団十郎」も、ある種の集合名詞だ。そして魚河岸の「兄」は、単なる魚の商人以上の、江戸市民の美意識の象徴だった。

そもそも「粋《いき》」を意味する「鯔背《いなせ》」という言葉からして、ボラの幼魚イナの背に似た「鯔背銀杏《いなせいちょう》」

という髷《まげ》を、魚河岸の兄がよく結っていたことに由来している。ちなみに、同種の魚であるボラとイナを、和名では成長段階で区別するが、漢字ではボラもイナも同じ文字で表される。

一心太助などという魚屋風情《ふぜい》が、三代将軍家光のご意見番とされた旗本大久保彦左衛門に直言する義侠の者として、講談、芝居、映画のヒーローとして活躍して来たというのも、江戸＝東京ならでは考えられないことであろう。人物として彦左衛門は実在、太助は疑問、話はすべてフィクションとされているが、そのような心意気の人物の活躍が、魚屋に仮託されてもてはやされてきたという事実、腐りやすく活き＝意気＝粋を重んじる魚の商い、家畜の肉を食べず、ご馳走は魚に集中し、しかも金回りの良い江戸で威勢のいい商売になった魚屋が、短気で金離れの良い江戸っ子気質を代弁する、庶民の人気者になったのもうなずける。

初夏の初鰹が、法外な高値にかかわらず、江戸っ子にいかに珍重されたかは、「女房を質に置いても初鰹」の川柳にも表れている。有名な「目には青葉山郭公《やまほととぎす》初松魚《かつを》」（山口素堂）の俳句を土台に、「聞いたかと問えば喰ったかと答へ」（柳多留拾遺一）「目も耳もただだが口は高くつき」（万句合、天明三）などの川柳も生まれた。

御存じ黙阿弥『髪結い新三』で、初鰹を一本三分《ぶ》で新三が買い、「腹皮を大ばなしに、芝作り」の刺身にして一杯やるところへ、さらに上手《うわて》の悪《わる》の大家《おおや》が来て「鰹は半分貰ったよ」と、初鰹の半身に掛けて悪事の手切れ金も半分にしてしまう、その洒脱なやりとりにも、初鰹をめぐる江戸町人の意識が活写されている。この中の科白にもあるように、当時三分の金があれば、単衣《ひとえもの》が一枚買えたのだ。

江戸に出た松尾芭蕉のために、弟子で日本橋の富裕な魚商だった杉風《さんぷう》が、深川六間堀の広大な魚の生簀《いけす》を提供して芭蕉庵を建てたことにも、江戸の魚屋の経済力と教養の高さが表れている。

さらに、下町に縦横に開削された堀川は、海水と淡水の相合う地域で、しかも当時有害な化学薬品をまったく含まない、有機生活廃棄物の養分をたっぷり含んだ、鰻の大養殖場でもあった。背開きにして、白焼きを蒸してからたれをつけて焼く鰻の蒲焼が、享保（一七一六〜三六）頃からは「江戸前」の形容詞と結びつくようになる。深川鰻や池の端の蒲焼が文献に現われるのも、享保年間の『江戸砂子』（一七三五）や、同じ頃の『江戸名所百人一首』からだ。

土用の丑の日に鰻を食べると夏ばてに効くという江戸の鰻屋の宣伝も、深川に住んだ異端の文人平賀源内が安永、天明の頃（一七七二〜八八）に考案したという通説があり、疑問視する向きも多いが、真否はともかく、源内の名と結びつけられるくらい、当時すでに深川辺りをはじめとして、屋台売り、店売りの鰻が多く食べられていたのであろう。

鰻は他にも神田川、千住辺の隅田川でもとれたようで、それぞれ今も健在の、名代の鰻屋「神田川」や「尾花」に面影をとどめている。宮川曼魚の『深川のうなぎ』（住吉書店、一九五三）に引かれている嘉永元年（一八四六）刊の江戸の料理屋の案内書『江戸酒飯手引』には、会席料理から茶漬見世、鮨屋、蕎麦屋にいたる計五八六軒の名が挙げられている。そのうち鰻屋が九〇軒もあり、大半は深川と隅田川、神田川周辺だ。

この頃はもう、江戸の川や堀でとれる鰻だけでまかなっていたわけではあるまいが、江戸という都市における、川・堀と魚料理との縁の深さを感じさせられる。いま東京で蒲焼の老舗である日本橋喜代川、築地の宮川なども、最近まで深川不動前にあった宮川とともに、深川の「江戸前蒲焼」からの分かれであるという。

淡水と海水の逢う都市

鰻も、「月も朧《おぼろ》に白魚の篝《かがり》も霞む春の空」で知られている白魚も、淡水と海水の出逢う水域でよく獲れる魚だ。「月も朧に…」は、黙阿弥が幕末に書いた『三人吉三』（一八六〇）「大川端の場」の両国橋のすぐ北の東岸、横網河岸に立つお嬢吉三のせりふだが、淡水と海水が混じり合う隅田川下流では白魚漁が――尾張から江戸へ移植されたといわれる白魚は、江戸では貴重品ではあったが――行なわれ、明治中期（一九世紀末）までは、両国橋より上流の隅田川で白魚がとれたという（本山荻舟『飲食事典』平凡社、一九五八）。

だが魚以外にも、淡水と海水の出逢う掘割の発達した江戸に向いていたものがある。この世界にも稀な大火災都市に、大量の木材を供給するための貯木場、「木場」だ。海に面した深川南部の埋立地は、寛永の大火（一六四一）以後、日本橋の舟入堀から移された貯木場としての役割を担った。

木曽や紀伊から海路運ばれてくる木材、江戸へ直接下る上野《こうずけ》（利根川水系）や秩父（荒川水系）の筏《いかだ》を仕分けし、虫害に強く貯木に適した海水と淡水の混じる堀の水に浸して蓄え、寸検の後で筏に組み直して、堀川や隅田川を通じて得意先に配送する。上げ潮の隅田川を、夜中に千住まで遡る大筏もあった。

水の上で材木を扱う川並《かわなみ》は、危険を伴い特殊技能を要するが、いなせで恰好のいい職とされていた。大火災都市江戸＝東京で、建材を一手に扱う木場商人は、元禄時代の紀伊国屋文左衛門、奈良屋茂左衛門《もざゑもん》以来、荒稼ぎの筆頭でもあったから、川並も金離れがよかった。

威勢のいいことで有名な、江戸三大祭の一つ富岡八幡宮の祭礼でも、川並は御輿かつぎの花形であり、仕事の上で必ず習う木遣りをはじめ音曲に長《た》け、遊び上手で仲町芸者にもてた。互いに負けじと高価な彫りもので華やかに裸身を飾り、沿道から水をかけるので有名な夏祭の褌《ふんどし》一丁の御輿かつぎは、彫りものを誇示する本祭り、三年に一度の機会でもあった。

仕事の技の修練を兼ねて、仲間同士で競いあう角乗りの妙技…。川並の頭《かしら》は木場では町内鳶の頭より格が高く、また木場の材木商は江戸城の造営以来幕府の御用達《ごようたし》でもあったので、将軍家からも特別の扱いを受けていた。川並は掘割や問屋ごとにいくつもの組に組織され、最大の組で格式も高い「て廣」組の大元締は、名字帯刀を許され、小石《しょうこく》ながら扶持も受ける士分だった。私が知っている何人かの木場のもと川並だった人たちも、身なりは洒脱、話しっぷりも垢抜けていて、いい声で木遣りをうたう、深川っ子を絵に描いたような爽快な男ばかりだったが、生まれつきそうだったというより(「黒潮文化」の影響というべきか、木場には房州出身者が意外に多い)、職業や仕事仲間に共通する一種の規範と、それに基づく若い頃からの集団生活によって、そうした性格や行動様式が形作られ、各人の身についたのではないかと思われる。都々逸、新内、声色、音曲漫淡などで一世を風靡した柳家三亀松(一九〇一～六八)も、木場の川並出身で、道楽でやっていた音曲好きが昂《こう》じて芸人になったのだが、川並の中には成りゆき次第で三亀松になっても不思議ではないような人が、私の知っている範囲でも何人もいた。

木場は、昭和五〇年(一九七五)代になって更に深川の堀の埋め立てが進み、海上に新木場ができるまでの三百年余りのあいだ、江戸＝東京に木材を供給しつづけた。雪の積もる木場の冬景色は、広重の「名所江戸百景」にも『深川木場』（安政三年、一八五六）の題で描かれており、時代では広重にやや先行する葛飾北斎にも、木場を画材とした作品は多い。

舟運による物流

車輪を用いた陸上の輸送が盛んになる前、山地が多いため道路の整備が困難で、高速車両が発達しなかった日本ではとくに、舟による輸送は一時に大量の貨物を移動させる唯一の手段だった。江戸城の石垣も、相州小松石を、現在の神奈川県足柄下郡真鶴町の港から、海路日比谷入江の江戸城真下まで運んだのだが、大型石の大量輸送は、陸路では不可能といってよかった。これまでに述べたような江戸＝東京とその周辺を結ぶ水路の交通網を描いてみると、明治以後陸上の交通手段が発達してからとは、全く異なる地域間関係図が現出する。

江戸時代から、日本の川船を推進させる方法としては、帆のほかは艪《ろ》が最も多く、江戸＝東京の堀川など水深の浅いところでは竿がよく用いられた。

東アジアで広く用いられてきた艪は、日本へは紀元前一世紀頃伝えられた。軽便で、小型船には効率がいいが、人力と技巧を要する。日本ではよく「竿は三年、艪は三月《みつき》」といわれるが、竿は艪よりさらにまた高い技巧を必要とする船の推進法だ。長く、かなり重い檜の竿の梢側の端を胸にあて、船縁《ふなべり》から川底に突き立てるときの角度と頃合いのはかり方が難しい。早すぎれば竿は船の進みと共に川底に突き立って推力にならず、遅すぎれば船頭は前のめりになって竿は流されてしまう。私が子どもの頃、家の前の小名木川を通う「だるま船」（ずんぐりした胴体と、引いて貰わないと自分では動けないところから）と呼ばれる大型の艀《はしけ》を、船頭が両手を放したまま竿を胸で押して、鼻歌を歌いながら船縁を歩いて進めているのを、毎日のように眺めていたときには、なんと呑気で単純な作業かと思ったが、後に木場の故老に竿のむずかしさを聞かされて、単純な道具の一見さりげない使い方の中に、高い技巧を秘める日本の技術文化の思想が、ここにも認められると思った。

川船の船乗り一家が暮らす「せじ」と呼ばれる小部屋は、ふつう二畳かせいぜい三畳で、天井も低く、そこに家族全員、たいていは子どもも入れて多ければ六人くらいが寝るのだから、窮屈で、夫婦の性生活や、思春期の子どもの兄妹関係などにも問題が多かったという。天井の引窓からのぞくと、薄縁《うすべり》を敷いたままごとの家のような座敷に、蒲団から食器棚まで置いてある「せじ」は、子どもの目には、川の上に作られた小さな別世界で、楽しそうに思えた記憶があるが、現実にそこ以外に暮す場所がない水上生活者の家族にとっては、楽しいどころではなかったであろう。

川船で水の上を移動しながら暮す生活において、幼児が水に落ちる危険はたえずあった。戦前、小名木川に面した私の生家に出入りしていた川船暮しの英《えい》さんから、深川の運河を竿で押して航行中、舳《みよし》から艫《とも》まで船縁を歩いて行き、竿を上げて舳に行き、また竿を刺そうと向きをかえてふと気がつくと艫でひとりで遊んでいた子どもの姿がない、急いで船を戻して探したが見つからなかったという話を、私は子どもの頃聞いたのを憶えている。

東京の河川・運河や陸地に近い海で、家船《えぶね》による輸送に携わっていた人たちの数は、昭和一〇年（一九三五）頃の約七六〇〇世帯（一八〇〇〇〇人余り）をピークに、いわゆる高度成長期の昭和四〇年

（一九六五）に三三六世帯、八〇九人に激減している。昭和三九年（一九六四）の東京オリンピックが、東京の市民生活にもたらした、数々の取り返しのつかない「悪」の内の二つ（どちらも、ガイジンに見られてニッポンは野蛮だと思われないための配慮からと、その頃日本にいなかった私は聞いているが）、慳貪箱《けんどんばこ》式の戸別のごみ箱と「だるま船」の禁止によって、私がお話をうかがった深川での船釘作りの名人は、一銭の補償金もなしに突然廃業に追い込まれた。

水上生活者の大きな問題の一つは、学齢期の子どもの通学で、昭和初期のピーク時でさえ、南千住に児童数七〇名程度の私塾一つ、月島の東京水上尋常小學校（五〇名）、南千住の東京水上生活者教化同志會水上隣保館（一六名）で、いずれも月額八円くらいの高い宿泊食事代、学用品代等を取っていた。地上に縁故者がいて寄留させることも多かったようだが、詳しい実態は不明だ（東京市社会局主事、草間八十雄『水上勞働者と寄子の生活』文明協會、一九二九、東京府學務部社會課『水上生活者の生活現状』、一九三三、水上協會・東京水上尋常小學校発行誌『水上』昭和初期から昭和一五年（一九四〇）まで八四号、等）。

江戸＝東京と水の縁については、入水自殺のことなど、書きたいことがまだいくらもあるが、与えられた紙数が尽きた。江戸＝東京住民と水の、危険や不潔も多かったかも知れないが、寄り合って生きていた、かつての相互依存の関係から、人間の側からの一方的な、安全と人工的快適さと効率とを追求する対水行政で、水が窒息させられている東京の現状を憂えて、筆を置く。

3

新しいアフリカを求めて

アニメ「さあれ往時《むかし》の黒ん坊《ネグロ》いまいづこ」を観て

よき野蛮人

パリでみた映画の中に、「さあれ往時《むかし》の黒ん坊《ネグロ》いまいづこ」という凝った題のアニメーション映画があった。いうまでもなく、フランソワ・ヴィヨンの有名な詩の一句「さあれ去年《こぞ》の雪いまいづこ」の「雪（ネージュ）」を「黒ん坊（ネーグル）」にもじっているのである。アンドレ・マルタンとミッシェル・ボッシュという二人が、一九六二年に作った映画で、あまり人目につかないフィルムだったらしく、私は一度は場末の映画同好会の映写会で、もう一度はその後一年以上たって、人類博物館の民族学映画の会でみたのだが、色彩も冴えていて美しく、絵もストーリーもユーモアたっぷりで、たいへん愉快な映画だった。

その物語は次のようなものである。民族学者と自称する男が出てきて、伝統文化は近代的生活のために危機にさらされている、と叫び、フランスでよく、「植民地かぶと」とあだ名されている熱帯用ヘルメットをかぶり、カメラや録音機をさげてアフリカへ出かけてゆく。着いてみると、黒人の子どもが西部劇ごっこをしていたりして、彼はちょっととまどうが、奥地に入って行って、念願のはだかの黒ん坊に出あう。「民族学者」は、さっそくカメラをとり出し、黒人の写真をあちらこちらと角度をかえてとり、計測器を出して、顔や身体の寸法をはかる。のど自慢の男の歌も、ぬけめなく録音する。

ある酋長のところへ行き、部下にダンスをやらせるように頼む。酋長はまず金を要求し、それを受けとって、承知という。「民族学者」は汗だくになりながら、大いに張りきってあちこちにマイクをとりつけ、何台も撮影機をすえて、黒ん坊の伝統的ダンスを記録する。ところがこのダンスたるや、白人の観光用にこしらえたもので、一人の男が、横につないだ楯と人形を動かしてライン・ダンスにみせかけているのである。しかも、ときどき、音楽もダンスもぴたりと止まってしまう。そして「民族学者」が、酋長の横においた箱に金を入れると、ダンスはまたはじめられるという具合である。

とにかくこうして、この「民族学者」は、アフリカの「秘境」の数々の記録をもってフランスに帰る。そして、映画会や講演会をひらいて大喝采を博する。やがて、アフリカの「秘境」が独立国となり、新しい国旗がするすると掲揚される。かつての「秘境」ではだかで歌をうたっていた男も、洋服を着てパリにやってくる。ある日、彼が街を歩いていると、「秘境」講演会が催されている。入ってみると、そこで大喝采をうけているのは、なんと、彼がアフリカで歌っていた歌の録音なのだ！　彼はすぐに、著作権管理局にかけこみ、著作権侵害を訴える。彼が歌ってみせると、録音とまったく同じなので、「民族学者」は莫大な罰金をとられ、黒人は意気揚々と国へ帰る。

いまはすっかり落ちぶれてしまった「民族学者」は、手まわしオルガンを押しながら、哀れな歌をうたって裏街を流して歩いている。そこへ、アフリカの新興国から、りゅうとした洋服を身につけ、眼鏡をかけ、カメラや録音機をさげた黒人の二人連れが通りかかり、おもしろい白人風俗とばかり、カメラをかまえてこの「民族学者」の写真をとり、歌を録音する。アフリカ人の二人連れが帽子をちょっと持ちあげ、会釈して立ち去ったあと、われにかえったフランス人「民族学者」は、あわてて著作権侵害の訴えのために、かつて自分が訴えられた管理局にかけこむ……。

こういうストーリーで、アフリカ人を標本のようにしか考えていなかった白人の「民族学者」、彼の求めていた「よき野蛮人」ではなかった現実のアフリカ人、アフリカの独立に伴う立場の逆転などが、諷刺たっぷりに描かれていてたいへんおもしろかった。そして、そもそもこういう主題のアニメーション映画がフランス人の手で作られたということや、その映画を、現代のパリで、フランス人とアフリカ人の観客が一緒に楽しんでみているということ自体の中に、ヨーロッパ人とアフリカ黒人の何百年来の問題が、二重三重に屈折した形でかくれているのを、私は感じずにはいられなかった。

まず、題名の「往時《むかし》の黒ん坊《ネグロ》」という言葉に端的に示されている、「こんな風になる前の黒ん坊」という白人側の感覚はたいへん興味深い。そこには、外見はちがうが、本質的には一つの根をもっている二つの黒人観が、同時にひそんでいるように思われる。

一つは、一八世紀啓蒙思想の時代に好んで用いられた「よき野蛮人（ボン・ソーヴァージュ）」という言葉に集約されている、文明化＝堕落していない自然人への一種の空想的讃美であり、もう一つは、奴隷貿易や植民地搾取の時代を通じて白人がもち続けてきた、知的にも道徳的にも劣等で、ただおとなしく白人に奉仕していればよい「黒ん坊」のイメージであろう。そしてこの二つの顔をもったヨーロッパの黒人観は、互いに規制したり矛盾したり、ときには正当化しあったりしながら、ヨーロッパ人とアフリカ人の数百年のなまなましい交渉の歴史の底を流れ続けてきたのであろう。

一八世紀フランスの啓蒙思想家たちが「よき野蛮人」を讃え、ディドロが「野蛮人は、その休息と安全がおびやかされていないところでは、けがれなく、温和である」(『ブーガンヴィル世界周航記』附録)と書き、ド・サンピエールが、熱帯の野性的な生活に頌歌を捧げていた頃、フランスのナントやボルドーといった港町は、おびただしい数のアフリカ黒人奴隷の貿易で富み栄えていた。奴隷貿易といっても、それは、汚れた手を大西洋の水できれいに洗ってしまう、いわゆる三角貿易であった。ヨーロッパから運んでいった安物のガラス玉や鉄砲や火薬で、主として西アフリカのギニア湾沿岸の諸地方の黒人奴隷を買いとり、奴隷を新大陸へ運んで香料を仕入れ、それをヨーロッパで高く売ったのである。

私はヨーロッパでインテリから、何度もこういう弁明を聞かされた——アフリカの黒人たちは、われわれが行く前からすでに野蛮な奴隷狩りの習俗をもっていた。われわれはただ、その奴隷を買いとって、多量の労働力を必要としていたアメリカへ売ったにすぎない……。

しかし、アフリカに向けられたヨーロッパの二つの顔を矛盾なくつなぎあわせ、ヒューマニズムの化粧を施すのは、なかなか骨の折れる仕事のように思われる。フランソワ・モーリアックは、一九六〇年ローマで開かれた「アフリカ文化と西洋文化」を主題にした国際円卓会議で、次のように発言している。

「ヨーロッパ人は、黒人を手段として、ヨーロッパ人の用にあてる物として売買した。しかし同時にヨーロッパ人は、黒人の貧しい者さえ、いやとりわけ貧しい者たちを、それ自体一つの目的としてとりあつかった。人的資源、人的物資として、ヨーロッパ人は黒人を消費し、濫費した――たしかにそのとおりである。しかしながら、ヨーロッパ人は、数多くの黒人に、ただ一つの霊魂の絶対的な価値を啓示してみせたのである……」(「コンプランドル」二一―二二号)。こうなると、カトリック教徒でない私は、ほんとうにそうだったのだろうか、と考えこんでしまう。

そして、モーリアック氏の時代からつい五世紀ほど前に、カトリックの教えによって野蛮人の霊魂を救うためと称して、アフリカ北西部に侵攻して行ったポルトガル人たちの所業を思い出さずにはいられない。

「ポルトガルの遠征隊員たちは――と当時のポルトガル王室づき歴史記録家のズララは記している――ポルトガル人の姿を見つけたモール人たちが、妻や子を連れて全力をあげて小屋から逃げ出して行くのを見た。……ポルトガル人はモール人たちに襲いかかり、できるだけたくさん殺したり捕えたりした。そのときのありさまといえば、母親は子をすて、夫は妻をすてて、ひとりひとりができるだけ速く逃げようとしていたのである。ある者は海にとびこんで溺れており、ある者は小屋の中に逃げこもうとし、他の者は海草の下に子どもを隠そうとしていた。彼らはそうすれば子どもたちが助かるとでも思っていたらしく、すぐにポルトガル人に見つけられてしまうとは考えていなかったのだ。結局、一切の善行に酬いたもうわれらの主なる神は、隊員たちが神への奉仕のために、この日に払った労をねぎらって、隊員たちがその敵に対して完全な勝利を得ることをお望みになり、かつポルトガル人に報酬をお与えになった。すなわち、ポルトガルの隊員は、男、女、子どもあわせて一六五人ものモール人を捕えたのである。しかもこの中には、隊員が殺した者や、逃げそこねて死んだ者は含まれていない」（『ギニア年代記』一九章）。

このようにして各地でくりかえされた殺戮と捕獲の結果、ポルトガルに連れ去られ奴隷として売り払われたアフリカ野蛮人たちは、「かつては、彼らの霊魂も肉体も堕落し、救われないままであったのだが、以後彼らはまったく逆の人生を歩むことになった」（同書、二六章）のだそうである。

そして北西アフリカで捕えられた二三五人の黒人が、はじめてポルトガルのラゴスに陸揚げされ、奴隷として売られてから半世紀あまりたった一四九八年、ローマ法王マルタン五世は次のような教書を公布した。「地はキリストのものであり、キリストの代理者である法王は、キリスト教徒によって占拠されていないあらゆるものを意のままにする権利をもっている。異教徒は、地のいかなる部分も所有することは許されないであろう」。この時以来、奴隷狩りや奴隷貿易には、布教の口実すら必要でなくなった。そして一五〇〇万から二〇〇〇万人の黒人を新大陸へ運び去ったといわれる奴隷貿易の時代のあと、一九世紀の内陸探検と、ベルリン会議以後のヨーロッパ列強による植民地分割・支配の時代がつづいた。

一九二五年に中央アフリカを旅行したアンドレ・ジイドは『コンゴ紀行』の中で、殊更と思えるほど、蝶の採集や読書について語り、その旅が何よりも彼の個人的なたのしみのためのものであることを印象づけ、一方、アフリカで彼が見た「白人の堕落」をはげしく弾劾している。あるいはこのような態度が、当時の白人としては最も矛盾の少ない、そしてある限られた意味においては誠実な態度だったのかもしれない。現代のフランスのインテリの中にも、一八世紀の「よき野蛮人」の信奉者ほど夢想的ではないにしても、「こんな風に」なる前の黒人とその文化を讃美する人たちは大勢いる。

そういう人たちは、アフリカ人からは、農民を愛好するお坊ちゃん地主に対するような語感をこめて、「黒人びいき（ネグロフィル）」とよばれている。

再び映画の話になるが、民族学者で、アフリカの記録映画作家としても著名な、フランスのジャン・ルーシュの「ローズとランドリー」という短篇映画の映写討論会で、私は象徴的な出来事に居あわせたことがある。それは、私も会員になっていた、「アフリカの認識」という学生サークルがパリで主催した会での出来事で、映画上映のあと、作者のジャン・ルーシュ氏も交えて、フランス人、アフリカ人の学生が活発に討論をしているときだった。「黒人びいき」の一人のフランス人学生が立ち上がって、この映画には、アフリカの伝統的生活と西欧的文化の相剋が描かれているが、アフリカ人はあくまで彼らの美しい伝統をまもるべきだ、といった。

ところが、そこに居あわせた黒人学生は一斉に反対し、アフリカの新しい国が、国土を開発し、アフリカ人が生活を向上させてゆくためには、伝統を犠牲にしても、ヨーロッパの技術・文化を導入し、近代化を徹底させてゆくべきである、と反論した。ヨーロッパ人がアフリカの伝統文化を擁護し、アフリカ人がヨーロッパ文明を支持したのである。そしてわずか五ヵ月ほどだがアフリカを見、パリでも多くのアフリカ人の友達と議論をしていたアジア人の私にも、このアフリカ人学生の気持ちは、少なくとも私なりに理解できるような気がした。たしかに、経済開発と教育の普及、生活の向上に全力をあげているアフリカの青年たちにとって、かつての奴隷商人、植民地支配者であったヨーロッパ人の、趣味的な文化相対論などは、無用の空論に思われるのであろう。

コオペラシオン

ともあれ、歴史は容赦なく進展し、アフリカの黒人は、ヨーロッパ人にとって、もはや「往時《むかし》の黒ん坊《ネグロ》」ではなくなってしまった。ジャン・ポール・サルトルは、かつては白人に「見られている」存在にすぎなかったアフリカ人が、独立の政治的な主体としての存在を主張しはじめた状況を理解し、ジイドやサンゴール等とともに創刊した、アフリカに関する思想雑誌を、「プレザンス・アフリケーヌ（アフリカここにあり）」と名づけることを提唱したのであった（一九四七年）。それでは、アフリカ人はどのような意味で、「往時《むかし》の黒ん坊《ネグロ》」でなくなったのか。

アフリカのかつての植民地が独立国になって以来、フランスでは、植民地支配という言葉のかわりに、「コオペラシオン」つまり「協力、協働」という言葉が好んで用いられるようになった。一九六一年には、協力省（ミニステール・ド・ラ・コオペラシオン）が設置され、「サハラ以南のアフリカ諸国とマダガスカル共和国に対するフランス共和国の援助と協力（コオペラシオン）の任務を担当する」ことになった（フランス政府の一九六一年六月一日付法令）。アフリカ研究のために留学したフランスで、この「コオペラシオン」というどこかこそばゆい言葉をあちこちで聞くうちに、私は、最近の日本で、かつての「女中さん」が「お手伝いさん」と呼ばれるようになったことを思い出した。しかし、これは単に言葉のこそばゆさからの連想だけでなく、内容においてもある種のアナロジーを発見できるかもしれない。「女中さん」は一種の年季奉公で、衣食住も主人に依存し、生活のほぼ全般にわたって、奉公人としての束縛をうけていたが、「お手伝いさん」は、相互平等の自由契約で、通いで、契約による労働以外は生活を拘束されない。「女中さん」は住込みの年季奉公の性質上、多少無理をいわれても、かんたんに主人の家をとび出すわけにはゆかなかったが、「お手伝いさん」なら、雇用主に対して要求や不満があれば、契約を変えるか取り消すかすればよい。

ところで、アフリカの新しい国々は、完全に独立で旧宗主国との関係は平等で自由な契約に基づいており、契約以外に拘束を受けないようになったであろうか。非常に大がかりな議論を要するこの問題に関連して、ここでは、私にとって印象深かったある講演・討論会の模様をスケッチしてみたい。

その講演・討論会は、今年（一九六五年）の三月一七日夜、パリの、フランス人学生はじめ各国留学生の宿舎の集まっている大学都市で、フランス政府の「コオペラシオン」担当大臣レーモン・トリプーレ氏を迎え、アフリカ人、ヨーロッパ人の学生はじめ世界のさまざまな国の学生約一五〇人が参加して行なわれた。テーマは「非植民地化からコオペラシオンへ」。

トリプーレ大臣は、かつてのレジスタンスの闘士で、ゴーリスト。一九六二年末からドゴール政権下のポンピドゥ内閣で、コオペラシオン大臣をつとめている。小柄だが、精力的で野性味があり、こまかく数字をあげて話をする。まず、トリプーレ氏が約一時間、コオペラシオンの沿革と諸問題について講演をした。

トリプーレ氏は、非植民地化の努力は、フランスにとって困難な苦しいものであったといい、アルジェリアの例をみても、それは理解されよう、と述べた。しかし、植民地解放の理念は、フランスでは決して新しいものではなく、すでにナポレオン一世が一八一六年、セント・ヘレナで、イギリスはじめヨーロッパ各国の政府に植民地解放を勧告している。植民地の解放が実現されたいま、旧植民地であった低開発国を援助するのは、工業化された旧植民地宗主国の義務である。フランスは旧植民地である低開発国の援助のために、公的な援助だけでも毎年国民総生産の「一・六〜一・八パーセントを支出しているが、西ドイツは〇・七パーセントにすぎず、イギリスはフランスとドイツの中間くらいである。フランスでは、このほか旧植民地への私的な投資もこれとほぼ同額にのぼっている。

このように概観したあと、トリプーレ氏は、援助——主としてFAC（援助・協力基金）——の分配とその成果について、詳しい数字をあげて説明した。数字はここでは省略するが、国立統計・経済研究所で基礎的な資料を集めて分析したのち、援助協力対象となるアフリカ一七ヵ国から、開発計画担当者が毎年一回パリに集まって協議し、基金の配分をきめる。

こうした経済協力の成果の最も著しいのはガボンで、一九五九年から一九六三年の間に国民総所得は二〇パーセント増加した。次がコート・ディヴォアールで、トリプーレ氏は、コート・ディヴォアールの開発の努力を最上級の言葉で賞讃し、「コート・ディヴォアールはもはや『開発途上の国』ではなく、『開発された国』である」と言った。農産物の生産の増加も著しく、フランスとの「協力」以来、これらの国では、木綿は七九パーセント、カカオは五八パーセント、コーヒーは四一パーセント、それぞれ生産が増加した。

このようなフランスとアフリカの旧フランス領植民地との「協力」は、一九六三年、トリプーレ大臣がフランス全権として調印したヤウンデ協定によって、新しい段階に入った。つまり、一九五七年のローマ協定では、アフリカのこれらの国々は、フランスの植民地としてヨーロッパ経済共同体と連合したのだが、ヤウンデ協定によってそれらのアフリカ諸国は独立国として、自由意志に基づいてあらためてヨーロッパ共同体六ヵ国と連合することに同意したことになるのである。これに伴って、アフリカ諸国はヨーロッパ六ヵ国からの共同の借款を、主として生産物の多角化のために受けられるようになった。

以上のように述べたトリプーレ氏は、フランスは、コオペラシオンにおける人間の協力体制を重視しており、協力省の予算の五〇パーセント以上は、アフリカでの教育と技術援助のための人の養成と派遣のために使われていると述べ、「ここに来ておられる文明国の若い諸君には大きな活動の場がひらかれている。そこで諸君は、人間的な温かさをもって、両腕をひろげて迎え入れられるであろう」と結んだ。

これに続いて質疑応答が行なわれた。大臣は、まず質問を全部受けたあとで一括して答えたい、と言った。白人の学生三人、黒人学生三人、アルジェリア人学生三人が質問した。白人学生の質問は、アフリカの英語圏諸国とフランスとの関係についてのほかは、こまかい数字に関する質問だったが、三人の黒人青年（いずれも男子）の質問は、いずれも、大きな問題をはらんだ、そしてかなりきびしい調子のものであった。

一人は、「協力」の哲学は何か、また「協力」がアフリカ民衆にどんな利益をもたらすかを具体的に示してほしいといい、他の一人は、将来いまの「低開発国」が「開発国」になったら、「協力」はどうなるかとたずね、もう一人は、「コオペラシオン（協力・協働）」というからには、アフリカ側からヨーロッパへの寄与もあるのだろうか、と質問した。

これに対して、トリプーレ大臣は、まず「協力」の哲学については、アメリカの平和部隊が、アフリカ人を「教える」態度をとっているのに対し、「平和部隊」に対応するフランスの「進歩のための志願者」は、アフリカ人ともっと密接な人間的接触を保ちながら、彼らと共に働くことを根本精神としていると答えた。また、アフリカからの寄与は、何よりも、文明に染まっていない自然のままの人間の活力である、といささか「よき野蛮人《ボン・ソヴァージュ》」の思想をうけついだような――大臣自身が本気でそう考えているかどうかは別として――ことを述べた。

しかし、この話の途中、大臣のどういう発言のときだったか、聴衆の黒人青年の中から、「アフリカの統一を妨げているのはフランスだぞ！」というヤジがとんだ。ヤジに興奮した大臣は、テーブルをたたいて、「アフリカの政治上の困難は信じられないほどひどいものだ、とてつもないものだ」と言いかえし、「困難の原因はアフリカ各国の政府にある。もし、各国の指導者に、アフリカの統一を希望するかときいたら、否《ノン》というにきまっている」と激昂した口調で言った。

このヤジが脱線のきっかけになったのか、興奮した大臣は、「フランスは、それを求めてくる国としか協力《コオペレ》しない」といい、共産党中国やアメリカは、まず商品を売りこみ、その売り上げでアフリカ諸国の開発のために投資をする。しかしフランスのやり方はちがう。もっと相互平等の精神に基づいている。昨日も私はモディボ・ケイタ氏〔マリ共和国大統領〕に会ったが、彼の政治的主張はフランス政府のそれとは明らかにちがうが、しかしわれわれは協力《コオペレ》することはできる……」。

会場の空気が熱をおびてくるにつれて、あちこちから黒人青年の、きびしい語調の質問がおこった。その一人は、「オペラシオンは一体フランスの利益のためなのか、アフリカのためなのか」とぶっつけるように聞いた。大臣が、「決してフランスのためだけではない。もしフランスの利益のためだけなら、こんなに多額の金を浪費しているという非難〔一九六四年頃からフランスの一部におこった批判〕

をうけないだろう。アフリカに橋をかけたり学校を建てたりするより、その金でフランスの学校を建てた方がいいからだ」と答えた。ガボンの青年が、「大臣はさきほど『協力』によってガボンの経済が発展しているといったが、フランスとの『協力』で豊かになっているのはほんの一部の者だけであり、その富の国民への分配は正しくなされてはいない」と言い、「大臣は、いまのガボン政府が、真にガボン国民を代表していると思うか」と訊ねた。その時から一年余り前、つまり一九六三年二月に、ガボンのレオン・ムバ政権に対するクーデタが、フランスの軍事介入によって鎮圧された事件が、まだ誰の記憶にもなまなましかっただけに、この質問で会場の空気はさらに緊張した。

トリプーレ氏「ムバ政府は疑いなくガボン国民を代表していると思う。もしそうでなければ、たった数千のフランス軍パラシュート部隊でどうして反乱を鎮圧できたろうか。フランス大革命のとき、数千の外国軍隊が介入して革命をおさえることができたかどうか考えてみるがいい」。……しかしこの比喩はどうも変だ……。黒人学生は騒然となり、ヤジがはげしくなった。白人学生の何人かは、まゆをしかめて、黒人学生に向かって「出てゆけ！　出てゆけ！」とどなった。

騒然となった学生たちに、大臣は「コオペラシオンはフランスのみの利益のためではない。これはフランスがその友と手をとりあって行なっている現代の十字軍事業だ」といい、「コオペラシオンの哲学は、現実主義の哲学だ」と結んで、これで質疑応答をうち切るといった。黒人青年から、討論続行を要求する声があがったが、トリプーレ氏は「大臣はたいへん親切に回答しました」とかなり感情的な口調で言い、「君たちと一晩中議論するつもりはない」と言いすてて、主として黒人学生のヤジと、主として白人学生の拍手のうちに、演壇のすそから、主催者のフランス人学生にまもられるようにして退場した。

討論会の叙述が長くなりすぎた。「コオペラシオン」の現実とその問題点をやや立ち入って考えるには、たくさんのデータと長い議論が必要だ。しかし私のかぎられたアフリカでの見聞の範囲内でも、農業改良とその普及の結果生産が増大している落花生、木綿などは、たしかにそれによってアフリカ農民たちの零細な家計にいくらかの現金収入をもたらしてはいるが、そうして生産されたものの買付けや商品化は、一切、CFDT等、植民地時代以来のフランスの繊維・油脂会社の手でなされている。一方、現地の産物は国内需要をみたすに十分なだけ加工・流通が行なわれていず、植民地時代からの長い歴史を誇るSCOAなどのフランス商事会社を通して、ヨーロッパから流入する製品が、アフリカ人の日常生活の中にますますひろく浸透しているのである。金融や教育（初等教育からフランス語のみによる教育の徹底）が、いかにフランスの圧倒的な影響の下にあるかについては、ここでは触れない。

今年の四月のある朝、まだパリにいた私が自室でラジオを聞きながら朝食をしていると、ニュースが次のようなことを伝えているのが耳に入った。——復活祭の休みに、アフリカ人とマダガスカル人の留学生の一団が、ノルマンディーのある田舎で、フランス人の一般家庭に迎え入れられてたのしい数日をすごした。これはこの種の二度目の試みである。四月一一日に行なわれた歓迎会で、アフリカ人学生が、モリエールの芝居を上演した。出席したトリプーレ協力大臣は、次のように演説した。

「アフリカとマダガスカルの学生は、都会の環境にはよく適応していない。しかし田舎では、彼らはより容易に人々に接し、フランス文化およびフランス人の何たるかを理解することができよう。黒人によるモリエールの戯曲の上演——これによっても、フランス文化がいかに普遍的《ユニヴェルセル》なものであるかがわかるのである……」。

たしかに、現代のアフリカ人は、もはや「むかしの黒んぼ《ネグロ》」ではなくなった。しかし現実には、アニメーション映画の物語のように、白人と黒人の立場は決して逆転などしていない。よりよい未来を築いてゆくためには、アフリカ人の側にも、多くのきびしい試練が課されていよう。映画の中で、いかにもフランス人の作者らしい気のきいたタッチで描かれている白人と黒人の立場の逆転を、心あるアフリカ人なら、決して単純に笑って見てはいられないであろう。

パリのアフリカ人

テオフィル

テォフィル・ジョンソン——この古めかしいひびきをもった、そして、やわらかいフランス語を話している人間にしては不釣合な感じの名前の黒人青年と、私がはじめて知りあったのは、フランスから私が三度目にアフリカにゆく船の中であった。フランス人やベルギー人、オランダ人の友だちと一緒に、私はボルドーから西アフリカ海岸づたいにコンゴのボアント・ノワールまでゆくフランス船に乗りこんだが、キャビン・クラスの小部屋の、四つあるベッドの、私の下のベッドにあたったのが、テオフィルだった。

最下等船室の相部屋のよしみで、私たちはすぐに親しくなった。はじめにきいた彼の名前から私が想像したとおり、彼はトーゴ出身であった。東南部のミナ族の出で、後に彼が家族の写真をみせて、問わず語りに私に話してくれたところでは、父親は郵便局に勤務していたこともあり、子どもの教育に熱心な人らしい。テオフィルは、片言の英語を話すだけで、ドイツ語は全然できないが、父親はドイツ植民地時代のなごりで、ドイツ語を話すという。これもドイツ領時代の影響で、一家はプロテスタントだということであった。

テオフィルは、私費で三年前にパリにゆき、エール・フランスの事務所でアルバイトをしながら、応用法学研究所で勉強をしている。夏休みを利用して、三年目にはじめて帰省するところだが、ロメにフィアンセがいて、秋には彼女と一緒にパリに戻り、また法律の勉強をつづけるという。トーゴの写真館でとったらしいあらたまったポーズのフィアンセの写真を出してみせてくれた。一〇月に試験を受けるのだといって、船旅の間も、毎朝早く起き出して、パジャマ姿で勉強していたが、そのために、朝五時頃から船室共通の電灯をつけてしまうので、同室のベルギー人友だちなどは大いに困って、自分のベッドに寄った方の電球をはずしたりしていた。

テオフィルは、親しみやすい気質の延長として、こういう自他の区別に無頓着なところがあった。自分の石ケンがなくなったからといって、船内で買わずに、流しにおいてあった私の石ケンをずっと使っていたりした。しかしとにかくたいへん気立てのいい、当時二九歳だったが、ナイーヴなところのある青年で、ボルドーからアビジャンまでの一二日間の船旅の間（私はアビジャンで降り、彼はロメまで行ったのだが）、私たちは、ずいぶんいろいろなことを語しあい、たのしかった。テオフィルは、パリで買ったという日本製トランジスター・ラジオを愛用し、トーゴという名前の連想でおぼえやすいのか、日本の提督《アミラル》トーゴーと日本海海戦のことなど知っていた（東郷元帥のことは、他にも何人かのアフリカ人が知っていた）。

七月の末にアビジャンでテオフィルと別れ、その後私はコート・ディヴォアール、オートボルタ、マリ、セネガルなどを調査したり旅行して、一二月にパリに帰るまで、ときどきテオフィルはどうしているかなと考える程度で、忙しさにまぎれて彼のことはほとんど忘れていた。

一二月に、凍りつくように寒いパリの学生街でばったりテオフィルと出会った。彼はロメで結婚した夫人のエステールを連れて一〇月にパリに戻り、エステールはパリのあるスーパーマーケットの売子の口をみつけ、テオフィルはパリ大学法学部の事務でアルバイトをしながら、法学部で勉強しているという。ゆっくりいろいろ話したいし、エステールを私に紹介したいというので、何日か後に、テオフィル夫妻を私の部屋に招待した。

エステールは、パリ娘が冬によくはくブーツをはいて、はじめての北国の冬をしきりに寒がっていた。スーパーマーケットの売子の仕事は、勤務時間が長く、立ち通しで、とくにパリの生活に不慣れな彼女には、かなり疲れる仕事らしかった。朝が早いからといって、二人はその夜は早目に帰って行ったが、テオフィルの勉学のために、はじめてのパリで働いている、目が大きくて無口なエステールの後姿に、私はふと「健気《けなげ》」という日本語の言葉を想った（フランス人の中での生活では、そういう言葉を一度も思いついたことがなかった）。

＊

テオフィル夫妻とは、その後いろいろな機会に会い、いろいろのことを話した。テオフィルは、その学期からは、パリ大学の法学部のほか、政治科学研究所にも籍をおいて勉強していた。政治科学研究所のゼミナールで「アフリカ文化の恒久的価値」という題で報告をすることになったといって、私のところへ参考書を借りに来たこともあった。バカロレア（大学入学資格）は、トーゴのロメでとったが、トーゴにはまだ大学がなく、なんとかしてフランスでリサンス（学士号）をとりたい、しかしそれほど専門化した研究をする意思はなく、学士号がとれたらすぐ故国へ帰って実務の面で働くのだ、といっていた。

エステールがパリに来て、二人ともほんとうに幸福そうだったが、しかし経済的には生活はますます苦しくなったらしい。とくに、エステールが来た翌々年の七月にはじめての女の子が生まれてからは、法学部の事務のアルバイトだけではとうてい収入が足りず、テオフィルはあちこち奔走した末、PUF（フランス大学出版）の発送係として、毎日午前八時三〇分から午後一時まで、午後二時から五時三〇分まで働くことになり、講義は夕方から夜にかけてのものしか出席できなくなった。仕事は、郵便で注文された本を書庫から探し出して検査係にまわすことで、月給は六五〇フラン（邦貨約四万七千円。ただし、物価も月給も日本よりはるかに高いパリでは、ほんのお嬢さん仕事のBGでも七、八万の月給は普通である）。二月に会ったときには、いま三月の試験が近づいたので、仕事は午後だけにしてもらい、午前中は法学部の図書館に通って勉強しているが、月給は三〇〇フランに減らされた、といっていた。

エステールも、より収入の多い安定した事務系の職をさがすために、スーパーマーケットはやめて、メカノグラフィー（タイプ、謄写器、計算器などの操作）の講習に通っている、あと一ヵ月ぐらいでその免状がとれそうだ、といっていた。赤ん坊のテオドラを区営の託児所にあずけるので、その料金だけで、月二〇〇フランとられる、という。

トーゴ政府や、FAC（援助・協力基金というEECの基金）の奨学金はもらえないのか、ときくと、いま望みがないという。いろいろ話してみると、テオフィルは法学の学生としてそれほど優秀な方ではないらしい。肝心の学士号の方も、こんなにアルバイトが大変ではいつとれるのか、ちょっと見通しが立たないようだ。テオフィルもエステールも、パリの生活が好きでそれを楽しんでいるわけではなく、早く明るい太陽と緑のあふれる故国へ帰りたがっているのだ。しかしテオフィルは学士号をとるまではパリで頑張るという。

私は、テオフィル夫妻と親しさを増し、二人が好きになるにつれ、目に見えない根本的なひずみや無理が、二人のパリの生活に集中して現われているような気がして、悲しい気持ちになった。彼らの目からみれば、日本とはさしあたり大して縁のないアフリカのことを研究するために、フランス政府の奨学金をもらい、帰国すれば大学で働くことができる私などは、いかにもヌクヌクとした存在に見えたことであろう。

テオフィルには、たいへん律気なところがあって、私が夫妻を部屋に招待したあと、法学部のそばの、学生のよくゆく安い中華料理屋で二人で一つの皿をつつきながら私につつましい御馳走をしてくれたり、私のことも、「あなた」（ヴー）で呼んだり、年下の私に向かって、ふつう友達同士のように、ジュンゾウと呼ばないで、ムッシュー・カワダ、と言ったりするので、こちらがごく普通に「君」（テュ）で話すのに気がひけるくらいだった。

テオフィル夫妻は二度、私を彼らの部屋によんで、手作りのスープや、マカロニ料理や、トーゴ産のタピオカ料理で心のこもったもてなしをしてくれた。パリの東北のはずれの、石ケンやタバコの工場やアフリカ人労働者の住居の多い一九区の、古ぼけた建物の屋根裏の小さな一室が一家の住居で、パリの私の部屋の三分の一もないような狭さだった。その一部屋も、簡素なダブルベッドと衣装ダンス一つでもう一ぱいで、低くななめになった天井がおわって窓がついているところに、一家の食卓とテオフィルの勉強机と兼用になっている、巾五〇センチくらいのそれこそ小さな台があり、その右手の一区切りが流しとブタンガスのコンロの台になっている。

私が食卓につくと、テオフィルとエステールはもうテーブルに向かえない。テオフィルがスープを温めると、エステールが給仕をする。エステールは赤ン坊のお守りをしながら、テオフィルと並んでベッドの端に坐って、言葉でいろいろともてなしてくれる。そうしたすべてが、いかにも親身で心がこもっていた。アフリカのトウガラシでからく味付けした汁で牛肉のブッ切りを煮こんだものをカットマカロニにかけたお料理を、私がうまいうまいといって平らげると、二人はもっと食べろといって、戸棚にしまってあった、おそらくエステールにとっておいたと思われる分まで出してすすめてくれた。

テオフィルの住んでいる一九区の、工場やアフリカ人の出かせぎ労働者街のあたりを、いつか二人で歩いたことがあった。西アフリカで、田舎町の市場でも売っている「ジョブ」というタバコや、「サン・ルイ」という角砂糖などの工場がそこにあるのを知って私はびっくりした。アフリカでアフリカ人が買うタバコや砂糖は、パリで、アフリカ人の出かせぎ労働者の手で作られているのだ。

日本に帰って以来、日本的多忙に追われて、私はテオフィルにもエステールにも御無沙汰をしている。テオドラはもう歩けるようになったろうか。私がパリを発つとき、まだ職の見つからなかったエステールはもうどこかで働いているだろうか。そしてテオフィルの学士号への勉強は、順調にすすんでいるだろうか。

テイディアヌとパパ

考えてみると、テオフィルは、私とはいつも個人的な話やとりとめのない日常的な雑談しかしなかった。ただ、フランスが中共を承認したときと、コンゴの白人人質事件のときと二度、私は彼と喋っていて、意見をきいてみたことがある。中共承認については、彼は、経済的な交流はいいが、政治的に承認する必要はないだろう、という意見をひかえめに述べ、コンゴ事件のときは、私はどちら側も非難しない、といっていた。

これは、私のアフリカ人の友達の中では稀有なことだ。たいていは、こちらからとくに持ち出さなくとも、しばらく話しているうちには、ほとんど必ず政治の話が、それもかなりラディカルな意見がでてくる。

テオフィルといろいろな意味で対照的に思い出されるのは、セネガル人青年のテイディアヌのことだ。キビキビしていて、成績もよく、奨学金や後援者にも恵まれ、理想家肌で、いつも学問や天下国家のことを雄弁に論じている。フランスに留学しても、比較的短い年月の間に能率よく勉強を仕上げ、フランス人の教授たちにも大切にされ、惜しまれながらセネガルに帰って要職について活動している。

テイディアヌはセネガル東部のトゥクルール族の出身、皮膚の色は炭のように黒く、小柄だが目が輝き、口は大きくいかにも精悍な感じがする。彼の父がイスラムの学者だったそうで、テイディアヌも熱心なイスラム教徒。小学校へあがる前、他の大部分の村の子どもと同様コーラン学校へゆき、その後もコーランやアラビア語の勉強をした。いまでも彼はアラビア語を楽に読み書きする。家ではトゥクルール語を話し、学校ではセネガル人の先生にフランス語で教育を受けた。ふつう物を考えるときは、フランス語で考えるという。

ダカール大学で社会学を勉強し、セネガル政府の奨学金でパリに三年前から留学。ＩＨＥＯＭ（海外高等研究所）や、ＥＰＨＥ（高等研究院）でアフリカ社会学の勉強をつづけ、途中夏休みを利用してセネガルへ帰り、イスラムの「ムリディスム」（セネガルでおこった、イスラムの地方的運動の一派。とくに農業の労働力を組織化した点で農村への影響が大きい）に関する調査をし、その資料を基に論文をまとめた。

農業改良の実践に強い関心があり、パリへ留学する前、すでにセネガルの農村で改良指導の活動に入っていた。高等研究院で、私の出席していたアフリカ社会学のゼミナールにも何度か顔を出したことがあったが、自分の目的は学問的探究よりは実践にある、と口ぐせのように言っていた。いつも忙しそうで、会合などのスケジュールがぎっしりつまった生活をしていた。たいへんな熱弁で、学生食堂で向き合って一緒に食事をしながら話しているときなど、話に熱がこもると、食事はまったくそっちのけになり、こちらの皿の方まで唾がとぶのなどおかまいなく猛烈に喋った。彼の基本的な主張は、農業労働を組織化すること、国内の流通機構を改革して、国内の産品が国内の消費に十分にまわるようにすること、イスラムの進歩的な面を再評価して、これからのセネガル社会の生きた思想にすること等で、いずれも、はげしい主張が相当の事実に裏づけられていて、説得力のある議論であった。社会学の基礎的な勉強などは、ずい分かたよった勉学、吸収のしかたをしていたが、常に実践を頭において勉強しているたくましさがあった。

　一九六二年一二月の、サンゴール大統領によるママドウ・ディア逮捕のときは、長い抗議の手紙をサンゴールにあてて送ったそうで、大統鎖からの返書をみせてくれたことがある。セネガル青年の代表として、国際的な討論会に出席するためにストックホルムに行ったり、すでにセネガルの「青年名士」の感があった。今年五月にダカールに帰り、企画省の農村改良局で調査や実践に活躍している。

　勉強家で理想家肌だが、テイディアヌとはかなり異ったタイプの学生の一例として、私はやはりセネガル人青年のパパ・カヌを思いうかべる。テイディアヌと同じトゥクルール族の富裕な商人の息子で、父に連れられて少年時代からすでにアフリカ各地——西アフリカにかぎらず、中部アフリカ、東アフリカ、北アフリカなども——を歩いていた。プラザヴィルで高等学校《リセ》を修了し、ダカールで経済学を勉強してからパリに私費で留学してすでに六年余り、オクスフォード大学でも一年経済学を勉強し、ソ連や東欧も含めてヨーロッパもひろく旅行している。シェイクスピアやスタンダールを読み、モーツァルトを愛し、映画芝居にも詳しく、マルクス、レーニン、毛沢東をはじめ、思想書や経済学書はおどろくほど多読している。

　学生街の、コレージュ・ド・フランスの裏の、アフリカ人学生の多く下宿している古い小さな建物の四階の一室に、本やノートやレコードに埋って暮している。

　彼は、学生サークル「アフリカの認識」の会合で私と知りあった頃から、私の専攻する文化人類学につよい関心をもっていたので、そういうことでも下宿を往き来して話しあったが、映画、音楽会にもよく一緒に行った。そしてそのたびに私は、彼の知識と趣味の広さにおどろかされた。

パパは、FEANF（在仏黒アフリカ学生連盟）でもと副委員長として、急進的な活動をしていた。FEARFは、アフリカの独立獲得のために結成された学生組織で、現委員長のティアムの言では、名目上独立した現在でも、アフリカのおかれている状況は植民地時代と実質的には変っていない、という認識に立って活動している。パパもある時私に、いまのような状況でEECとアフリカが「コオペラシオン」するのは、山羊とキャベツが「コオペラシオン」するようなものだ、と言っていた。パパはまた、セネガル人留学生の同志をかたらって、パリの労働者街でアフリカ人の出かせぎ労働者のための夜間成人学級をつくり、無報酬で教えていた。

パパは理想主義者だが、ティディアヌのようにテキパキと万事ぬかりなく事を運んで最短距離をゆくというようなところがなく幾分オブローモフ的で、それだけに親しみやすいところがあった。もうかなり年をくっているらしいが、いつも身辺にフランス人の女子学生などが賑やかにいるだけで結婚する気配もない。しかし、クリクリとよく動く愛嬌のある彼の目は、人生の裏表を見つくして来ているように私には思われた。パパに、一体そうしていて、いつセネガルへ帰るんだときくと、彼は、いずれ近いうちに帰国して教職にでもついて働きたいが、まだ時機が到来していないと言った。

アフリカの発見

これまでに書いた三人の例のほかにも、私はパリで、さまざまなタイプのアフリカ人の友だちをもった。私にモシ語を教えてくれていた、労働社会学専攻のオートボルタのアンプロワーズ。勤勉でユーモラスでおとなしいが、自分自身についてもアフリカについても実にしっかりした見方をもっていた。高等研究院での私の学友だった、重厚で学究肌のマリのユースフ。人なつこくて、ちょっと軽薄だが、フランス人の女性にもてる、やはりマリ出身の経理の勉強をしているフォファナ。身なりをかまわず、ひょうきんで秀才の、社会学専攻のダオメ青年のジル……等々。私はアフリカ人の友達に誘われて、アフリカ人学生の集会や討論会にも何度か行き、アフリカの将来についての、熱っぽい議論がたたかわされるのを聞いた。集会はしばしばパーティーと組みあわせになっており、白人の若い女性を連れて討論会に来ている黒人学生もかなりいる。そして討論がすむと、椅子を片づけて夜明けまでダンス。アフリカ人青年はダンスをするのが好きで、そして実に楽しそうに、上手に踊る。「われ踊る《ジュ・ダンス》、ゆえにわれあり《ドンク・ジュ・スイ》」だ、と冗談を言ったアフリカ人学生がいたが、たしかにリズムと動きが彼らの存在感と不可分であるかのように、彼らは自然に、まるで魚が水の中を泳ぐような自然さで、ダンスをする。

さて、パリで生活し勉強するアフリカ人青年たちと友達になって、私が気づいたことは、彼らの大部分が国や部族のちがいに全く無関心にお互いに往き来し、議論し、勉強したり活動したりしていることであった。私がモシ語の勉強のためにひんぱんに出かけていた、パリの東のはずれにある、「西アフリカ学生寮」でも、セネガル、ダオメ、オートボルタ、コート・ディヴォアール等々の国の学生が、気軽に互いの部屋を訪ねあい、日常生活のことから政治の話まで、自由に話しあっている。政治上の議論で、相手の国の大統領を批判しても、「他国の学生が自国の大統領を侮辱した」ということで感情を害するような空気はまったくなく、むしろ共通の問題として議論がすすめられてゆく。「結束して働こう、正義を求めよう、真実を言おう」という標語を掲げたＦＥＡＮＦ機関誌でも、寄稿者はすべて国籍の記載なしで執筆し、各国の政治問題についても自由に意見を交わしている。

もちろん、すべてのアフリカ人学生が一致協調しているわけではない。FEANFほど活動的ではないが、出身国別にもできている在フランス留学生の会が、政府支持と反政府の二つに分裂している国もある。そして政府支持のグループの機関誌に、「いまわれわれは徒らに政府を非難し、そのことによって祖国の発展を遅らせるべきではない。祖国は若い優れた人材を渇望している。われわれは祖国の人々の支援によって勉強していることを自覚し、国の開発に役立つよう政府に協力して働くべきだ」という主張も掲載されている。

このような対立も含めて、パリやロンドンのような環境がアフリカ人青年の中に、アフリカを客観的に眺め、国家以上のレベルで物を考える傾向を育てていることは確かであろう。エンクルマにせよ、サンゴールにせよ、パン・アフリカ的な思想が、アフリカをはなれた欧米社会の中で育まれたことは興味深い。他の大陸の他の民族のばあいと同じく、アフリカ人も、アフリカ大陸をはなれて異った文明の中で生活することによって、アフリカ人としての自覚をもち、アフリカ社会に生きていたときとは異った視点から、「アフリカ」を発見してゆくのであろう。

たしかにアフリカで暮していると、周囲の他の国の事情がわからないことは、おどろくほどである。日々のニュースもそうだが、少し他の国のことを調べようと思っても、資料はほとんどないか、あっても容易に手に入らない。一方、パリやロンドンでは、アフリカ諸国との社会的距離の近いことは、またおどろくほどで、新聞やラジオでもアフリカ関係のニュースには大きなスペースや時間がさかれ、各種の資料も、民族誌の資料から植民地時代の行政資料、現代の政治・経済・文化の資料にいたるまで、本屋や図書館やさまざまな研究機関にあふれている。交通も、アフリカの隣りあった国同士の行き来より、パリやロンドンからアフリカまでのジェット旅客機の往来の方が便利なことが多い。

こうした環境をもち、しかもアフリカとヨーロッパの関係が尖鋭化した形で現われているパリやロンドンに、アフリカ各地から優秀な青年が集って自由に交流していれば、パン・アフリカ的な物の考え方が芽生えない方がむしろ不思議である。かつての植民者の言葉であった英語やフランス語は、アフリカの独立に際して、部族をこえたコミュニケーションの道具としての役割を果したが、独立後ヨーロッパ側からの奨学金もふえ、ますます数を増しているアフリカ人留学生が、パリやロンドンで、ヨーロッパ側が必ずしも好まないパン・アフリカ的思想を育てつつあるのは、皮肉なことである。

かれらが帰郷したとき

いま私は「パン・アフリカ的思想」と書いたが、もう少し丁寧にみれば、それは必ずしも「パン・アフリカ的」とは呼べないかもしれない。なぜなら、パリに来ているアフリカ人学生は、ほとんどすべてがフランス語圏アフリカからの青年であり、ロンドンでは、英語圏アフリカの学生が大多数を占めるからである。パリからロンドンにゆき、あるいはアクラからアビジャンにゆけば、その間に感じられる差異の背後に、フランス語圏と英語圏、ＥＥＣとコモンウエルスの問題が、はるか彼方までひろがっているのがわかるのである。しかしその問題は、次の号で考えてみたいと思う。

ところで、ヨーロッパで高等教育を受け、新しい視野の中で「アフリカ」を見るようになったアフリカの青年インテリたちは、故国に帰ったあと、アフリカの現実の中でどのように生きてゆくであろうか。

パリで私は、「サルザン・ド・ティアム」という、一九六三年にセネガルで作られた短篇劇映画を観たことがある。(セネガル、マリ、ニジェールなどは、すでにアフリカ人の手で短篇の劇映画を製作している)。セネガルの作家、ビラゴ・ディオプの同名の小説の映画化で、第二次大戦をはさんで、一五年間フランス軍の軍役に服し、すっかり「文明化された《シヴィリゼ》」――という表現が映画では使われている――男が故国へ帰ってくる。彼はある奥地の村の首長の息子だが、「文明」の讃美者になった彼は、父親の統治する村へ帰って村の住民を「文明化」しようと企てる。しかし父親はじめ村人たちの頑強な抵抗にあってその志は挫折し、この「文明化された」男は、発狂してひとり炎天下の草原をさまよう。映画としては、ストーリーが図式的すぎ、男が発狂するという結末はやや安易でしかも大時代な感じがするが、実際に、こうした問題は、程度の差こそあれ現代のアフリカで起こりうることなのであろう。

一九六二年パリで発行され、はげしい賛否両論をまきおこした、フランスの熱帯農学者ルネ・デュモンの『アフリカはまずい出発をした』の中にも、アフリカ人のインテリ批判、特に彼らが故郷へ帰ってからの生き方についてのかなりきびしい批判が行なわれている。たしかに、かつての白人植民地行政官の「植民地支配者」としての贅沢な待遇をひきついだアフリカ人の官吏やホワイト・カラーが、農民や一般大衆からは遊離した特権的な生き方をしている、というデュモン氏の批判はある範囲ではあたっているかもしれない。私もアフリカのいくつかの国で、かつて植民地時代フランスに留学し、いまは新しい共和国の有能な官吏として、しかし一般大衆とはかなりへだたった生活をしているようにみえる人に接したことがある。

しかし、この問題は、アフリカの多くの新しい国で、現地人の実業家や資本家というものがほとんど存在せず、官吏や政治家が第一の高額所得者であるという、多分に植民地時代の遺制を内蔵した社会・経済構造や、前述のセネガル映画に表現されているような、ヨーロッパ文明との間に生ずる問題などと不可分に結びついて生まれている現象であり、デュモン氏がアフリカのインテリに求めているような、個人のレベルでの「心がまえ」の問題だけとしては、根本的には解決できないことのように、私には思われる。

しかし、『アフリカはまずい出発をした』が出版されてまもなく、著者デュモン氏を招いてアフリカ人学生が中心になって行なった討論会に出席して討論をききながら、アフリカのインテリも、現在では「テイアム」の時代とは質的に変りつつあることを、私は感じさせられた。第一に、彼らは「かつての植民地時代のように「文明化《シヴィリゼ》」し、そのしるしをつけることによって、未開人から植民者の側に「昇格」するのではない。いまの若いアフリカ人インテリたちが西欧文明を学ぶ態度には、——私が直接個人的に接して知った範囲内では——つよい主体性と自覚が感じられる。また、十分にはまだほど遠いにしても、独立後、ヨーロッパに留学して高等専門教育を受けた者の数が急増し、一方では新しい独立国内の態勢も徐々に整ってきて、欧米留学から帰りさえすれば要職と高い俸給が待っていてくれるという時代は過ぎ去りつつある。独立運動時代以来現在も指導的地位についているリーダーたちは、哲学者、詩人、郵便局員、医者などの出身が多かったが、現在のアフリカ社会が若いインテリに求めているのは彼らが専門的な知識や技術を身につけた者として社会に貢献することなのである。

パリやロンドンの生活を通して、部族や国家をこえた広い視野からヨーロッパとの関係でアフリカを見ることも、現代のアフリカ青年たちはむしろ普通のこととして身につけているように思われる。

パリでの私の友だちの何人かの、後日譚を記そう。先に書いたセネガル人のティディアヌは、今年の五月セネガルに帰り、企画省の地方改良局で、調査員として、また指導・普及員として、エネルギッシュに働いている。マリ人の、民族学専攻の学友ユースフは、昨年帰国してバマコの旧IFAN（フランス・ネグロアフリカ研究所）、現在はマリ共和国の文部省の管轄下にある人文科学研究所の所員として、各地の伝承と考古学資料を調査し、マリの民族史を明らかにする仕事にとりくんでいる。ソルボンヌで、アフリカ史やアフリカ社会学を共に学んだ、歴史専攻のシャルルは、祖国のオートボルタに帰って、しばらくワガドゥグーに新設された高等師範の教授をしていたが、今年一月、文部大臣に任命された。今年の一月にシャルルから来た手紙には、家族の近況（私が三度目にオートボルタに行ったとき、私は彼の家に暫く泊めてもらっていたことがある）につづいて、次のように書いてあった。

「……ところでジュンゾウ、僕は一九六五年一月一日付で文部大臣に任命されてしまった。僕は受持の生徒たちともう一緒にいられなくなるのが心のこりだった。だが、僕たちの国では、アフリカの他の多くの国と同様、古い国で青年がやらないようなことを、僕たちがしなければならないのだ。僕は僕の国の期待に応えることができるよう頑張るつもりだ。しかしそれができるためには、僕にはすべての友だちのはげましと支援が必要だ。……」

勉強家で、誠実で、どちらかというと控えめな好青年だったシャルルが、新しい国の指導者の一人として、アフリカの人々に貢献するように、私は地球の反対側の日本から心をこめて声援をおくろう。

新しいアフリカを求めて

フランスの大きな影

はじめてダカールを訪れたあるフランス人学生が、私に「玄関だけ立派な家の、玄関を見たような気がする」と話してくれたことがある。たしかに、ダカールは人口三〇〇万の草原の国セネガル共和国の首都としてはややふつりあいで、身体のわりに大きすぎる頭をおもわせるところがある。

もともとこの町は、かつての広大なフランス領西アフリカの首府としてつくられた。ヨーロッパ、アフリカ、南北アメリカを結ぶ空と海の交通のかなめでもあるアフリカ西端のこの岬の町には、西アフリカ一を誇る港や空港をはじめ、行政・経済・学芸のセンターなど、フランスの西アフリカ統治の中枢が集められた。他のアフリカ諸国の都市が、独立後めざましく発展してゆくなかで、ダカールが少なくとも外見上あまり変化していないのも、こうした事情によるところが大きい。

パリ直輸入の商品が、フランス人経営の店のショーウインドーにはなやかに並ぶ表通りから一歩裏町に入ると、数世紀前のポルトガルの田舎町にでも足をふみ入れたかのような錯覚にとらわれることがある。紙の花のようなブーガンビレアが赤く咲いている、おだやかだがひどく貧しい南欧風の中庭で、色の浅黒い女が洗濯をしている。

カポ・ベルディアンと呼ばれているポルトガル系の移民や、シリア・レバノン人の商人、褐色の肌のモール人、さまざまな地方からやってきた黒人、そしてそれらの混血がおり、仕立屋、雑貨屋、ペンキ屋、一膳めし屋がある。香辛料と落花生油と噛みタバコと、少し濃密すぎる汗腺から揮発するもの等々の匂いが入りまじって、いたんだ壁や床にしみついている。

ダカールのあるベール岬は、一五世紀中ごろ以来、サハラ以南のアフリカ大陸で、最も古くからヨーロッパ人が進出したところである。ポルトガル人、オランダ人、イギリス人、フランス人がこのアフリカ進出の要地の争奪をくりかえした。ダカール沖のゴレ島は、アメリカむけの黒人奴隷の積出しの拠点でもあった。同じセネガルのサンルイやリユフィスクとともに、ダカールの町にはアフリカとヨーロッパの数百年にわたるなまなましい交渉の歴史が集積している。セネガルの詩人大統領サンゴールをはじめ、フランス語で詩やエッセーを書く「文人」を数多く生み、戦後の「プレザンス・アフリケーヌ」(アフリカの存在)文化運動の、パリにつぐ中心となったのも、この岬の町であった。

植民地時代の最後の年、一九五九年に設立されたダカール大学も、アビジャンなど他の国の都市に、近年になって大学や専門学校ができるまで、フランス語圏西アフリカでただひとつの大学であった。現在も他の諸国の高等教育の施設がまだ十分に整っていないため、フランス語圏アフリカの国々から、大勢の学生がこの大学にきて学んでいる。ダカール在住のフランス人やシリア・レバノン人など非アフリカ人の子弟も多い。フランスの大学と共通の制度のなかで運営されており、フランスの大学と同じ資格で入学・卒業ができる。

合計約二千人の学生のいる法経・文・理・医薬の四学部、中央図書館、フランス・黒人アフリカ研究所をひきついだＩＦＡＮ（黒人アフリカ基礎研究所）、設備のととのった寄宿舎などが、熱帯植物の植えられた芝生に散水器がしずかにまわっている海岸ぞいの広大な敷地にならんでいる。スタッフは学長、学部長をはじめ、ほとんどすべてがフランス人である。援助・協力協定によって、フランス人スタッフの給与はフランス政府が支払っている。

線香花火の〝五月蜂起〟

一昨年、ガーナのクーデターの直後、暴力による政府転覆に反対の意思表示をする学生スト（クーデター経験国のダオメーとトーゴの学生が主体だった）があったほかは、平穏そのものだったこの大学が、パリの五月運動につづいて、ストに入り、警察が介入し、無期限に閉鎖された。

昨年一〇月、セネガル政府は財政の窮乏を理由に、ダカール大学の貧困学生への政府奨学金を減額することを発表した。去る五月末、急進的な学生組織セネガル学生民主同盟（ＵＤＥＳ）は、フランス人学生のイニシアチブで、五月運動のフランス学生との連帯をよびかけ、昨年一〇月のこの決定に抗議して、五月二七日からの無期限授業放棄と、学年末試験（六月が学年末試験の時期にあたる）のボイコットを決議した。

この事態に直面して、二六日夜、文部大臣ムボウはラジオでダカール大学生に呼びかけ、国家財政が窮乏しているので奨学金の減額はやむをえないこと、しかし財政のゆるすかぎりで教育の向上のための努力をつづけることを強調した。

二七日、学生同盟はピケを張って学内に学生が入ることを阻止し、大学はスト状態に入った。ダカール市内の高等学校にも、反政府の抗議やストの動きが波及した。大統領府は試験ボイコットを行なった学生を、無条件で退学させると発表した。

五月三〇日、大学ストの四日目、町で失業者や浮浪者、靴みがきの少年たちが自動車をひっくりかえして火をつけ、商店のショーウインドーのガラスをこわして、かっぱらいをはじめた。非常事態が宣言され、治安当局は武力鎮圧の命令をうけ、浮浪者たちに発砲し、この日のうちに二五人の負傷者が出た。

一方、学長の要請でセネガル警察はダカール大学内に入り、キャンパスを占拠している学生を実力で排除した。小ぜりあいが起こり、約五〇人の学生が負傷、そのうち四人は重傷を負い、一人が死亡した。死亡したのは理学部の実験室で学生が製造していた爆弾「カクテル・モロトフ」を投げようとしたシリア人学生であった。これと同時に、セネガル政府は大学の無期限閉鎖を決定し、ダカール市内の映画館、キャバレー、食堂、バーも同日午後七時以後閉鎖させた。公道上で五人以上集まることや、一切の集会、示威行為、ダンスパーティー、タムタム踊りなどが禁止された。

同じ三〇日の夜、セネガル国民労働者同盟(UNTS)は、学生弾圧への抗議と賃上げ要求をかかげて、無期限ストを決議した。サンゴール大統領はラジオを通じて、ストは違法であり、ストライキ中の給料は支払われないとのべた。また、学生の動きは、「外国勢力」の教唆によるものであり、断固たる措置をとると強調した。

三一日朝には、ダカール市を中心に、セネガル中枢部の経済活動はマヒ状態におちいり、労働者のストはあちこちで散発的な暴動に変ろうとしていた。政府は労働者同盟の書記長アリウヌ・シセをはじめ、三一人の組合指導者を逮捕した。一方、サンゴールを支持する農民の集団が、六月一日には地方から大挙してダカールに到着すると発表された。

約九〇〇人の逮捕者を出した官憲の鎮圧によって、六月一日の朝にはダカールの町は平静になった。警察と軍隊は終始サンゴール大統領に忠実であった。六月三日には、地方からダカールに集まった多数の農民が、弓矢を手にしてサンゴール支持のデモ行進をした。政府とセネガル国民労働者同盟の会談の結果、逮捕された組合指導者は全員釈放された。

事件そのものはあっけなく政府によって「鎮圧」された。ダカール大学は新学期を前にして閉鎖されたままであるという。「スチューデント・パワー」としてとりあげるには、あまりにもろかったこの出来事は、最近来日した、同じ西アフリカのアビジャン大学教授をしているあるフランス人が私に話したように、単に「パリの五月運動に刺激されて、ダカール大学のフランス人学生の過激分子が扇動して起こした事件」にしかすぎなかったのであろうか。

サンゴール体制の終り？

事件発生直後、セネガル政府が報道管制を行なったためと、ダカールにいる大学関係の私の友人たちからも、この出来事に関しては何も書いてよこさないためとで、十分な分析のための資料がないのは残念だが、他の国の運動とくらべてみるとき、今度のダカールの出来事には、二つの顕著な点を指摘できると思う。

一つは、大学ストの直接の理由が、昨年一〇月の奨学金減額決定への抗議というタイミングからいっても、それほど強力なものであったとは思えないのに、フランス人学生のイニシアチブに対して、シリア・レバノン人、そしてマリ人、ギニア人をはじめとするアフリカ人の、かなり多数の学生が同調したことである。

第二に、学生の運動のもろさにもかかわらず、労働者や失業者への波及がはやく、しかも、組織化されないながらも、はげしい反応をひきおこしたことである。そして、これら二つの点のいずれも、現代のセネガル、ひいては西アフリカの国々が直面している苦悩のいくつかを、露頭のように示しているように思われてならない。

六、七時間でパリとの間をジェット機が毎日のように飛び、前日のパリの新聞が町で買えるダカール——大学の規模からいっても、アフリカ知識人の伝統からいっても、フランス語圏アフリカ随一のこの町の学生が、アフリカでまずパリの五月運動に鋭敏に反応したとしても少しも不思議ではない。しかし、その反応の背景に、独立以来つづいているサンゴール体制や、性格学と結びついて次第に人種主義的文化論の色彩をおびてきた彼の「ネグリテュード」(黒人性)の思想、ヤウンデ協定以来五年目を迎えたEEC(ヨーロッパ経済共同体)との連合体制等々への疑問や反感が、とくに若い知識人や学生の間に強くなってきていることを見逃してはならないと思う。

すでにふれたように、人口約四〇万のダカールでは、もう何世代もこの町に住みつき、必ずしも社会の上層にいるとはかぎらないフランス人やシリア・レバノン人が、住民の約一割を占めている。かれらの子弟や、西アフリカ各国からの学生が集まってつくり出しているダカール大学の精神的風土は、一国民の学生の集まる大学とは別の、しかしそれだけにかえってラジカルなものを生みだす条件をそなえている。

白人によって拒否され、さげすまれていたアフリカ人とその文化の権利の主張として、一九三〇年代のパリに登場したサンゴールらの「ネグリテュード」の思想も、現在の時点では、政治的にも指導原理としての使命をもはやもちえなくなったという批判が、私が学生時代パリで出席したセネガル人学生の集会でも、その後個人的に討論したダカール大学の学生などの間でも、圧倒的であった。単なる否定への抗議の論理ではなく、また「白人文化の小麦粉をふくらます酵母」（サンゴール）としての黒人文化でもない、新しい創造へ向かってのアフリカ人の思想が、現代のアフリカの若い知識人には求められているのだと思う。

何をおいてもまず遂げなければならなかった植民地からの独立の達成が、未来への期待で夢のようにふくらんでいた数年間のあと、アフリカ人は価値志向がもう前ほど単純ではすまなくなった状態で、未来をつくって行くことをせまられている。現在の大学生の将来にも、独立直後の時代のように、新国家建設のための有為の人材としての厚遇が待ちかまえているとはかぎらないのだ。

セネガル経済の重要課題の一つである、農産物流通機構のアフリカ人化の問題は、ＯＣＡ（農業流通局）などを中心にすすめられているが、この政策は従来とくに地方の流通機構を圧倒的におさえていたシリア・レバノン人をおびやかしつつある。もうほとんどセネガル人化してしまっているシリア・レバノン人や、黒人の急進的なイスラム教徒の間には、カトリックのサンゴールへの不信感が根づよくわだかまっている。ＥＥＣとの連合体制には、これを形をかえた植民地体制と見てのアフリカ人やフランス人の一部からの批判だけでなく、フランス国内の問題をあとまわしにした税金の浪費ではないかという、フランス人の疑問もかなりつよい。

一方、若干の燐鉱石をのぞけば、ほとんど唯一の輸出産品である落花生の不作などで、国家財政がますます窮乏しているセネガルの首都には、小学校教員を人員整理でクビになった気のいい私の友達も含めて、数万人の失業者や浮浪者があふれている。やっと職にありついたものは、縁故をたよって押しよせる失業者や、地方から出てくる親類縁者をかかえこまなければならない。しかも、放置すればさらにひどくなるかもしれないこうした状態を改善する、有効な政策はいまのところないのだ。

地方大衆と学生のミゾ

これまで一貫して、ドゴール＝ポンピドー政権との協調をつづけてきたサンゴール体制への民衆のさまざまな不満が、一時はドゴール体制の崩壊を感じさせたパリの五月運動のさなかのダカールで、組織化されないままに表面化したとみても不当ではないであろう。一九六二年のママドゥ・ディアによるクーデタの失敗、昨年三月のサンゴール暗殺失敗など、サンゴール体制を力で転覆させようとする動きは過去にもあり、いずれも失敗している。

しかし、農民のサンゴール支持の弓矢デモに如実にあらわれているように、地方大衆と学生・賃金労働者との断絶も大きい。アフリカ新興国としては教育の進んだセネガルでも、文字通りひとにぎりの大学生は、まだたいへんな特権の享受者なのだ。大統領官邸の芝生にいる孔雀のように豪奢なダカール大学で、奨学金の減額反対が要求されている一方、セネガルの農村部では、初等教育の就学率は適齢児童の一〇パーセント前後にすぎない。

失業者や半失業者のあふれているなかで、都市の賃金労働者もまた特権階級だ。かれらは、やせた土地をひっかくようにしてわずかな落花生をつくって売っている農民の一年間の所得を、一ヵ月で得るといわれている。とくに官吏はフランス式生活のもちこまれた異常に生活費の高いダカールで、びっくりするほどの高給をとっている。

政府の強硬策で反乱があっさり「鎮圧」され、大学が閉鎖され、暴れた失業者は銃でうたれ、大量検挙された労働組合指導者は釈放され、農民のサンゴール支持の大デモで、めでたくしめくくりのつけられたあとのダカールには、はたして何がくるのであろうか。

「つながり」の活性化

アフリカから学んだもの

I

「世界は人間なしに始まったし、人間なしに終わるだろう」

これは、私の恩師でもあったクロード・レヴィ＝ストロースの『悲しき熱帯』の終章にある、人間の奢りを、静かに、だが決然と戒める言葉だ。宇宙から見れば微小部分でしかない太陽系の、そのまた一遊星にすぎない地球の四六億年の変動の果てに、百万年あまり前になって、自らの意志によってではなく生存を始めたヒトの先祖。だが互いに闘い、殺し合いながら、一部の勝者だけが享受した束の間の繁栄の果てに、気候変動と資源枯渇のなかで、やがてヒト全体が生存を終えることになるだろう。

ヒト以外の生物種を多数、日々絶滅に追いやっている一方で、ヒトという単一種の増殖の結果、一九二〇年頃には二〇億だった人口が、二〇一四年には七〇億人を超え、地域的に著しく偏った増殖は、食物の分配という観点だけからも、ヒトの終末が近づいていることを示している。いま世界には、全人類を十回皆殺しにできるだけの核兵器があるという。

その一方で、「テロと断固戦う」というドン・キホーテまがいの妄想が、時代後れになった愛国心と手をつないで、世界諸大国の政治家たちの脳を、大まじめに蝕んでいる。

Ⅱ

今から四三年前、一九七二年に私は、国連によって世界最貧国いわゆる後発開発途上国ＬＤＣの一つに位置づけられている西アフリカ内陸のオートボルタ（一九八四年以来ブルキナファソ）で、このサバンナに生まれた一群のモシ諸王朝の形成の過程と、太鼓言葉による王朝史の系譜語りの謎を解き明かすことに、稚《おさな》い情熱を注いでいた。

それまでの現地調査と文献の渉猟によって、日本人としては初めてアフリカ研究によってパリ大学で博士の学位を得た私は、幸いユネスコの奨学金によって更に一年、太鼓言葉の研究のために、今度は結婚したばかりの妻と一緒に初めて、サバンナ暮らしをすることになった。

その一年のあいだ、研究の合間に書きつけた感想を、当時比類のない自由闊達な言論の場であった筑摩書房の月刊誌『展望』に、「曠野から」と題して送った（筑摩書房から単行本、のち、柴田翔さんが素晴らしい解説を書いて下さった「中公文庫」）。

その第二回「貧しさ」と題した章で、乳幼児の死亡に、諦めのまじった投げやりな気持ちを抱いている人たちに接したあと、私はいらだちをこめて書きつけている。

「このサヴァンナに生きる人々の生活は、荒々しい自然に対して人間がきわめて受動的にしか生きないとき、人間がひきずらなければならない悲惨を私にみせつける。だが、それとは逆に、自然に対して人間がいどみ、人間のもつある種の要求に自然を従わせようとする努力をしゃにむにつづけたとすれば、そのゆきつく先は、世界の一部にわれわれがすでにみているように、一生土をふまず、合金の檻のなかでひたすら無精卵を産みつづける鶏や、植物の実としての機能をまったくうばわれた、気の毒な種子なし西瓜をつくり、大気や海を汚し、性行為を生殖からきりはなし、まもなく死ぬことがわかっている病人の、心臓の鼓動がとまらずにいる時間をただ少しでもながびかせるために、気管を切開して、最期に言いたいこともいえなくしてしまう医学を生みだすことになるのであろう。……だが、この土地の人々の生活をいくらかでも知ったあとでは、私は、単純な自然・原始讃美の論には、どうしても与《くみ》することができない。自然をまもれとか、自然にかえれとかいうようなことが、それ自体人工的な形で問題になるのは、人間がある程度自然を制御するのに成功したあとのことである。自然にうちひしがれたままの人間というのは、みじめであり、腹立たしくさえある。」

「理想の楽園としての人間の「自然状態」は、実際にはおそらく過去にも存在しなかったし、現在も地上に存在しないだろう。いうまでもなく、私がいま見ているこのアフリカの一隅の人々の生活は、ヨーロッパの植民地支配に踏みにじられしぼりとられたあとの、それなりに「自然状態」からはきわめて遠いものである。しかし、アフリカの自然・歴史・社会についていま私がもっているわずかな知識と体験から考えられる限りでは、過去をいくらさかのぼっても、アフリカに理想郷があったとは思えないし、私の学んだかぎりでの、現代の人類学の知見も、原始状態を理想化することのむなしさを教えているようだ。私は、人類の歴史は、自然の一部でありながら自然を対象化する意志をもつようになった生物の一つの種が、悲惨な試行錯誤をかさねながら、個人の一生においても、社会全体としても、叡知《えいち》をつくして、つまり最も「人工的」に、みずからの意志で自然の理法にあらためて帰一する、その模索と努力の過程ではないかと思うことがある。人間の理想としての「自然状態」は、無気力に自然に従属した状態ではなく、また、すでにある手本をさがしてみつかるものでもなく、意志によって人間がつくりだすべきものなのであろう。」

ここに述べた私の考えは、基本的に今も変わっていない。かつてこの部分を私は、レヴィ＝ストロース先生とパリのご自宅でゆっくりお話しする機会があったとき、フランス語に直して先生のご意見をうかがったことがある。先生は注意深く聴いて下さって、基本的に賛同するが、到達目標としての貴方の言う「自然の理法」というのは、どのようにして知ることができるのか、禅の高僧のように、瞑想と直観によって会得するのでなければ、到達し得たと知ることができないのではないか、私は基本的にカント流の不可知論者だから、模索は現実には果てしないと思う、と言われた。

私の考えているのも、あくまで「模索と努力の過程」であって、完全に「自然の理法に帰一しえた」ことは、決して確認はできないだろうと思うとお答えしたが、その考えは今も変わっていない。

人間中心主義の否定、種間倫理の問題をめぐっては、レヴィ＝ストロース先生が一九九六年にイタリアの『ラ・レプブリカ』に発表した「狂牛病の教訓」のフランス語原文が、二〇〇〇年にフランスの家畜愛護団体の機関誌に発表され、私が興味をもつと思って先生が個人的にコピーを下さったものを、私は二〇〇一年四月号の『中央公論』に翻訳して発表したところ、大きな反響を得た。二〇〇二年三月には、私は東京大学で開かれた「ヒトと動物の関係学会第八回学術大会」に招かれて「人は肉食をやめられるか　文化人類学の立場から」と題した講演で、食と性をめぐる禁忌の構造について述べ（拙著『文化人類学とわたし』青土社、二〇〇七：一五七〜一六八頁に再録）、二〇〇四年に『神奈川大学評論』四七号表紙裏の「評論の言葉」に「種間倫理を求めて」と題して短文を書き、四八号特集「欲望の社会風景」（三四〜四一頁）に「ヒトの欲望と種間倫理」という文章を発表しているので、この問題については、いまこれ以上触れない。

Ⅲ

このアフリカ滞在の時、書き付けたもうひとつのメモに、「夜」という文章がある。その書き出しの部分はこうだ。

「サヴァンナの上に夜が落ちると、ものの輪郭は明晰さを失う。月の明るい夜でも、木立が木立の影と同質のものになるだけでなく、枝にさがっているこうもりたちや、葉のしげみに抱きかかえられている無数の小鳥たちは、もう枝や葉から区別できない存在になってしまう。乳呑子は、母親の胸に身体をおしあてたまま、母親とともに昼の世界をはなれ、男と女が生命を交換する。岩や小石までが、息づきはじめる。すべてのものは、自分たちが、かたくなに閉ざされた、ひとつひとつの「個」を形づくっているのではなく、開かれ、他のものと交わり、はてしなく連続したものの凹凸や鼓動であることを、闇のぬくもりのなかで感知する。私の吐く息を、白い花をしぼませているこのひょうたんの葉や、あの黒くふくらんだバオバブの木が吸うことだろう。私の吸う息は、あの井戸にひそんでいる蛙や、穴の奥でじっと目をあいているかもしれないねずみどもの吐く息なのであろう。すべてのものは、エーテルのように自由になる。音と形が、たがいにたがいを変換しあう。空をわたる風や、遠くからまたたきを送ってくる星たちとさえ、私はことばを交わせるように思う。

月のない夜、半球形の星空の下で、地面に頭をつけて寝そべっていると、ついさっきまで、十時間あまりのあいだ、私と私をとりまく平面が、太陽という星の方を向いていたことが、特異な、かりそめの、けばけばしい体験だったと思われてくる。人間は、夜や闇というものを、昼や光の失われた状態、つまりなにかしら否定的《ネガティヴ》なものとして考えがちだ。だがそれは、功利をあさる人間という強情な動物の、あえない願望の投影であるかもしれない。実際には、光は、はてしない闇のなかに湧いて、ちぎれたり、合わさったり、消えたりする、気泡のようなものでしかないのだから。」

電灯のないサバンナで暮らしていると、光のある状態が特殊であって、闇が根源なのだということを、実感させられる。文明は、一貫して闇を追放してきた。だが、明るいことは、必ずしも良いことだとばかりは言えないという、思えば平凡な真理に気づかせられたのも、電灯のない曠野での体験のおかげだ。

闇の大切さを、まず私に教えてくれたのは、夜の闇のなかで活き活きと語られるお話の声が喚起するイマジネーションの素晴らしさだった。日本には、家・里といった人間の領域に対して、野・山を対置させる空間認識があり、家畜に対して野獣、里芋に対して山芋などと言う。その中間に「野良」という空間がはさまれることもあり、「野良仕事」とか、家猫と山猫のあいだの存在としての「野良猫」などという呼称もある。森林を切り開いて人間の生活空間をつくったヨーロッパでは、ラテン語で森を意味する“silva”に由来する“savage”（英）「野蛮な」という形容詞や、ゲルマン語系で、森“forest”と同語源の形容詞で「よそのもの」を意味する“foreign”などの概念が生まれた。

モシ語にも、人間の居住域を指す“yiri”に対して、精霊“kinkirsi”や野獣が支配する荒れ野“weogo”という概念があるが、面白いのはモシ社会では、昼間と夜とで二つの境界が変わることだ。昼間太陽が出ているあいだは、人間の領域“yiri”が広がっていて、“weogo”は遠く退いているのだが、日が暮れると、闇とともに“weogo”が大きくなって、“yiri”の中まで入って来る。人間の生まれる前の姿である“kinkirsi”「キンキルシ」は、人間の女性を身ごもらせる。男女の性交は、女性が懐妊する直接の原因ではない。夕食後の燠火《おきび》を囲んでの夜のお話のなかでは、野の動物たちやキンキルシが、人間とことばを交わすし、動物たちと人間も自由に性の交わりをする。

燠火《おきび》のあかりだけの夜の闇のなかで、声が喚起するイマジネーションの素晴らしさにも、私は感動した。日本でも「ひるむかし」はするものでないと言われているし、モシ社会でも、昼間昔話をすると母親が死ぬというきついタブーがある。生業活動に精出すべき昼間に、昔話をして自分も聞き手も仕事を休むことへの戒めの意味もあるだろうが、それだけでなく、夜の闇のなかで声が喚起するイマジネーションの力、「声」のパフォーマンスにとっての本質的なものへの想いが、そこには籠められているのではないかと、サバンナの夜の闇のなかで私は思った。この時以後の滞在期間も含めて、私は六百余りのお話を録音し、太鼓言葉など他の音の記録と共に『サバンナの音の世界』と題した、初めレコード・アルバム（東芝EMI、一九八二）、次いで詳しい解説書付のカセット・ブック（白水社、一九八八、改訂版一九九八、再版二〇一四）にしたが、これに収録されている夜のお話を聴いた友人は皆、「声がきれいだね」と感動を籠めて言ってくれた。

確かに、話すことのプロでも何でもない、昼間は泥まみれで大人にこき使われている子どもたちの、前もって準備しているわけでもない語りの声の輝きは感動的だ。風の吹きわたる、茫々とひろがるサバンナで、大きな声でないと伝わらない状況で、肺や声帯が鍛えられているためもあるだろう。だが私は何よりも、そこに、学校での文字教育によって飼い慣らされ標準化されていない、自分自身の声の素晴らしさ、「アナーキーな声の輝き」と私が呼びたいものを感じるのだ。

世界最貧国の当時のオートボルタでは、適齢期児童の就学率は当時公称で九パーセント、私が主に付き合った村の子どもたちも、ほとんど学校には行っていなかった。第一、他のフランス語圏アフリカ諸国と同様、この国でも初等教育から、学校ではフランス語だけが用いられるので、現地人の先生からフランス語初歩を習い、それを使って他の科目も勉強する。だが夜の語りの場で子どもたちが使うことばは、地方語、村語のなかの、まさに「自分語」なのだ。

私のように、日本でもいろいろな地方、職業の人たちの「自分語」のお話を録音し、文字化する仕事をしていると、日本語も正確には文字化できないのを実感する。平安時代の京言葉の、おそらく子音と母音がなだらかに連なる日本語を基盤につくられたと思われる仮名文字は、例えば関東や東北の、撥ねたり詰まったりする話しことばを表記できない。概念化された内容を書きとることはできても、書きとられたものを声に出して読めば、それは元の話しことばとは似て非なるものとしてしか復元できない。思えば当然の日本語の仮名表記の実態と同時に、生きた「自分語」の生命力の素晴らしさに目覚めさせられたのも、アフリカでの闇のなかでの、声の体験のお陰だ。

Ⅳ

アフリカ体験で私にとって最も衝撃的だったのは、死をめぐる習俗で、とくにそこに籠められたあけすけなセックスの表象だ。

埋葬は、夫婦でも男女別の場所だが、南を頭にして、男は東向き女は西向きに埋められる。これはモシ社会にかぎらず、私が聞いたかぎりでは黒人アフリカにかなり広い風習で、性交の標準体位を表している。

アフリカ黒人は一般に骨盤が前傾しているので、男女が体の前面を合わせる対面位の性交はむずかしく、男が右を下にした対面側位が標準とされている。女性は左を下にした側位で、両脚を深く曲げて男性の下腹部をはさみつけ、男性は上になった、不浄とされる左手で女性を愛撫する。これはあくまで「標準」体位で、実際には多様でありうることは言うまでもないが、埋葬の姿勢と結びあわされていることは興味深い。そして女性が懐胎するのは、先にも述べたように、男性との性交によってではなく、夜しのびこんでくるキンキルシによってだ。

死者を埋葬した夜、遺族の老若男女が、埋葬された遺体のまわりを回りながら、ある部分だけ男女別々の、互いに異性の性器をあざける文句を、大声でがなる習俗がある。幼い子どもたちも、大人と一緒に楽しそうにがなる。私が数多くの埋葬に立ち合って記録したかぎりでも、三〇余りの文句のレパートリーがあり、参列者はその場に来る楽師たちが太鼓音の太鼓言葉で、次の文句を示唆するのを聞き取って、がなるのである。

例えば、こんな風だ［括弧内は女性のパート］「あまっこ［野郎っこ］があれ、水にぼちゃん。蛭《ひる》が食いつく固いさね［「まら」］」幼い子もふくめた遺族たちが、大声でがなる文句だ。この実況録音は、前述のカセット・ブックに収録されていて、次の文句を誘い出すために、太鼓叩きが叩いているのを、「何だっけ?」と言っている男の声も録音されている（『サバンナの音の世界』カセットⅡAテーマ3「音のなかの言葉・言葉のなかの音」（b）日常生活のなかの言語音と非言語音［例1］、テキスト一二九〜一三〇頁）。

身内が亡くなったばかりの悲しいときに、こんな文句を遺族が皆して大声で唱えるのはなぜかという質問を、当の遺族の人たちにしてみた。

死んだおじいちゃん、おばあちゃんとお別れにふざけあうというのが、だいたい一致した意見、つまり意識された理由づけだ。フロイト以来注目されてきた死の欲動と性の欲動の結びつきが、自覚されてはいない社会伝承として、ここでは開けひろげに、集合的な行為のうちに発散させられているのだろうか。その背景になっているのは、いま生きている人間は、「人間」の一部でしかないという、この人たちのおおらかな世界観なのであろう。

参考までに記せば、年少の頃は男女とも素裸で暮らし、成女式での陰核切除が一般的なこの地方の社会では、陰茎（*voore*）とか陰核（*zigri*）についての知識は、男女とも幼時からごく自然にもっており、その名称も、日常の言葉遊びなどにも頻繁に登場する。だから、このような文句を子どもが大声にがなっても、卑猥感は希薄だ。

このサバンナの社会では、死後まもなく行なわれる仮葬儀のとき、遺髪を死者の衣服で包み、茣蓙《ござ》で巻いて二本の長い棒にくくりつけ、死体を担架にでも乗せたような形にした「ホタール」と呼ばれる模擬死体を、二人の男（死者の血縁者とは限らない）が前後に並んで頭上に担ぎ、左右に傾けて揺らしながら、会葬者一人一人の前に進み出て、死因を訊ねさせたり、死者に言い残したことを言わせたりする。

ホタールが大きく傾けば、言われたことが当たっているのであり、小さく揺れながら遠ざかれば、当たっていないことが示される。担いでいる人に訊ねてみたが、担ぐ人の意志でホタールが揺れるのではないという。ホタールへの語りかけは、他の会葬者のいる前で大声でなされ、その結果が模擬死体の反応として示されるのだから、その生者と死者との関係が、会衆の前で試されると言える。この実況録音も、『サバンナの音の世界』カセットIAバンド3（19）「死者への語りかけ」、テキスト 五四〜五五頁に収められている。

子孫をのこさずに早世した人や、子どもの葬儀は、関係者の直接の悲しみの表現があるだけで、ひどく簡単だが、家長、首長などある程度の地位がある人の葬儀では、死者に顔かたちの似た縁者の、多くは女性が、「クリタ」（*kurita*「喪を食ってしまう者」の意味）として、死者の衣服をつけ、死者の家の前に腰掛けて弔問を受け、酒を酌み交わして談笑する。弔問者たちと一緒にステップを踏んで、葬儀のダンスも踊る。この仕来りなども、私には初めのうち随分、奇異というより、気味悪く感じられた。

死は、死者との決定的な別れではないのだ。

Ⅲにも紹介した、荒れ野に棲む「キンキルシ」は、夜はヒトの領域にまぎれこんで、ヒトの女性に孕ませるが、昼間は人里離れた荒れ野に、彼らなりの家族を作って暮らしている。キンキルシには、赤いのと黒いのがいて、頭でっかちで、足を使わずに移動する。好物は蜂蜜、嫌いなものはトウガラシとされている。昼間、荒れ野を歩いていて、キンキルシの家族が岩の上にかたまっているのを見たという現地の人を、私は何人も知っている。

ヒトの生前の世界を形作っているキンキルシに、雨季の始まりの主作物の播種前に供え物をして、豊作を祈願する。村はずれに、キンキルシの宿りがとされる石があり、そこにニワトリののどを切って生き血をそそぎ、良い雨と良い収穫をもたらしてくれれば、もっといけにえを供えると約束する。

こういう儀礼に何度も立ち合って、私は日本のてるてる坊主への願い事を連想した。宗教儀礼と呼ぶには、あまりに即物的な、一種の取引だ。雨季が終わって収穫が良ければ、新穀で醸した酒や感謝のいけにえをたっぷりと供える（キンキルシへの祈願のことばの現地録音も、『サバンナの音の世界』カセットⅠAバンド4（24）に収録されている。テキスト六〇～六二頁）。

V

このように、いま生きている人たちは、生前と死後を含めた「人間」というものの一部としてある。私がこの西アフリカのサバンナに生きる人たちのなかで、通算して九年半暮らして実感させられたのは、人間が開かれた「過程」としてあるという、事実から考えても、根源的な真理というべきことだ。人間は自分の意志で存在し始めたのではない。生まれたことには責任がないが、避けられない死については、自殺も含めて自分の意志と責任で対処しなければならない。

ヒトの誕生は、宇宙の内側に生じた自己異化としてとらえることができるかも知れない。宇宙の、それこそ小さな自意識として、人間はあるのだろう。それも、固まって閉ざされたものとしてではなく、開かれ、他のものと交わり、絶えず移りゆく「過程」としてあるのだと思う。生物体としてのヒトを構成している細胞たちの明白な現実としても、個人という存在は開かれた過程としてある。人間が日々生物体として繰り返している、呼吸、飲食、排便、性交、多くの女性が生涯のある期間行なう分娩、授乳などの行為を思えば、それは自明だ。

呼吸は、外界から空気を自己の肺に吸い込んで、肺で空気中の酸素をとり、二酸化炭素を吐く息として外界に出す行為だ。ここでも明らかに、自己は外界と連続し、交流している。飲食は、多くの他の生き物の生命を奪って、それを自己の生命維持と味覚の楽しみのために、体内に取り込む行為だ。この摂食行為も、大小便の排泄と対をなす、外界と人間内部との交渉によって成り立っている。性交、分娩、授乳では、他の人間と交わり、人間として未成熟な生命の要素を、新しい人間を生むためにめぐり逢わせたり、育んだりする。生殖器も乳首も、他者に向かって開かれた交渉の経路だ。ヒトが個体としても種《しゅ》としても、存続する上で不可欠のこれらの行為すべては、ヒトがひとりひとり閉ざされていない、開放系としてあるから可能なのだ。

生物体としてだけでなく、心のはたらきにおいても、人間は閉鎖系ではなく開放系として、とくに口から吐く息に乗せた、言語をはじめとする声を媒介として外にはたらきかけ、あるいは視覚、聴覚、嗅覚、味覚、触覚など、自己の外に向かって開かれた感性を通して受容し、他の人間や動植物や気象や風景との関係のなかに、固定され閉ざされた存在としてではなく、開かれた移りゆく過程としてあるのだと思う。

同時に、人間はきわめて曖昧な「アバウト」なものとして、仮そめの姿で宇宙に漂っている。自分が死ぬだけでなく、人類全体がいつか地球上から消え去る日が来るとして、その地球もいつか消滅するとして、太陽系や銀河系宇宙も滅びるときが来るとして、一番最後にはどうなるか、一番最後があったとすれば、その後はどうなるのか。同じことは、始まりについても言える。こうした問いは、一番始めと一番終りが明らかになった瞬間に、その前は？　そのあとは？　と問うことが可能だから、問いが果てしなく続くことは明らかだ。

同じことは、一番大きいものと、一番小さいものは何かという問いについても言える。一番小さいものについてなら、何とか分かりそうなものだが、分子、原子、陽子と電子、素粒子、クォーク、等々現代の科学が実験や理論によって存在を証明することが可能な、物質の最小構成単位も、証明された最小のものよりさらに小さいものから成り立っていることは必然だから、これも果てしがない。この種の関心が、人間にとってごく当たり前にあることは、落語の「浮世根問い」、物知りぶったご隠居さんを、長屋の八つぁんが問い詰める噺のもとになったという「根問」が、安永五年（一七七六）にすでに刊行されていたことによっても分かる。

ヒトは、少なくともそういう問いを発する自己は、この宇宙に、ある広がりと持続をもって在ることは確かで、ただいま見たような状況を考えれば、たいそう「アバウト」な様態、過程として浮遊していることがわかる。誰もが考えるそのようなことは、私たちの大部分は忘れて、何の差し支えもなく暮らしている。忘れても、生きて行く上で何の支障もないことは、昨日と同じく明日も太陽が東から昇って西に沈み、春夏秋冬が去年と同じ順序で今年も来るはずだと考えるか、地球が太陽のまわりで自転と公転をくりかえしていると自覚するかの違いが、日々生活を営む上で何の違いも生みださないのと同じだ。

あるいは、一番はじめと一番終り、一番大きいものと一番小さいものについて考えること自体が人間の特質であって、人間という宇宙の自意識が存在しなかった状態では、そうした疑問自体が存在しなかったと考えることもできよう。「そうした疑問」が、人間と共に始まったことは明らかなのだから。

私の好きな原始大乗仏教の思想家ナーガールジュナ、龍樹は、二千年前すでにこのように述べている「生起との依存関係によって消滅があり、消滅との依存関係によって生起がある」（瓜生津隆真訳『空七十論』）。

サバンナの人たちのように、そしていま見た日本人もかつてそうであったように、人間の生前と死後についての意識をもつことは、人の「つながり」を改めて自覚し、現実のものとして活性化することでもある。それは、人類にのこされた最後の希望でもあるかも知れない。

インターネットによる虚構の「つながり」が猛威を振い、アメリカを中心とする情報経済が実体経済を支配する現代以後の世界でも、一九世紀以来の旧態依然たる「国民国家」の枠が、時代後れになりながら、国連などの機関でも、ＩＳＩＬやボコ・ハラムなどのテロ組織への国家を超えた対応においても、基本的な人間集団の枠組みとして重要性をもち続けるなかで、もう一度原初的な人の「つながり」を活性化することに、私たちは微かにだが、未来への希望を託することができるのではないだろうか。

「つながり」の現代における意義について、二〇一五年一月四日『朝日新聞』九頁に載った「人類の未来のために」と題した私のインタビュー記事を読んで下さった、ネアンデルタール研究で世界に知られた赤澤威さんは、ネアンデルタール人がホモ・サピエンスに取って代わられた理由として赤澤さんが考えていたことを、私の「つながり」論は別のことばで適切に表しているという励ましのメールを送って下さった。感謝をこめて、最後につけ加える。

アフリカ的価値の復権のために

アフリカ文化アカデミー創設会議に出席して

学者大統領の強いイニシアティヴ

二〇〇二年五月二一日から四日間、コートジボワールのアビジャンで、「アフリカと離散アフリカ(diasporasafricaines)の科学・芸術・文化のアカデミー」の創設を検討する国際会議が開かれ、私も参加して、アフリカと世界の現状と未来について、さまざまのことを考えさせられた。

この長い名前のアカデミー(会議ではASCAという略称が用いられた)は、大学で歴史・地理を教えたこともある学者大統領ローラン・バボ氏の強い意向で構想されたものだ。バボ大統領と親しいこの国の長老格の歴史学者で、奴隷交易の研究で知られるアリス・ムメルフォテ教授を中心に準備委員会がつくられ、昨年三月以来計画を練ってきた。当初この会議は昨年一〇月に予定されて招聘状が送られて来たが、直前になって一二月に延期され、一二月には「国民の和解集会」が行なわれるというので予定不明のまま先送りされ、今年に入って四月末開催という連絡があり、直前にまた五月に日程が変えられた。

それだけに、こういう壮大なアカデミーの構想を練り、その実現を準備する、広範囲の学者を集めての国際会議が、ほんとうに開催されるのか危惧する気持ちが、私だけでなく、呼びかけを受けた他の参加者にも最後まであったようだ。だが私の航空券の手配に二度ミスがあって出発が遅れたものの、宿舎兼会議場であるオテル・イボワールに着いてみて、準備委員会の人々の献身的な努力や気配り、着実な準備の進行ぶりに感銘を受けた。

旧知のムメルフォテ教授の話では、はじめ北アフリカも含む全アフリカの多くの国々の学者、芸術家に呼びかけたらしいが、会議が度々延期されて参加者の日程の調整がつかなかったためもあってか、実際に会議に出席したのは七二人で、そのうち五五人はコートジボワールからという結果になった。他のアフリカの国からは、セネガルから二人（うち一人はパリ在住）、ベナンとカメルーンから各一人、フランスから八人（うち五人はアフリカ出身者）、イタリアから二人、スイスから一人が参加し、アフリカとヨーロッパ以外から招かれたのは私一人だった。

参加者の専門領域は自然科学から歴史学、人類学、芸術にいたる広い分野にわたっているが、出身地からいうとフランス語圏西アフリカ、それも海岸諸国の一部にかたよる結果になった。ムメルフォテ教授が、私だけ日本から呼ぶことを強く主張したのだと、準備委員会の人が説明してくれた。

このアカデミー創設へのバボ大統領の意欲にも、並々ならぬものが感じられた。大統領は、会議の開会式で熱のこもった演説を行ない（閉会式の方は都合がつかず、代理出席となったが）、会議の最終日の夕方には参加者全員を大統領府に招いて草稿なしで密度の高いスピーチを行ない、参加者の自己紹介を促してそれにユーモラスに反応し、カクテル・パーティーでも一人一人とうち解けて話すなど、きわめて直接的な形で会議を支えた。

人類へのアフリカ的価値観の貢献

だが事前には、四つの作業部会に分かれての会議で、そのどれに参加するかという問い合わせがあっただけで、アカデミーの構想の詳細については、何も情報が与えられていなかった。アフリカ外からの参加者である私は、財政など実務的なことを検討する部会でなく、アカデミーの目的・役割を論じる第一部会（二三名で、最も人数が多かった）に加わって、やや理想論と思われる意見を述べた。幸い参加者の共感を得ることができ、さまざまな角度から私の主張を補完する発言があり、私も学ぶところが多かった。

私のやや長い発言は、「アフリカ性（l'Africanité）の意識化と国境を越えた（トランスナショナルな）文化交流の必要」と題して、グローバル化の趨勢のなかで、地方的なものに追いやられた価値の復権を訴えたものだ。グローバルとローカルの対比は、意図された力関係によるものであり、グローバルな力をもつものが、即ユニバーサルな価値をもつと考えてはならないというのは、かねてからの私の持論でもある。とくに経済至上主義ともいえる、アメリカ的価値観中心の「グローバル・スタンダード」に合わせようと、自分を見失って悪あがきをするのではなく、ローカルに追いやられた多様な文化が育んできた価値観の、全人類的な視野での見直しがいまほど、しかも緊急に求められているときもないと私は思うのだ。アフリカだけではない、日本の農業や山林が現在抱えている問題も、グローバル化する流通と採算至上主義に由来するところが大きい。

二〇世紀が人類にのこした最大の負の遺産の一つは、国家間でも国内的にも、貧富の差が増大したことだろう。しかも計画経済による貧富の是正を理想にかかげた社会主義が、少なくとも現実の政策としては破綻した結果、対策の見通しもないままに、一極化したアメリカ主導の市場経済の荒波に、アフリカも含む、世界の大半を占める「経済的には貧しい」地域の人々が、さらされることになったのだ。一人当たりの国内総生産などの経済指標優先の価値観をグローバル・スタンダードとし、それに合わせて「開発」を進めようとするかぎり、アフリカの大部分の人たちは、出口の見えない「低開発」状態に、自分たちを閉じこめることになるかもしれないのだ。

アメリカ的価値観を育ててきたのは、世界で最も新しい住民だが、一方で人類誕生の地であり、地球のもっとも古くからの住民であるアフリカ大陸の人々が、長い時間をかけて培ってきた、効率最優先の尺度では測りきれない、深い知恵がある。アフリカ内部でも多様で、しかもまだ十分に相互交流がなされていないこの知恵を、植民地化以来のものでしかない国境を越えて、地球規模の難問を抱える世界の現状のなかで再検討する場に、このアフリカ文化アカデミーがなることを、私としては願わずにいられない。人間にとって豊かさとは何か、という根源的な問いが、世界の人々に向かってアフリカから投げかけられるべきだ。

第二次大戦直後、欧米人が支配する世界のなかで植民地アフリカが「不在だった」とき、サンゴールやセゼールらの「プレザンス・アフリケーヌ」、つまりアフリカは不在ではなく、ここにあるのだという自己主張の思想運動が、世界に大きな流れを生んでいった。混迷のなかから「アフリカ・ルネッサンス」の声があがりつつあるいま、この「プレザンス・アフリケーヌ」の精神を、現代の状況のなかで甦らせることが必要だと、今度のアカデミーの創設にあたっても、私は思わずにいられない。

世界へ向けての発信を

人類の未来に貢献しうる「アフリカ的価値観」の例として、私は、商品化された労働でない「はたらく」ことの人間的価値と、循環型社会への示唆に富む、植物とくに野生植物の巧みな利用の知恵とを挙げた。フランス語の「トラヴァイユ」（労働）という言葉が古代ローマの拷問具に由来していることに象徴されるように、旧約聖書以来の契約観念に支えられた西洋的価値観では、労働は人間に神が課した耐え忍ぶべき苦痛とみなされがちだ。とくに経済行為に時間の観念が導入され、出来高払いでなく時間給が主流になった近代的労働観念では、労働は賃金を得るために切り売りされるものになってきた。

ヨーロッパ諸語にはない「ご苦労さま」「お疲れさま」「ご精がでますね」などの、人の「はたらき」をねぎらったり、称えたりする日常の表現は、アフリカ諸語では日本語よりさらに豊富だ。そして「はたらき」は、日本でもアフリカでも利他的で積極的な人間の根源的な行為として、倫理的価値のさまざまな面と深く結び合わされてきた。

たしかに、契約的労働観は、個人を「経済外的強制」のしがらみから解放する役割をもった。だが、ガンディーの影響を受けたドイツ出身の経済学者エルンスト・シューマッハーが、オイル・ショック当時世界で広く読まれた『スモール・イズ・ビューティフル』でも主張しているように、労働に人間的意味を取り戻すこと、モノに人間が隷従するのではない、人間のための経済をつくりだすことは、オイル・ショックから三〇年たった現在、グローバル化する経済のなかで新たな意味を帯びつつある重要課題の一つだ。

野生植物それぞれの性質を巧みに活かした、多様で洗練された籠編みの技術の数々、西アフリカ原産とされ、日本や南米にも古くから広まったヒョウタンの灌腸器から杓子（日本語の「ひしゃく」も、ヒョウタンの古名「ひさこ」に由来している）、穀粒を選り分ける器、洗濯盥、コラやバラフォンなど楽器の共鳴体までの広汎な使い方については、私も関心をもって多年調査してきた。それだけに私としても愛着が深いのだが、植物利用のアフリカ的知恵が、他の生命と共生してゆくべき人類の今後へ貢献する可能性を、まずアフリカ諸文化同士で検討することには大きな意味があると思うのだ。

こうした自然との共生感にみちた植物利用の知恵は、人間が自然を支配するという思い上がりとは逆の、自然への畏怖と手をかけて「はたらく」ことの尊重とから、長い時間をかけて、それこそ「ごく自然に」生まれてきているように思われる。

そのほか、農業や土器作りなど伝統的技術の知恵についても、アフリカの諸地域間の相互交流によって、再考、再評価すべきものは多い。これまでそれら地域の自然条件、社会条件に合った技術的遺産を十分にかえりみず、アフリカ内の地域間交流をはかるまえに、安易に欧米や日本からの技術移転に頼ることが、「開発」であるとみなされてきた傾向は否めない。さらに、「家族」「祖先」「死」「女性の役割」などをめぐるアフリカ的価値観をアフリカの多文化間で論じることは、家族計画、エイズ、性器変工など、現代のアフリカが抱える問題として世界から注目されている事柄にも、これまでのように外から尺度をあてはめて裁断されるのではなく、アフリカ社会の価値観に基づく根源的な検討の結果を、逆に世界に向けて発信してゆく構えとそのための装置が、必要だと思われる。

アカデミーで論じられた結果の世界へ向けての発信には、たとえば東京に本部のある国連大学などの企画に加わるかたちで、拡大された討議の場をつくることも考えるべきであろう。アフリカ文化アカデミーの活動とも関係がありそうな会議として、現に昨年夏には、国連大学とユネスコの共催で、東京と京都で四日間、国連の年間テーマである「文明間の対話」をめぐる大規模な国際会議が開かれ、コートジボワールなどアフリカからも出席者があって、連日熱した討論がつづき、私も最終セッションで総括と提言のスピーチを受け持った。

乗り越えるべき課題

よそ者である私の、植民地支配の線引きがもたらしたものでしかない現在の国境を越えた全アフリカ的な文化交流への、やや理想主義的な願いの表明が、会議参加者の広い共感を呼んだことは確かだ。だが、発足が決まったアカデミーの運営の前途には、理想が実現に向かう道をたどるまえに、まだ乗り越えるべき課題があることも感じさせられた。

アカデミーの事務局は、アビジャンにコートジボワール政府が新設する。事務職員の給与、通信費などの運営費には、コートジボワール政府が拠出する基金の利子をあてる。アカデミー会員の人選は、事務局が委嘱する学術委員会が行なう。会員は無給だが、会議出席には旅費と手当を受ける。会議開催の費用も政府の基金から支出する。このように財政的には全面的にコートジボワール政府が支えるが、アカデミーの活動には政府は介入しないということが、全体会議でも改めて確認された。

同時に、コートジボワール政府の支援で運営してゆくことになったこのアカデミーの名も、「アフリカの科学・芸術・文化のアカデミー・イヴォワリエンヌ」と、コートジボワールへの国家的《ナショナル》な帰属を明らかにすべきだとする意見が、この国の出身者が大半を占めたこの会議で、強く出された。「ナショナル」の問題は、昨年一二月の「国民の和解《ナショナルな》」にいたるまで、国内統合の重要課題だったのだが、それは同時に、国家間では他の「ナショナル」との関係での問題になる。私は、全アフリカ的な視野をもって、アフリカ的価値を再考する組織をつくるためには、一国の名を付けるのは、コートジボワールにとっても残念だという意見を述べた。だがいうまでもなく、これはアフリカの当事者が決めることだ。

さらに、植民地支配の重い後遺症の一つとして克服すべきものに、フランス語圏と英語圏の断絶がある。今度の会議への参加も、ガーナやナイジェリア、東アフリカ諸国など英語圏の国々にも呼びかけたというが、趣意書や招聘状も英語のものを用意したのだろうか。少なくとも結果としては、英語圏からは一人の参加者もなかった。フランス語、英語という、世界に広い通用力をもつ言語を、植民地時代のアフリカの人々が共通語として使用したことは、反植民地運動におけるアフリカ内外の連帯を強めるうえで、大きな力になった。

だが独立後は、フランス語圏と英語圏という、言語だけでなく通貨や教育制度をはじめとする社会生活でも、旧宗主国の影響を強くのこした違いとして、全アフリカ的な交流や統合への障害となっていることは否定できない。

ともあれ、コートジボワールの寛大なイニシアティヴによって、よい意図をもってスタートしたこの組織に、これからも私は、外野席から「理想」の小旗を振るサポーターとして、できるだけの協力をしてゆきたいと思う。

追記

二〇〇〇年に、軍事勢力との対立のうちに行なわれた大統領選挙で、バボ大統領が誕生した。しかし軍部の不満は根強く、アフリカ文化アカデミーが開催された四ヵ月後には、軍の蜂起でコートジボワールは内戦状態になった。バボ大統領の「イヴォワリテ」（象牙海岸人性）と称する南部諸民族優越の政治思想のために、ブルキナファソと歴史的に連続する北部の住民の反発も生み、二〇一〇年一〇月に行なわれた選挙で、北部出身のワタラ氏と争って敗北。離散アフリカも視野に入れた、それ自体としては優れた着想のアフリカ文化アカデミーも、現在まで第二回は開かれていない。

あとがき

長かったけれども、こうして思い返してみると短くも感じられる、アフリカと私のつき合いを書きとめる機会を作って下さった、青土社の西館一郎さんに感謝する。その上、『人類学者への道』という、私への励ましをこめた素晴らしい表題も、西館さんは考えて下さった。

岩波ホールでの二回の講演記録を基に、一九七七年秋「岩波新書」の黄版シリーズトップの三冊の一冊として『サバンナの王国』という題で刊行する予定で、当時新書担当だった大塚信一さんは、私の執筆促進に最善の努力をして下さったが、次のアフリカへの出発前に脱稿できず、三冊の予定が二冊になって、大変なご迷惑をかけた。その旧稿を今度の本の前半部分として刊行することを認めて下さったことへのお礼を、四〇年前のお詫びとともに申し上げる。

最後にアフリカに行ったのは、二〇一三年一月、私の太鼓ことば研究での最終疑問点の検討のために、ワガドゥグーとテンコドゴでの調査のためだった。その滞在の最後の日、午後四時から七時半まで、ワガドゥグーの Splendid Hôtel で開かれた、日本文化とブルキナファソ文化を比較するシンポジウム「日本における国家と発展——ブルキナファソのための教訓とは」に出席した。私は「グローバル化に直面した個別文化：アフリカの特質の自覚とアフリカ＝アジア交流の必要」と題して、現在以後の日本がアフリカから学ぶべき点を強調する講演を行なった。われながら驚く強行日程で、シンポジウム終了後間もなくの夜行便でパリ経由日本に戻ったのだが、当時七九歳で、まだ体力も気概も十分だった。

だが、その三年後の一月一五日、このシンポジウムが行なわれたホテルを含め、ワガドゥグーの外国人が多く利用する喫茶店などで、イスラム・マグレブのアルカイダによる銃撃があり、外国人を含む二九人が殺されている。フランスへは国際会議でその後二回行っているが、西アフリカへは、もう行く機会はないだろうと思う。

とはいえ、この本を世に送り出す満八二歳を過ぎた今でも、まだアフリカについて書きたいことは山のようにあり、厖大なノートや写真・録音の整理もまったく不十分で、私のアフリカ探索は当分終わりそうもない。思えば四四年前、私がパリで博士論文の公開審査冒頭の陳述の締めくくりに、フランス語で言ったのが最初だった「道は遠い、だが日はまだ暮れていない」という、『史記』の「日暮れて道遠し」をもじった負け惜しみのことばは、その後著書のあとがきに何度も使ったが、今度もそれを繰り返して、結びとする。

二〇一六年八月二四日深更、湯河原山居の仕事場で

川田順造

初出一覧

1

異文化とつきあう　モシ王国と私　書下ろし
懐かしい異郷　モシ王国と私2　書下ろし
懐かしい異郷を再訪する　エピローグ　書下ろし
アフリカ――。もう一つの宇宙　「野性時代」一九八四年四月号
アフリカのデザイン　同右

2

エキゾチックな故郷　書下ろし
海と江戸＝東京　「熱風」スタジオ・ジブリ、二〇〇八年八月号

3

アニメ「さあれ往時の黒ん坊はいまいづこ」を観て　「月刊アフリカ」一九六五年一二月号
パリのアフリカ人　「月刊アフリカ」一九六六年一月号
新しいアフリカを求めて　「朝日ジャーナル」一九六八年一〇月一三日号
「つながり」の活性化　「神奈川大学評論」八〇号（二〇一五年）
アフリカ的価値の復権のために　「月刊アフリカ」二〇〇二年七月号

人類学者への道

2016年10月5日　第1刷印刷
2016年10月15日　第1刷発行

著者――川田順造

発行人――清水一人
発行所――青土社
東京都千代田区神田神保町1-29　市瀬ビル　〒101-0051
電話　03-3291-9831（編集）、03-3294-7829（営業）
振替　00190-7-192955

本文印刷――ディグ
カヴァー印刷――方英社
製本――小泉製本

装幀　羽良多平吉

ISBN978-4-7917-6935-3　　Printed in Japan